결혼

니키 & 실라 리 지음 알파코리아 옮김

서로사랑

결혼

1판 1쇄 발행 | 2001. 9. 10
1판 7쇄 발행 | 2010. 4. 5

지 은 이 | 니키 & 실라 리
옮 긴 이 | 알파코리아
펴 낸 이 | 이상준
펴 낸 곳 | 서로사랑(알파코리아 출판 사역기관)

편집팀장 | 김복희
교정교열 | 노지선, 박미선
디 자 인 | 안현숙
영 업 | 김관영
이 메 일 | publication@alphakorea.org

컨퍼런스 | 이정자, 김태선
행 정 | 우혜인, 박미경, 김희정
사 역 | 윤종화, 최선희, 엄지일

등록번호 | 제 21-657-1
등록일자 | 1994. 10. 31
주 소 | 서울시 서초구 방배동 918-3 완원빌딩 1층
전 화 | (02)586-9211~4
팩 스 | (02)586-9215
홈페이지 | http://www.alphakorea.org
I S B N | 89-8471-064-4-03230

* 잘못된 책은 바꿔 드립니다.
* 가격은 뒷표지에 있습니다.

추천의 글

오늘날 우리 사회에서 결혼은 위기에 처해 있습니다. 매년 많은 결혼이 와해되고 있습니다. 많은 사람들은 결혼이 구습이라고 느끼고 있습니다. 결혼을 한 사람들은 결혼생활을 유지하는 것이 점점 더 어려워지고 있다는 것을 알게 됩니다. 이혼율도 놀라울 만큼 치솟고 있습니다. 그렇다면 이것에 대한 해답은 무엇일까요? 우리는 왜 결혼을 해야 할까요? 어떻게 하면 결혼생활을 잘 유지할 수 있을까요?

이 책에서 니키와 실라는 이 질문들에 명쾌한 대답을 해 주며, 결혼의 가치와 가능성을 보여 주고 있습니다. 두 사람은 어떻게 하면 결혼생활을 유지할 수 있는가 하는 문제뿐만 아니라 결혼생활에서 가장 좋은 것을 이끌어 내는 방법도 제시하고 있습니다.

니키는 지난 30년 동안 나의 가장 친한 친구였습니다. 우리는 학교를 같이 다녔고 대학에서는 같은 방을 썼습니다. 그는 언제나 나보다 한 발 앞서 있었고, 나는 그를 좇아가려고 노력해 왔습니다. 그는 1974년 2월 14일에 그리스도인이 되었습니다. 그리고 48시간 후에 그는 나를 예수님에게 인도했습니다. 니키와 실라는 1976년에 결혼했습니다. 18개월 후 피파와 나는 그 뒤를 따랐습니다. 니키의 아이들과 내 세 아이들은 거의 같은 나이인데, 니키와 실라는 네 번째 아이를 가졌습니다.

대학 졸업 후 우리의 길은 갈라져서 니키는 일본으로 건너가 그곳에서 가르치는 일을 했고, 나는 변호사가 되었습니다. 그 후 니키는 신학

대학에 갔고 나는 1년 후에 그 뒤를 따랐습니다. 니키와 실라는 런던으로 돌아와 홀리 트리니티 브롬프톤(HTB) 교회의 일원이 되었습니다. 1년 후 우리도 그 뒤를 따랐습니다. 니키와 실라는 4년간 알파를 운영한 후 1990년, 우리에게 배턴을 넘겼습니다.

그들은 우리에게 많은 것을 가르쳐 주었습니다. 특히, 두 사람의 결혼과 가정생활은 우리에게 훌륭한 본보기가 되었습니다. 우리는 그들의 가정에서 소망해야 할 것이 무엇인지를 보았습니다.

니키와 실라는 HTB 교회에서 4년간 결혼코스를 운영했는데 많은 부부들이 그 코스를 통해 그들의 결혼생활이 윤택해짐을 발견했습니다. 어떤 부부에게 있어 결혼코스는 말 그대로 이혼과 별거로부터의 구원이었습니다. 그리고 어떤 이들에게는 물처럼 평범한 결혼생활이 포도주처럼 맛있는 결혼생활로 바뀌는 계기가 되었습니다. 또 어떤 이들에게는 한 발짝 더 나아가서 아름답고 건강한 결혼생활을 만들어나가는 것에 대해 창조적인 생각을 할 수 있는 장(場)을 제공해 주었습니다. 이는 모두 예수 그리스도가 함께하심으로 가능했던 변화였습니다.

이 책을 읽으며, 여러분은 니키 부부의 결혼생활이 '사실이라고는 믿기지 않을 만큼 좋다'고 느낄 수도 있을 것입니다. 그러나 니키 부부를 24년 동안 지켜본 사람으로서 나는 그것이 온전한 사실이며, 그들 부부는 우리로 하여금 가장 좋은 목표로 자극을 주어 왔다는 것을 여러분에게 확실히 전하고 싶습니다.

이 책을 통해 더욱 많은 사람들이 니키와 실라 부부를 본보기로 삼고 그들이 엮어낸 지혜의 열매를 누릴 수 있기를 희망하고 기도합니다.

니키 검블

서문

이 책에 도움을 준 많은 분들께 감사하고 싶다. 그분들은 원고를 읽는 데 수많은 시간을 투자하며 덧붙이고 고칠 것들을 지적해 주었다. 이 책은 그분들 없이는 쓰여지지 못했을 것이다. 자신의 결혼생활 이야기를 들려준 분들도 있는데, 그 이야기들을 통해 일상의 경험에 뿌리를 내린 이론을 정립할 수 있었다.

뛰어난 속도와 기술 그리고 인내로 원고를 타이핑해 주고, 끝이 없는 교정을 다시 타이핑해 준 필리파 피어슨-마일즈, 메리 엘리스, 조아나 데스몬드에게 그리고 이 책뿐만 아니라 우리 가족에게 즐거움을 가져다준 찰리 매키시에게 큰 감사를 표한다. 편집자인 조 글렌에게는 특별한 감사를 전하고 싶다. 우리가 더 이상 진전할 수 없을 때마다 그녀가 보여 준 열정과 유머, 상상력과 새로운 아이디어들이 없었다면 이 책은 결코 세상에 빛을 보지 못했을 것이다. 또한 니키와 피파에게 오랫동안의 우정과 격려뿐만 아니라 이 책을 쓰도록 우리를 설득해 준 것에 대해 감사하고 싶다.

마지막으로 끊임없는 사랑과 오랜 세월 동안 행복한 결혼의 두 예를 보여 주신 양가 부모님께 감사를 드린다.

니키와 실라

목차

제6장 즐거운 성 / 237

제7장 행동하는 사랑/ 295

에필로그 / 331

부록 / 339

프롤로그

프롤로그

니키 이야기

내가 처음 실라를 만난 것은 스완지(Swansea)부두에서였다.

나는 학교를 막 졸업하고 여름 휴가를 보내기 위해 사우스 웨스트 아일랜드를 여행 중이었다. 나는 열여덟 살이었고 그녀는 열일곱 살이었다. 나는 그녀를 보자마자 첫눈에 반해 버렸다. 우리는 브리티시 아일에서 가장 아름답고 인간의 손길이 미치지 않은, 사우스 웨스트 코크에서 두 주를 함께 보내게 되었다. 내가 묵고 있던 바로 옆 별장에 실라가 묵고 있었던 것이다. 나는 그녀 역시 나를 좋아하리라고는 감히 꿈도 꾸지 못했다. 그녀가 떠나기 이틀 전에 나는 용기를 짜내어 그녀에게 나의 마음을 전했는데, 그녀 역시 나와 같은 감정을 갖고 있다는 것을 알고 깜짝 놀랐다. 도무지 믿을 수가 없었다.

실라는 아직 학교를 다니고 있었고 A레벨 시험이 남아 있었다. 나는 대학에 입학하기까지 9개월의 시간이 있었지만, 만약 내가 그녀 곁에 머무른다면 그녀는 시험에 통과할 수 없게 될지도 모른다는 생각이 들었다. 그래서 나는 혼자 아프리카로 배낭여행을 떠났다. 아프리카는 내가 이전에는 전혀 경험해 보지 못한 세계였다. 나는 풍경과 사람들, 문화를 경이롭게 바라보았다. 그러나 마음속으로는 실라와 함께 있을 수 있는 영국으로 돌아가고 싶었다. 나는 대부분의 시간 동안 무척이나 외로웠다. 아디스아바바에서 케이프타운까지 여행하는 길목에 있는 수도들로 그녀가 보내오는 편지만이 나의 유일한 위안이었다. 남아프리카공화국에 도착하기 전까지는 모든 것이 순조로웠다. 그러나 케이프타운에 도착했을 때 나는 6주 동안 편지를 받지 못하고 있었다. 그곳에는 편지가 와 있으리라는 희망에 모든 것을 걸었건만 아무것도 와 있지 않았다(어머니가 보낸 편지 한 통을 빼고는). 나는 완전히 절망했다.

내가 멀리 있기 때문에 실라의 마음이 식어버린 것이 아닌지 나는 궁금해지기 시작했다. 만약 그게 사실이라면 영국으로 돌아가고 싶은 마음이 조금도 없었다. 매일같이 우체통을 뒤진 지 몇 주가 지난 후, 차를 얻어 타고 마지막 방문지인 요하네스버그로 갔다. 그곳에서 나는 그토록 목마르게 기다려왔던 편지를 발견하고는 의기양양해졌다.

나는 집으로 가는 첫 비행기를 탔다. 그리고 즉시 실라가 있는 기숙사로 갔다. 그곳은 소녀들을 가두기 위한 감옥과 소년들의 접근을 금지하기 위한 요새를 한데 섞어놓은 곳이었다. 꿈 같은 3시간을 함께 보낸 후, 우리는 너무 늦어서 이제는 그녀가 기숙사로 돌아갈 수밖에 없다는 것을 깨달았다. 실라는 한밤중에 창문을 통해 들어가다가 붙잡혔고, 학교생활의 마지막 2주를 '감금' 된 채 보내야 했다.

나는 대학에 진학했고 실라는 학교를 졸업하고 런던으로 이사했다. 이때 나는 전혀 새로운 방식으로 사람들이 기독교에 대해 말하는 것을 듣기 시작했다. 나는 점점 더 기독교를 이해할 수 있게 되었고, 그로 인해 인생의 의미에 대해 심각하게 생각하게 되었다. 그러나 동시에 나는 그것과 철저히 거리를 두고 있었다. 왜냐하면 실라와의 관계가 가장 중요하고 절대적이었기 때문이었다. 만약 나는 그리스도인이 되었는데 실라는 그렇지 않다면…. 나는 우리가 헤어지게 될 것이 두려웠다.

다섯 달 동안 신중하게 생각하고 알아본 후 나는 내가 인생에 있어서 중대한 순간에 와 있음을 깨달았다. 나는 이것인지 혹은 저것인지를 결정해야만 했다. 나는 실라와 이 문제를 상의했고, 그녀는 언제나 그랬던 것처럼 열정적인 반응을 보여 주었다. 그녀 역시 기독교가 주장하는 것을 들었고, 나처럼 진리를 발견했다고 느꼈기 때문이었다. 우리 둘은 그 진리를 끌어안았다.

우리가 새롭게 발견한 신앙은 우리를 멀어지게 하기보다 우리의 관계에 흥미진진한 새로운 세계를 열어 주는 듯했다. 사실, 그 신앙은 이전에는 존재하는지조차 몰랐던 삶의 한 면을 열어 보여 주었다. 내 인생의 각 부분들 모두(나의 과거, 실라와의 관계, 영어 공부, 대학 진학, 그 밖의 모든 것)가 그림 맞추기의 조각들처럼 여겨졌고, 갑자기 그 조각들이 전부 다 제자리를 찾아가고 있었다.

1974년 가을, 2년 동안의 교제 후 우리는 각각 느꼈다. 남은 삶을 평생 동안 함께해야 하는지 알려면, 각자 떨어져서 시간을 보내 보아야 한다는 것을.

그래서 10월 초의 어느 이른 월요일 아침, 나는 실라를 역까지 바래다주었다. 우리는 크리스마스까지 서로 만나지도 말고 이야기를 나누지도 말자고 합의했다. 부드러운 오렌지 빛 새벽 햇살에 안개가 카펫처럼 깔린 아름다운 가을 아침이었다. 실라는 기차 창문 밖으로 나에게 손을 흔들고 있었고, 나는 그녀를 다시 볼 수 있을까 하는 생각을 했다. 아직 사람이 없는 캠브리지 거리를 다시 걸어서 돌아오며 내 평생 가장 우울한 기분에 젖었다. 나는 그녀와 떨어져 있는 동안은 런던에 가지 않겠다고 맹세했다. 실라를 만나지도 않으면서 그곳에 간다는 것이 내게는 너무나 고통스러운 일이었기 때문이었다.

일주일 후였다. 나는 전에 다니던 학교에서 친구들과 축구를 하고 있었다. 돌아오는 길에 내가 얻어 탄 차 주인인 친구가 말했다. “돌아가는 길에 런던에 좀 들려도 되겠지? 집에서 가져올 게 있거든." 나는 마음이 덜컥 내려앉았지만 아무 말도 하지 않았다. 나는 그저 그 시간이 잠깐이기를 바랄 뿐이었다. 어쨌거나 실라가 런던에 살고 있지 않은가?

그 친구는 우리를 하이 스트리트 켄싱턴(High Street Kensington)에 내려주며 말했다. "40분 뒤에 너희들을 태우러 올게." 그리고는 차를 몰고 가버렸다. 비가 쏟아지고 있었기 때문에 우리는 무엇을 해야 할지 정해야 했다. 그 순간이었다. 나는 고개를 들었고, 약 50야드쯤 떨어진 곳에서 실라가 내 쪽으로 걸어오고 있었다.

나는 같이 있던 두 친구에게 한마디 설명도 없이 그들을 뒤로 하고 그녀를 향해 뛰어갔다. 그때서야 그녀도 나를 보았다. 그녀 역시 나를 향해 뛰기 시작했다. 우리는 서로를 끌어안았고, 나는 그녀를 번쩍 안아 올려 빙빙 돌렸다. 그제서야 나는 친구들에게 나를 기다리지 말라고 소리쳤다.

우리는 카페로 들어가 몇 시간 동안 이야기를 나누었다. 실라는 하이 스트리트 켄싱턴 거리를 버스를 타고 가던 중 차가 막혀 오도 가도 못하게 되자 버스에서 내렸고, 목적지까지 반 마일 정도 남은 거리를 걸어가고 있던 중이었다. 그녀가 나를 본 것은 바로 그때였다.

이렇게 만난 것은 백만 번에 한 번 있을까 말까 한 우연이었다. 우리는 그것을 하나님의 신호로 보았다. 우리 둘은 우리가 서로를 보지 않으려고 최선을 다해 애쓰고 있을 때 하나님께서 이렇게 특별한 방법으로도 우리를 만나게 하신다면, 앞으로 남은 3개월 동안에 우리가 함께 살아야 할 것인지, 아닌지를 더욱 분명하게 보여 주실 것이라고 믿었다. 우리는 다시 한번 크리스마스까지 서로 보지 않기로 했다. 그러나 이번에는 다른 느낌이었다. 여전히 눈물이 나왔지만 우리는 하나님께서 우리를 인도하시리라고 믿었다. 떨어져 있는 것은 힘들었지만 그 시간이 끝날 즈음 내 마음에는 내가 실라와 함께 나머지 삶을 살기 원하고 있다는 데에 조금의 의심도 없었다.

우리는 1975년 초에 다시 만나기 시작했다. 나에게는 아직 1년 반의 대학생활이 남아 있었다. 주말이면 실라가 나를 찾아왔는데 그때가 내 인생에서 가장 행복한 추억이 많은 시기였다.

우리는 1976년 7월 17일 내가 대학을 졸업한 지 2주 후, 실라의 고향인 스코틀랜드에서 결혼식을 올렸다.

실라 이야기

나는 스코틀랜드의 하이랜드에서 자랐다. 나의 어린 시절은 행복하고 순탄했다. 나는 밖에 나가서 노는 것을 좋아하는 말괄량이였고 내가 세상에서 가장 좋은 곳에 살고 있다고 생각했다. 딱 한 가지 아쉬운 점은 주변에 사람이 별로 없다는 것이었다. 그래서 학교에서 나와 가장 친한 페니가 가족과 친구들과 함께 사우스 웨스트 아일랜드에서 여름방학 동안 두 주를 함께 보내자고 부탁했을 때 나는 뛸 듯이 기뻤다. 그때 내 나이가 겨우 열일곱 살이었는데, 나는 그 두 주가 내 인생을 바꾸어 놓으리라고는 조금도 생각하지 못했다.

우리는 스완지에서 코크까지 배를 타고 여행했다. 스완지 부두는 내가 알고 있는 제일 별 볼일 없는 장소이지만, 바로 그곳에서 그를 만났다. 니키는 우리 뒤에서 차를 운전하고 있었는데 그 낡은 초록색 소형차에서 나와 미소를 나눴다. 그것은 첫눈에 반한 사랑이었다(거부할 수 없는 매력을 첫눈에 느꼈다고 하는 것이 더 정확할 것이다). 그는 커다란 검은 펠트모자에(당시는 70년대였으니까), 청바지와 하얀 셔츠를 입고 있었고, 피부는 완전히 갈색으로 그을려 있었다. 그는 열여덟 살이었는데 나는 정말 그가 멋있다고 생각했다.

우리는 여러 명의 친구들과 함께 한가로운 두 주를 보냈다. 요트를 타고, 수영을 하고, 고등어를 낚았다. 그리고 한밤중에 바비큐를 하러 섬으로 배를 저어 가서 새벽이 될 때까지 별빛 아래에서 이야기를 나누었다. 나는 그 사이 미친 듯이 사랑에 깊숙이 빠져들었다. 그러나 나는 페니에게 내 감정에 대해 한마디도 내비치지 않았다. 그 감정이 상호적인 것인지 알 수가 없었기 때문이었다.

스코틀랜드의 집으로 돌아가기 이틀 전에야 나는 내가 느낀 감정이 상호적인 것임을 알게 되었고, 그때 니키는 처음으로 나에게 키스했다. 그때 나는 겨우 열일곱 살이었지만(게다가 키스해 본 남자가 그가 처음은 아니었지만), 그날 밤 그와 결혼해야겠다는 생각을 하느라 잠을 이루지 못했던 기억이 난다. 그렇게 두 주 동안 나는 매일같이 그와 함께 있었고, 그 없이는 앞으로 하루도 살 수 없을 것 같았다.

그러나 그는 아프리카로 6개월 동안 여행을 떠났다. 이제 겨우 서로를 알게 되었던 때였기 때문에 그것은 매우 고통스러운 시간이었다. 친구들은 그와의 관계에 모든 희망을 걸어서는 안 된다고 충고했다. 아프리카는 먼 곳이고, 6개월은 긴 시간이기 때문에 여행 중에 틀림없이 다른 사람을 만날 수도 있다고 했다. 그러나 우리의 관계는 우리가 주고받은, 점점 더 친밀감이 더해 가는 긴 편지 속에서 더욱 단단해졌고, 우리 사이에 수천 마일의 거리가 있음에도 불구하고, 우리가 함께 있어서 서로를 알 수 있는 것보다도 더 많은 것들을 서로에 대해 알게 되었다.

돌아왔다는 그의 목소리를 전화로 듣는 순간 나는 심장이 멈추는 것 같았다. 가슴 벅찬 그 느낌이 너무나 강해 마치 온몸이 터질 것만 같았다. 그날 저녁 그와 다시 만났다가 헤어지면서 우리 두 사람은 서로 떨어져 있었던 시간 동안 우리의 사랑이 더욱 자라났다는 확신을 갖게 되었다.

1973년 가을, 니키는 대학에 진학하고 나는 런던으로 가게 되었다. 나는 낮에는 타이프 치는 법을 배우고, 밤에는 야간학교에서 그림을 배우면서 미술대학에 지원하기 위한 포트폴리오를 만들었다. 그러나 대학생활에 대한 동경과 니키와 함께 있고 싶은 마음 때문에 정작 공부에 쏟는 시간보다 니키의 대학에서 보내는 시간이 더 많았다. 우리의 관계는 더욱 가깝고 친밀해졌다. 우리 두 사람에게 실질적으로 도움이 되는 면을 고려해 볼 때, 사실 그때 우리 사이는 지나치게 친밀해 있었다.

나이가 들어가고 하나님에 대해 배우게 되면서 한 번도 그분의 존재를 의심해 본 적은 없지만, 나의 신앙은 니키와 함께 가끔씩 이른 성찬 예배에 참석하기 위해 일요일에 대학 채플에 가곤 했다는 것을 제외하고는 내 삶에 아무런 영향도 끼치지 못했다. 그때의 나는 그저 막연하게 언젠가 내가 충분히 자랐을 때 좀 더 기도를 많이 하고, 예배에 좀 더 많이 참석하고, 착한 일을 좀 더 많이 하면 천국으로 들어가는 길을 얻을 수 있으리라고 생각할 뿐이었다. 그때 나에게는 아무것도 필요하지 않았다. 니키가 있었으니까….

해가 바뀌자 나는 첼시 미술대학에 그해 9월 입학하도록 허가를 받았다. 삶이란 모든 모퉁이마다 새로운 가능성들을 보여 주는 듯했다. 그래서 니키가 1974년 2월 어느 날 저녁, 런던으로 나를 찾아와 기독교에 대해 이야기하기 시작했을 때, 나는 그가 제안하는 다른 것들에 대해 열정적인 반응을 보였던 것과 마찬가지로 기독교에 대해서도 열정적인 반응을 보였던 것이다. 그러나 나는 그가 진정 무슨 말을 하고 있는지, 그것이 어떤 의미인지는 전혀 이해하지 못했다.

그 주말에 내가 니키를 만나러 가자 그는 데이빗 매킨스라는 기독교 강사의 강연에 나를 데리고 갔다. 나는 강연을 듣고 큰 충격을 받았다. 다섯 달에 걸쳐 니키에게 일어났던 일이 나에게는 24시간이라는 시공간 안에서 한꺼번에 일어난 것이다.

나는 데이빗이 한 말에 매혹되었다. 이전에는 예수 그리스도에 대해 이런 식으로 말하는 사람을 만나본 적이 없었다. 어느 누구도 내가 하나님과 관계를 맺을 수 있다는 이야기를 해 주지 않았다. 나에게는 관계가 가장 중요했다. 그 금요일에 우리는 밤 늦게까지 니키의 가장 친한 친구인 니키 검블과 이야기를 나누었다. 당시 니키 검블은 우리에게 일어나고 있는 일들에 대해 지극히 의심스러워했다.

토요일에 우리는 한 번 더 데이빗 매킨스의 강연에 참석했다. 그는 십자가에 대해 말했다. 그것은 나에게 계시와도 같았다. 나는 계속해서 나 자신에게 이렇게 말했다. "전에는 나에게 예수님이 십자가 위에서 왜 죽었는지 왜 말해 주지 않았을까?"[1] 마치 내가 이제까지 알고 있던 것이 단지 지적인 면에서뿐만 아니라 감정적인 면, 영적인 면에서 서로 완벽하게 들어맞는 것 같았다. 십자가가 설명이 되니 모든 것이 이해가 되었다. 마치 그 이전의 내 삶은 흑백 스틸 사진과 같았다. 처음에는 흐릿한 슬로우 모션이었다가 점점 더 빨라지더니 마침내 초점이 맞는, 선명하고 아름다운 컬러가 되는 것 같았다. 그 후로 내 삶은 대단히 진실해졌는데, 그것은 내가 이전에는 미처 알지 못한 모습이었다. 사고방식이 완전히 변화되었으며, 우리 관계에서도 내가 미처 상상하지 못한 자유가 시작되었다.

새로운 신앙으로 삶을 사는 것은 신나는 일이었다. 니키와 나는 서로에게 훨씬 더 충실하게 되었다. 그러나 여덟 달 후 우리는 둘 다 하나님께서 우리가 신앙과 서로에 대한 사랑을 구분하도록 인도하시는 것을 느꼈다. 이때가 내 인생 중 가장 힘든 시기였다. 니키가 아프리카로 갔을 때보다 훨씬 더 힘들었다. 솔직히 그때는 하나님께서 우리를 위한 가장 좋은 계획을 가지고 계시다는 것을 믿기가 너무 어려웠다.

그러나 하나님께서 그분이 아니라면 도저히 불가능한 방법으로 우리의 삶에 관여하시는 것을 보는 것은 놀라운 경험이었다. 하이 스트리트 켄싱턴에서 달려가 서로를 끌어안으면서, 나는 "니키!" 하고 내가 낼 수 있는 가장 크고 높은 소리로 외쳤다. 나는 '하나님, 다시는 당신을 의심하지 않겠습니다' 라고 생각했다. 나는 큰 확신을 가지고 그분께 모든 것을 맡길 수 있다는 것을, 내 삶의 가장 소중한 것, 니키와의 관계조차도 그분께 맡길 수 있다는 것을 알게 되었다. 그날 하나님께서 내게 보여 주신 것은 내가 니키를 아무리 사랑하더라도, 내 삶에 있어서 가장 중요한 것은 하나님에 대한 나의 사랑과 나를 향하신 하나님의 사랑이라는 것을 나는 믿는다.

헤어져 지낸 3개월 동안 우리는 각자 하나님과의 관계 안에서 성숙할 수 있었다. 우리가 다시 만나기 시작했을 때에는 삶의 다른 기초, 그 이후로 서로와의 관계에 있어서 우리를 더욱 강하게 했던 각자의 신앙이라는 기초 위에서 만날 수 있게 되었다.

니키는 1976년 2월에 나에게 프러포즈를 했고, 우리는 그해 7월에 결혼했다. 그때 나는 스물한 살이었고, 그는 스물두 살이었다.

니키와 실라 이야기

우리는 24년간의 결혼생활을 바탕으로 이 글을 썼다. 이 긴 세월 동안 우리는 일본, 영국 북동부, 런던 중심가에서 살았다. 우리는 네 명의 아이가 태어나는 것을 함께 경험했고, 거의 1,528일 동안 잠을 설쳤다. 우리는 여덟 살이 채 안 되는 네 명의 아이를 가진 긴장과 기쁨을 알게 되었고, 또한 사춘기 아이들의 부모 역할이라는 혼란과 소동을 겪었다. 우리는 병과 경제적인 어려움도 함께 견뎌내었다.

우리의 경험은 다른 많은 부부들의 경험과 크게 다르지 않다. 우리는 200,000마일이 넘는 거리를 함께 차를 타고 달렸고, 10,000시간 동안 이야기를 나누었으며, 8,000밤 이상을 같은 침대에서 잤다. 우리는 함께 울고 웃었다. 우리는 상대방으로 인해 화가 나고 짜증이 나기도 했으며, 또 신비스러움을 느끼기도 하고, 까무러칠 정도의 기쁨을 느끼기도 했다. 그러나 여전히 서로에 대해 열정을 가지고 있으며, 결혼에 대해 열정을 가지고 있다.

우리의 결혼생활이 다른 부부의 결혼생활보다 특별하다고 이야기하는 것이 절대 아니다. 사실, 결혼생활을 다룬 교과서란 존재하지 않는다. 설계도도, 흠잡을 데 없는 모범답안도 없다. 모든 부부는 각각 독특한 그들만의 이야기를 가지고 있다. 하지만 최고 정상에 도달하는 사람들은 운이 좋았기 때문일까? 결혼으로 인해 마음이 상하는 사람들은 단지 맞지 않는 사람과 결혼했기 때문일까? 우리의 경험으로 볼 때 건강하고 행복한 결혼을 만들려면 몇 가지 도구가 필요하다. 우리는 의사소통과 상대방이 사랑받고 있다는 느낌을 줄 수 있는 방법을 찾아내야 했다. 우리는 갈등을 해결하고 용서를 실천하는 법을 배워야 했다. 그 가운데 우리는 성(性)적인 친밀함의 기쁨이 당연하게 보장되는 것이 아니라는 것을 발견하기도 했다.

지난 15년 동안 우리는 다른 사람들의 결혼을 돕고자 노력해 왔다. 우리는 수백 쌍의 부부를 만났고, 그들의 다양하고 각기 다른 문제점들을 접해왔다. 그들 모두로부터 그리고 우리 자신의 결혼생활로부터 우리는 결혼 관계가 언제나 쉬운 것은 아니지만 그 보상은 크다는 것을 알게 되었다. 이 경험들과 우리의 연구조사와 이 분야에 종사하는 다른 사람들의 많은 조언들을 한데 합하여 우리는 약혼한 커플들을 위한 5주의 '결혼준비코스'(Marriage Preparation Course)와 결혼의 어느 단계에 있든지 결혼생활을 이미 하고 있는 부부들을 위한 7주(초대만찬 포함 8주)의 '결혼코스'(Marriage Course)를 개발할 수 있었다. 수백 쌍의 부부들이 이들 코스에 참여했으며 지금 우리는 각 코스를 1년에 세 번씩 열고 있다. 이 책의 기초가 된 결혼코스는 어느 부부나 자신들의 결혼생활이 더욱 건강하고 좋아지도록 노력하는 것을 돕도록 디자인되어 있다.

우리는 처음 결혼했을 때보다 지금 더욱 깊이 사랑에 빠지도록 한 원인들을 다른 부부들에게 전하고자 하는 열망으로 이 책을 썼다. 기독교 신앙은 우리가 서로를 사랑하고자 노력하는 방법에 커다란 영향을 미쳤으며, 우리는 다양한 장소에서 기독교 신앙이 우리의 결혼을 어떻게 변화시켰는지를 설명하고자 노력하고 있다. 그러나 꼭 그리스도인이어야만 이 책에서 도움을 얻을 수 있는 것은 아니다. 이 책에 주어진 조언들 대부분은 관계가 잘 유지되도록 하는 것뿐만 아니라 더욱 아름답게 유지될 수 있도록 하는 실제적인 가이드가 되기 때문이다.

이 책에는 우리의 결혼생활과 다른 부부들의 결혼 이야기들이 많이 실려 있다. 어떤 예화들은 사소한 듯 보이겠지만, 사실 결혼생활의 성패를 좌우하는 것은 작은 일들이다. 이 책에 자신들의 이야기를 실을 수 있도록 허락해 준 부부들은, 다른 부부들이 결혼이 얼마나 역동적인 동반자 관계가 될 수 있는지를 발견하고 인내할 수 있도록 격려하고자 하는 희망에서 자신들의 경험을 나눈 것이리라(대부분의 경우 사생활을 보호하기 위해 이름을 바꾸었다).

여행이 계속될 동안 부부를 함께 묶기 위해 필요하다고 믿는 것들을 요약한 것이 결혼 바퀴이다. 책의 각 장(결혼코스의 각 주)은 바퀴의 한 섹션을 설명하고 있다. 우리의 경험으로 보건대 결혼이라는 바퀴가 쿵쿵거리거나 끼익끼익거리지 않으려면, 특히 길이 험해질 때라면 더욱더 바퀴의 각 부분이 모두 필요하다. 7과에서는 하나님을 결혼의 중심에 모시는 것이 기름을 잘 친 바퀴처럼 놀라운 변화를 가져오는 이유를 좀 더 자세히 설명하였다.

헌신을 상징하는 바퀴의 가장자리는 관계를 유지한다. 어떤 사람들은 평생 동안의 결혼생활 유지가 이상적이라는 생각은 버려야 한다고 주장하면서 '맺어지고 헤어지는' 것을 가능한 쉽게 만드는 관계를 선호한다. 그렇다면 우리 시대에 전통적 관념의 결혼이 아직도 존재한다고 할 수 있을까? 이 질문에 우리는 큰 소리로 "YES"라고 대답하겠다.

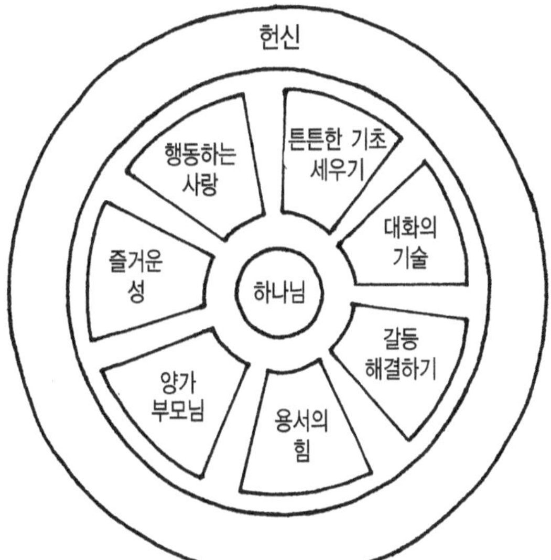

우리는 결혼이 여전히 개인에게뿐만 아니라 사회의 한 기반으로도 매우 중요하다고 본다. 결혼은 하나님께서 주신 가정생활의 이상적인 기초이다. 왜냐하면 아이들은 그들의 어머니와 아버지 사이의 헌신을 경험함으로써 헌신과 사랑의 관계가 어떠한 것인지를 배우기 때문이다. 어린이 교육에 있어서 이보다 더 중요한 것은 없다. 아이들은 어른처럼 언제나 이야기를 들어서가 아니라 보는 것을 통해 배운다. 최근에 한 아버지가 우리에게 이렇게 말했다. "아이들을 사랑하는 가장 좋은 방법은 아내를 사랑하는 것임을 깨달았습니다."

그러나 결혼은 단지 아이들을 위해서가 아니다. 우리 모두는 정서적으로, 영적으로 그리고 육체적으로 완전히 마음을 열 누군가를 마음 깊이 갈망하고 있다. 그러한 친밀감은 헌신이 있을 때에만 가능하다. 버림받지 않으리라는 확신이 있을 때에만 우리의 가장 은밀한 모습을 드러내 보일 수 있다.

결혼은 남자와 여자가 자신을 철저히 그리고 완벽하게 버리면서 상대방에게 내어 주는 관계가 되도록 하나님께서 디자인하셨다. 결혼 예배에서 목사 혹은 신부가 부부를 축복하고, 그들을 위해 기도하고, 하나님과 사람들 앞에 두 사람이 부부가 되었음을 선포하지만 실제로 결혼을 성립시키는 것은 남자와 여자가 서로에게 하는 약속이다. 결혼 서약의 각 구절은 평생 동안의 헌신을 강조하고 있다.

신랑(신부) 나는 신부(신랑) 그대를
이날부터
영원히 지키고
함께하기 위하여
아내(남편)로 맞이합니다.

기쁠 때나 슬플 때나
부할 때나 가난할 때나

아플 때나 건강할 때에도
하나님의 신령한 율법에 따라
죽음이 우리를 갈라놓을 때까지
사랑하고 아낄 것이며
이것이 나의 신실한 맹세입니다.[2]

결혼 관계는 평생 동안 지속되는 사랑의 모험이 되도록 하나님에 의해 디자인되었다. 성경에는 이러한 친밀한 관계를 성공시킬 수 있는 실질적인 조언들이 많이 담겨 있다. 그리고 예수 그리스도는 그 말을 듣고 그것을 행동으로 옮기는 사람은 누구든지 땅을 깊이 파고, 안전한 기초 위에 집을 세우는 지혜로운 사람과 같다고 말씀하셨다. 비록 폭풍이 몰아치고 바람이 세게 불어도(어느 결혼에서나 폭풍과 바람은 있기 마련이다) 그 집은 굳게 서 있는 것이다.

제1장
튼튼한 기초 세우기

결혼은 집처럼
때마다 관리와 자잘한(혹은 커다란) 수리가 필요하다.
그러나 집이나 결혼이나 모두
창조력을 발휘하고, 새로운 것을 시도해 보고,
물건들을 조금씩 옮겨 볼 기회는 무궁무진하다.
결혼은 고여 있는 상태가 될 수도 있고,
두 사람으로 하여금 지루하고
덫에 걸린 것 같은 느낌이 들게 할 수도 있다.
결혼은 창조적이고 새롭고 진취적인 정신 위에서 피어난다.

1
길게 보기

내 옆에 한 여인이 누워 있다. 바로 이 순간 나는 나 자신을 만지는 것만큼이나 쉽게 손을 뻗어 그녀를 만질 수 있다. 생각해 보니 이것은 산이나 달이 내 옆에 있는 것보다도 더 어마어마한 일이다. 이 여인이 천사라고 생각하는 것보다도(생각해 보니 그녀는 천사일지도 모르겠다) 훨씬 더 어마어마한 일이다.

이것을 받아들이려고 노력하는 것만으로도 내 가슴이 터질 정도로 강력하고 경이로운 일이지만, 단 두 가지 사실이 내 가슴을 터지지 않게 해 주었다. 하나는 내가 이와 똑같이, 바로 이 여인과 함께 이전에도 수백 번이나 잠에서 깨어났다는 것이고, 다른 하나는 전 세계에서 수백만 명의 다른 남자와 여자들이 서로의 곁에서, 바로 이처럼 매일같이 잠에서 깨었으며, 그것이 수천 년 동안이나 그래 왔다는 것이다.

마이크 메이슨[1)]

결혼은 다른 어떤 인간관계와도 전혀 다른 독특한 기회이다. 자기 삶의 모든 부분을 다른 사람과 나눌 수 있는 기회이다. 좋은 일이나 나쁜 일이나 함께하기로 약속하며, 서로의 약속을 믿고, 자신에 대한 모든 것을 감히 드러내 보이는 것이다.

서로의 고통을 느끼고 서로의 약한 면을 감싸 주면서 공통적인 인간성 속에서 우리는 서로와 관계를 맺는다. 결혼은 상대방의 강함에서 환희를 느끼고, 상대방의 성공으로 인해 기뻐한다. 우리는 조언자이자 동료이며 제일 좋은 친구를 얻게 된다. 한마디로 평생 동반자를 갖는 것이다. 그리고 우리가 충분히 인내하고, 충분히 친절하고, 이기적인 마음을 버릴 수 있다면 우리는 서로가 끝이 없을 만큼 풍요롭다는 것을 발견하게 될 것이다.

결혼은 수백만 명의 사람들에게 말로 할 수 없는 기쁨을 가져다주었으며, 전 세계의 의식(儀式)과 시, 산문과 노래 속에서 찬양되어졌다.

결혼이란 무엇인가?

> "이러므로 남자가 부모를 떠나 그 아내와 연합하여 둘이 한 몸을 이룰지로다"(창세기 2:24).

결혼은 두 사람이 함께 모여 하나가 되는 것이며 따라서 인간에게 가능한 가장 가깝고 친밀한 관계이다. 어떤 사람들은 아이의 생명이 어머니 안에서 시작된다는 것을 생각하여 부모 자식 관계가 가장 가까운 관계라고 말한다. 그러나 건강한 부모 자식 관계는 점점 더 분리되는 관계이며, 자녀가 부모의 둥지를 떠나 자신만의 집을 만드는, 독립성을 성숙시키는 관계이다. 하지만 결혼 관계는 그와는 반대이다. 두 사람은 서로를 전혀 몰랐다가 만나 마침내 결혼을 하게 된다. 그들은 점점 더 서로를 의지하는 관계를 시작하는 것이다.

존 베일리는 그의 죽은 아내를 그리워하며 쓴 「아이리스 머독을 추억하며」(A Memoir of Iris Murdoch)라는 책에서 자신의 50년간의 결혼생활에 대해 썼다. 마지막이 다가오면서 그녀는 알츠하이머 병을 앓았고, 그 자신이 직접 그녀를 돌보았다.

> "돌이켜보면, 나는 우리 두 사람을 분리하기가 힘들다. 우리는 언제나 함께였던 것 같다. 아이리스가 관계된 것이면 내 몸에 꼭 맞는 옷처럼, 지금까지 그 지퍼가 잘 채워진 것 같다. 아침 일찍 침대에서 오랫동안 사용해 온 타이프를 치며 일을 할 때면 아이리스는 내 곁에서 조용히 자고 있었다. 그녀의 그 모습은 마치 과거에도 언제나 그래 왔었고, 또 항상 그래야만 한다는 듯이 보인다. 그녀는 한때 분명 지금의 모습과 달랐겠지만, 나는 그 기억은 도무지 가지고 있지 않다."[2)]

이렇게 함께 성숙해 가는 과정이 자동적으로 생기는 것은 아니다. 대부분의 부부들은 커다란 기대를 가지고 결혼생활을 시작한다. 색종이 꽃 세례를 받으며 결혼식장을 떠나면서, 그들은 함께 있는 것을 원하지 않게 되리라고는 상상조차 하지 못한다.

남편과 아내 모두 자신들의 결혼을 키워나갈 준비가 되어 있어야 한다. 그 과정의 각 단계마다 분명 도전과 기회들이 찾아온다. 결혼 초기의 구애와 약속에 도취된 나날 동안 분명히 보이지 않았던 점들을 차차 발견하면서 큰 충격을 받을 수도 있다.

우리의 경우 결혼하기 전 4년의 교제 기간이 있었음에도 불구하고 결혼한 후의 생활이 들추어내 보이는 면들, 즉 거슬리는 습관들, 생각지도 못했던 행동, 나와는 다른 가치 기준에 적응을 해야만 했다.

결혼의 첫 과는 남편과 아내를 있는 그대로 받아들이는 것이다. 자신이 바라는 모습으로 바꾸려고 노력하는 것이 아니다. 세월이 흐름에 따라 필연적으로 변화가 찾아오기 마련이기 때문에, 이렇게 서로를 그대로 받아들이는 노력은 평생 동안 계속되어야 한다. 셰익스피어가 노래했듯이 말이다.

> 변화가 찾아왔을 때 변하는 사랑은
> 사랑이 아니며,
> 떠나야 한다고 떠나는 사랑은
> 사랑이 아니다.
> 시간의 신이 휘두르는 휘어진 낫에
> 장밋빛 입술과 뺨이 시든다 해도
> 사랑은 시간의 광대가 아니니
> 그 짧은 시간과 날들에도 사랑은 변하지 않는다.[3)]

최선을 다해 노력한다 해도 우리는 같은 모습으로 머물 수는 없다. 외모가 변할 뿐 아니라 생각도 성숙해질 것이며, 인격도 무르익을 것이고, 환경도 변화할 것이다. 아마도 가장 큰 변화는 아이들이 태어나면서 찾아올 것이다. 마음을 상하게 하는 고통스러운 불임도 마찬가지로 힘들겠지만 말이다. 임신과 출산에는 많은 인내와 사랑 어린 격려와 비난을 피하는 지혜가 필요하다.

아기의 탄생은 크나큰 기쁨을 가져다주지만 많은 경우 육체적인 피로를 동반한다. 세월이 흘러 아이들이 사춘기가 되면 신나는 일들도 많고 아이들과 우정을 키울 수 있는 기회도 많이 생기지만, 대개는 마치 청룡 열차를 타는 것처럼 감정적인 소모를 많이 하게 된다. 마침내 결국 아이들이 독립하게 되면, 아이들의 빈자리를 슬퍼하는 우리 자신을 발견하게 될 것이다(이 말은 한 어머니가 아이들이 20대 초반이 되어 하나둘씩 집을 떠나자 썼던 표현이다).

이렇게 아이들을 키우는 시기에는 생각할 것도 너무 많고 열심히 추구해야 할 일이 적어도 한 가지는 있기 마련이다. 그러다 보면 자칫 배우자를 소홀히 하기 쉽다. 아이들을 돌보는 것이 당연한 일이듯 결혼도 마찬가지이다. 부부가 끊임없이 자신들의 관계에 투자를 하고 가족생활의 다양한 압박감 속에서도 서로를 격려한다면, 인생의 마지막 부분은 훌륭한 보상을 받게 될 것이다.

친구 하나가 얼마 전 부모님께 그분들의 결혼에 대해 물어보았다. 그녀의 아버지는 어머니를 돌아보더니 이렇게 말했다. "우리 결혼생활은 아주 좋았지. 하지만 어려운 순간도 있었고 즐거운 순간도 있었지." 두 사람은 아이들은 어리고, 돈은 많지 않고, 일은 힘들었던 삼십대 초반이 가장 힘든 시기였다고 입을 모아 말했다. 그러나 아이들이 점점 더 자립해 가면서(여전히 자신들의 삶에서 큰 부분을 차지하고 있지만) 그 부담감은 덜해져 갔고, 두 사람은 서로에 대해 새로운 면을 재발견할 기회와 시간을 가지게 되었다.

프랭크 뮈르는 자신의 자서전에서 폴리와의 오랜 결혼생활의 마지막 시간들이 자신에게 어떤 의미였는지를 밝혔다.

> 카스 형과 내가 십대였을 때 할머니는 우리들에게 이름이 새겨진 도장 반지를 선물로 주고 싶어 하셨다. 그러나 나는 보석을 끼고 다니는 것이 싫었고, 그래서 할머니는 나에게 다른 선물을 주셨다.
> 우리의 결혼 47주년이 다가오자 폴리는 나에게 기념으로 갖고 싶은 것이 무엇이냐고 물었다. 그때 갑자기 갖고 싶은 것이 떠올랐다. 나는 말했다. "결혼 반지를 줄 수 있겠소?"
> 폴리는 매우 놀랐다. "이렇게 많은 세월이 흘렀는데 왜 갑자기 결혼 반

지가 갖고 싶은지 말해 줘요. 그래야만 반지를 선물로 드리겠어요."

"글쎄… 확실하게 하고 싶으니까." 나는 감동적인 순간에 어울리지 않는, 농담 반 진담 반으로 슬쩍 넘어가기는 했지만, 어쨌든 그로 인해 나는 결혼에 대해 생각할 시간을 가질 수 있었다.

폴리가 없는 삶이 어떠했을지를 그려 보는 것은 거의 불가능하다는 것을 나는 깨달았다. 폴리는 비어 있는 내 다섯 번째 갈비뼈와 같았으며, 플라토가 말한 '온전해지고자 하는 욕망과 그 추구'의 과정에서 자신을 완성하고자 그토록 찾아 헤매는 나의 '다른 반쪽'과도 같았다. 나에게 있어서 그것은 멋지고 성공적인 과정이었다.

나는 폴리와의 결혼생활이 가져다준 행복의 상징으로 끼고 다닐 수 있도록 결혼 반지를 선물로 달라고 했다. 집에서 일하게 된 지금은 폴리가 근처 어딘가에 있다는 것을 아는 것만으로도 너무나 좋다. 보이지 않더라도 아마도 허리를 굽혀 과일 울타리에서 하얀색 건포도를 집어내며 나지막한 소리로 투덜대고 있거나, 이층에서 손녀를 위해 치맛단을 줄이고 있을 테니 말이다.

폴리가 가까이 있다는 것을 아는 것은 행복한 일이다.[4)]

왜 어떤 결혼은 실패하는 것일까?

불행하게도 요즘은 많은 결혼이 이렇게 함께함을 경험하는 데 실패한다는 이야기를 듣는다. 어떤 부부에게는 처음 몇 년이 지난 후 슬금슬금 기어들어오는 분열이 두 사람을 멀어지게 한다. 아이들이 어려서 기운을 쏙 빼놓을 때나 혹은 아이들이 집을 떠날 때 이런 일이 일어난다. 후자의 경우 부부는 서로 아무런 할 말이 없음을 발견하고, 처음부터 두 사람은 결혼해서는 안 되었다고 생각하며 이혼을 한다.

우리는 낭만적인 신화를 믿으며 자라났다. 즉, 만약 신데렐라가 다행히 백마를 탄 왕자님을 만나면 그들은 영원히 행복하게 살게 되리라는 신화 말이다. 그러나 갈등이 생기고 사랑이 식으면 신화는 말하기를, 우리가 잘못된 사람과 결혼을 했으며, 영원히 불행하게 살든지 아니면 이혼을 할 수밖에 없다고 말한다. 이 메시지는 노래와 책과 영화를 통해 어른들에게 단단하게 강조되어진다. 대부분의 사람들에게 퍼져 있는 이 위험한 신화 밑에는 진정한 사랑이란 우리에게 우연히 일어나는 일이며 우리는 어떠한 통제력도 가지고 있지 않다는 믿음이 깔려 있다.

언론은 때로 이러한 관점은 반박할 여지가 없다는 보도를 하곤 한다. 「가디언」의 한 최근 기사는 어떤 운 좋은 사람들은 20년 혹은 그 이상의 세월 동안 친밀한 결혼 관계를 유지하지만, 자연스러운 감정의 한계는 4년 정도라고 전했다. 그리고 일단 그 자연스런 관계를 잃어버리면 세상의 어떤 것도 그 마법의 불꽃을 되살리지 못하고, 그것을 다시 불태우지 못한다면 그것으로 끝이라고 전했다. 그리고는 끝으로 위로의 한마디를 덧붙였다. "새로운 사람을 만나면 그 불꽃은 언제든지 다시 타오를 수 있다."[5]

그러나 3-4년 이상의 안정적인 결혼생활을 누린 사람이라면 관계란 노력해서 가꾸어 가는 것이라고 말할 것이다. 그들을 함께 묶는 것은 로맨틱한 감정 이상의 것이다. 거기에는 매일매일의 선택이 따른다. 어떤 경우에는 민감한 문제들에 대해 진지하게 이야기를 나누어야 하고, 어떤 경우에는 다른 남자, 여자에게 느끼는 매력을 자제해야만 한다. 그렇게 로맨틱한 느낌이 잠시 사라지더라도 얼마 후면 그 느낌은 더욱 깊고, 더욱 풍부하게 되어 되돌아온다. 결혼 서약의 '좋은 일이 있을 때나 나쁜 일이 있을 때나' 라는 구절은 자신들에게 해당되지 않는다고 생각하며 결혼한 부부들은 큰 충격에 빠지거나, 결혼의 실패를 경험하게 된다.

결혼이 무너지게 되는 것은 대개의 경우 수년간에 걸쳐 서로 멀어지게 된 과정의 결과이다. 「벽」이라는 제목의 작자 미상의 시가 노래하듯 말이다.

아무런 상관없는 삶을 살고 있는 두 사람을
탁자 위의 결혼 사진이 비웃고 있었다.
그들은 그토록 무거운 바리케이드를 사이에 두고 사랑했다.
마구 들이받는 숫양 같은 말로도
대포 같은 애무로도 무너지지 않는 바리케이드.

첫 아이의 첫 번째 치아와
막내딸의 졸업 사이 어딘가에서
그들은 서로를 잃어버렸다.

자기라는 이름의 엉킨 실 뭉치를
그들은 수년 동안 천천히 풀어 보았지만
단단히 묶인 매듭을 힘껏 당기면서
서로는 서로에게서 숨겨지고 말았다.

때로 그녀는 밤에 울며 애원했다.
귓가에 속삭이는 어둠에게 자신이 누구인지를 말해 달라고.
그동안 그는 그녀의 겨울을 알지 못한 채
동면하는 곰처럼 코를 골며 그녀 곁에 누워 있었다.

언젠가 사랑을 나눈 후 그는 그녀에게 말하고 싶었다.
그가 얼마나 죽음을 두려워하는지.
그러나 자신의 벌거벗은 영혼을 보이는 것이 두려워
대신 그녀의 가슴이 얼마나 아름다운지를 말했다.

그녀는 현대미술 강의를 들으며
캔버스 위에 흩뿌려진 색깔 속에서 자신을 찾으려고 애쓰며
무심한 남자들에 대해
다른 여자들에게 불평을 털어놓았다.

그는 사무실이라는 이름의 무덤 속으로 기어들어가
서류라는 수의로 마음을 감싸고
고객들 속에 자신을 묻었다.

천천히 그들 사이에는 벽이 세워졌고
무관심이라는 회반죽으로 견고하게 칠해졌다.
어느 날 서로를 만지려고 손을 내밀다가
그들은 뚫을 수 없는 장벽을 발견했고
돌 같은 차가움에 움츠러들어
맞은편에 서 있는 낯선 사람에게서 물러나 버렸다.

사랑이 죽는 것은 분노에 찬 전쟁의 순간도 아니며
불 같던 몸이 그 열기를 잃는 순간도 아니다.
사랑은 도저히 오를 수 없는 벽 밑에서
숨을 헐떡이며 기진하여 꺼져가고 있다.[6)]

결혼이 깨지는 것은 서로 조화를 이룰 수 없기 때문이 아니라 두 사람의 관계를 성공시키기 위해 필요한 것이 무엇인지를 모르기 때문이다. 우리 사회에서는 부모들에게서 건강한 부부 관계의 모델을 보고 자라는 사람들이 점점 줄고 있다.

우리는 소비의 시대에 살고 있다. 사람들은 물건을 고치는 것에 익숙하지 않다. 무언가가 고장이 나면 새 것을 사는 것이 더 쉽고 돈도 적게 든다. 강력한 광고들도 우리들이 이미 가지고 있는 것을 감사하기보다는 가지지 않은 것을 원하도록 부추기고 있다. 또한 욕망을 빨리 충족시켜야 한다는 기대치를 증가시키고 있다. "원한다면 기다릴 필요가 없게 해 드리겠습니다"라고 약속하는 신용카드 광고의 슬로건처럼 말이다. 만족은 열심히 노력하여 얻는 것이 아니라 최소한의 노력만으로 획득할 수 있는 무언가를 통해 얻어진다고 사람들은 믿게 된다.

사회학자이며 베스트셀러 작가인 앨빈 토플러는 사람들은 오늘날 '던져 버리는 심리'를 가지고 있다고 했다. 그들은 던져 버릴 수 있는 물건을 소유할 뿐 아니라, 던져 버릴 수 있는 친구들을 사귀는데, 바로 이러한 심리에서 던져 버릴 수 있는 결혼이 양산된다는 것이다.[7]

오늘날 많은 사람들이 결혼을 사랑이 지속되는 동안만 효력을 가지는 두 사람 사이의 한시적인 계약이라고 본다. 우리의 문화는 개인의 자유를 강조한다. 만약 관계가 개인적으로 만족스럽지 않다면 그 관계에서 벗어나는 것이 낫다고 한다. 결혼에 더 이상 사랑이 없다면 끝내는 것이 더 낫다는 것이다. 최근의 가정 법률에는 "과실로 인한 이혼은 없다"라는 구절이 있는데, 그 의미는 영국 법률 아래서 결혼은 더 이상 구속력 있는 계약이 아니라는 뜻이다. 전에는 어느 한쪽이 잘못을 했고 계약을 깨뜨렸다는 것이 증명되어야 했다. 지금은 양쪽 중 누구라도 원하면 그들이 원할 때 관계를 끝내도록 선택할 수 있다.

그러나 우리 사회는 그 결과가 그렇게 쉽게 폐기처분될 수 있는 것이 아님을 발견하고 있다. 결혼이 두 사람을 하나로 묶는 것이라는 것은 두 사람이 깔끔하게 고통 없이 분리될 수 없다는 뜻이다. 그것은 마치 두 장의 종이를 풀로 붙이는 것과 같다. 두 장은 하나가 되고, 분리시키면 두 장 다 상하지 않을 수가 없다.

배우 마이클 케인은 최근 인터뷰에서 이혼으로 끝난 그의 첫 번째 결혼에 대해 이야기했다. 그는 절망적일 만큼 가난했다. 그러자 그의 아내 패트리샤는 연극을 그만두라고 그를 설득했다. 그는 꿈을 단념하느니 차라리 결혼을 버리는 게 낫다고 생각했다. 그러나 지금 그는 말한다. "이혼에 따르는 고뇌를 알았더라면 어떤 값을 치러서라도 버텼을 겁니다. 만약 내가 패트만큼 강했다면 우리는 잘 해낼 수 있었을 겁니다."[8] 마이클 케인의 말이 옳다. 결혼은 성공할 수도 있지만, 거기에는 신중하고 결단력 있는 행동이 필요하다.

지난 2년간 우리 가족은 런던의 가장 큰 주택 개발 지역 바로 옆에서 살았다. 소음과 먼지 속에서 우리는 침실 창문을 통해 건물이 지어지는 각 단계의 전경을 볼 수 있었다. 우리는 땅 밑으로 얼마나 깊고 안전한 기초 작업이 이루어져야 하는지를 목격했다. 몇 달에 걸쳐 네 명의 기술자들이 안전한 기초를 세우기 위해서 200개가 넘는 콘크리트로 채워진 구멍을 만들었다. 그런 다음, 오직 그런 다음에야 지금의 멋진 구조물이 올라가기 시작했다.

건강한 결혼을 세우고 싶다면 기초 공사를 깊고 안전하게 해야 한다. 그렇게 하기 위해서는 시간이 필요하며, 그 과정에서는 먼지와 소음이 만들어질 수도 있다. 진행의 과정이 때로 고통스러울 만큼 느리다고 느껴질 때도 있다. 이 때에는 새로운 의사소통 방식이 개발되어야 할 것이다. 민감하고 싸움을 일으킬 수 있는 논점들에는 토론이 필요할 것이며, 용서가 습관이 되어야 할 것이다.

수년 동안 결혼생활을 해 왔어도 기초의 토대가 시급하게 요구될 수도 있다. 우리는 얼마 전에 런던 북부에 있는 에드워드 왕조식의 집 한 채가 개조되고 있다는 이야기를 들었다. 2주 후 건축업자 하나가 혼자 집 안에 있다가 밑바닥에서 진동이 있는 것을 느꼈다. 그는 뒷문을 통해 집 밖으로 뛰쳐나왔고, 그와 동시에 집 전체가 완전히 무너져 내렸다. 우리 주위에는 이미 무너져 내린 결혼들이 있다. 그러나 불행의 가장자리까지 갔지만 새로운 사랑과 헌신의 경험으로 다시 되돌아온 결혼도 있다.

결혼은 집처럼 때마다 관리와 자잘한(혹은 커다란) 수리가 필요하다. 그러나 집이나 결혼이나 모두 창조력을 발휘하고, 새로운 것을 시도해 보고, 물건들을 조금씩 옮겨 볼 기회는 무궁무진하다. 결혼은 고여 있는 상태가 될 수도 있고, 두 사람으로 하여금 지루하고 덫에 걸린 것 같은 느낌이 들게 할 수도 있다. 결혼은 창조적이고 새롭고 진취적인 정신 위에서 피어난다.

부부가 서로 가까워지려면 먼저 결혼생활에서 능동적이 되어야 한다. 우리는 너무나도 자주 반응만 하려고 한다. 일이 잘못되어 가면 상대방을 비난하고, 상처받으면 앙갚음하면서 상대방의 행동이나 말에 부정적으로 반응한다.

이 책은 건강한 결혼을 만들기 위한 도구 상자이다. 각 장은 관계를 모양 짓고, 고치고, 유지하고 혹은 수리하는 데 쓸 수 있는 각기 다른 도구를 제공한다. 우리는 당신이 이 도구들 중 단 하나를 사용하는 것만으로도 개선의 여지를 보게 되리라고 믿는다.

우리는 당신이 앞으로의 내용들을 읽고 토론하면서 결혼에 대해 함께 이야기하는 것이 더욱 원활해지기를 바란다. 어떤 이들은 이전에는 한 번도 보지 못했던 남편이나 아내의 멋진 점들을 발견하게 될 것이다. 실제 생활에 적용할 수 있는 것 중 어떤 것은 처음에는 복잡해 보일 수도 있다. 그러나 우리의 경험으로 보건대 그것을 인내하면서 지키면 차차 부부의 일상적이고 자연스러운 부분으로 자리 잡아갈 것이다.

클레어 레이너 숙모가 말한 그녀의 남편 데스몬드와의 결혼생활 이야기이다.

> "올해로 우리는 결혼한 지 43년이 돼. 그건 우연이 아니야. 운이 좋아서도 아니구. 결혼생활을 열심히 하면 할수록, 더 많은 행운이 따르지. 우리는 두 사람이라는 개인이 아니라 한 부부가 되었어. 우리는 따로 있는 것보다 같이 있을 때 더 재미있단다. 나는 아직도 그에게 연애 감정이 있고, 하나님께 감사하게도 그 역시 나에게 연애 감정이 있단다."[9]

2

성공을 위한 계획

그러나 그럭저럭 시간이 흘러가는 동안, 돌이킬 수 없는 시간이 흘러가 버린다.

버질[1)]

우리는 시간을 안락의자가 아닌 도구로 사용해야 한다.

존 F. 케네디[2)]

한 부부가 자신들의 관계에 대해 우리에게 조언을 구했던 일이 생생하게 기억난다. 그들은 16년째 함께 살고 있었으며, 두 명의 자녀가 있었다. 남편은 성공한 사업가로 자신의 경력에 있어 최고에 올라 있었다. 그는 아내가 자신을 떠나려 한다며 다급하게 전화를 했다. 그들은 우리 집에 함께 도착했는데 조금 어색해 보였다. 우리는 마찬가지로 어색한 기분을 느끼며 문을 열어 주었고, 사실 그들을 도와줄 만한 충고를 할 수 있을지 자신이 없었다.

우리는 어디서부터 일이 잘못되었는지를 물으면서 이야기를 시작했다. 그들은 둘 다 매우 자세하게 지난 달과 지난 해에 있었던 사건들을 각자가 기억하고 있는 대로 설명했다. 두 사람 다 상대방이 한 문장을 제대로 끝마치도록 내버려 두지 않았다. 10분이 지나자 두 사람 모두 우리의 질문에 대답하는 것보다 상대방을 공격하는 데 관심이 있다는 것이 분명해졌다. 그들의 결혼은 너무나도 엉켜 버려서 차근차근 매듭을 푸는 것보다는 던져 버리고 새 것을 사는 것이 더 나은 실 뭉치 같았다. 그러나 감사하게도 그들에게는 함께 있는 것을 다시 시도해 볼 여지가 있었다.

우리가 보기에 그들의 결혼생활이 좋아지려면 두 가지 변화가 있어야만 했다. 첫째로, 그들은 정기적으로 함께하는 시간을 가져야 했다. 둘째로, 그들은 그 시간을 효과적으로 써야 할 필요가 있었다. 그래서 시험적으로 매일 30분씩 함께 이야기할 시간을 따로 만들어 보라고 제안했다. 그러기 위해서는 상대방이 적어도 5분 동안은 방해받지 않고 자신의 느낌을 말할 수 있어야 했다. 우리는 또 일주일에 한 번씩 결혼하기 전처럼 함께 외출 계획을 세워 보라고 권유했다.

2주 후 우리가 문을 열었을 때 그곳에는 다른 두 사람이 서 있었다. 그들은 서로를 이해하기 시작한 것이었다. 우리는 부부가 반응만 하는 것에서 능동적으로 변할 때 그리고 오직 상대방만을 위한 시간을 기꺼이 만들 때 결혼이 어떻게 변할 수 있는지를 보고 매우 기뻤다.

서로를 위한 시간 내기

결혼생활에서 두 사람이 함께 보내는 시간을 빼앗는 것은 사람에게서 공기를 빼앗는 것이나 식물에게서 물을 빼앗는 것과 같다. 어떤 식물은 다른 식물보다 오래 버티겠지만 결국에는 죽게 될 것이다.

'CARE for the Family'의 전무이사인 롭 파슨은 그가 '엄청난 환상'이라고 부르는 것을 다음과 같이 설명했다.

> 인생에서 여러 개의 계획을 진행시킬 수는 있지만, 대가를 치르는 사람이 없다면 그것들 모두를 100퍼센트 완벽하게 진행시킬 수 없다. 우리는 너무나 많은 핑계를 대고 있다. 가장 큰 핑계는 스스로에게 언젠가 여유 있는 날이 올 거라는 믿음을 주는 것이다. 우리는 스스로에게 말한다. "집수리가 다 끝나면, 내가 승진을 하면, 그 시험을 통과하면 그때는 시간이 좀 더 많아질 거야."
> 언제나 "지금은 안 돼요, 여보"라고 말하며 여유 있는 날이 곧 올 테니 괜찮을 거라고 스스로에게 말한다. 우리는 지금 여기에서 여유 있는 날은 환상에 불과하다는 것을 깨달아야 한다. 여유 있는 날은 결코 오지 않는다. 우리의 상황이 어떠하든지 간에 우리 모두는 시간을 충만하게 쓸 수 있는 가능성을 가지고 있다. 바로 그 때문에 중요하다고 생각하는 것들을 위해 시간을 만들어야 하는 것이다. 그것도 지금 만들어야 한다.[3)]

안나 머독은 루퍼트와의 결혼이 실패한 것은 서로를 위한 시간이 부족했기 때문이라고 했다. 그녀의 두 번째 소설 「패밀리 비즈니스」가 출판된 1988년에 있었던 한 인터뷰에서 그녀는 자신의 글쓰기에 대해 이렇게 말했다. "나는 시간을 보낼 일이 필요했어요. 남편은 바쁘고 아이들은 더 이상 나를 이전처럼 필요로 하지 않았죠. 내가 글을 쓴 것은 외로움을 달래기 위해서였어요."[4)]

머독의 한 친구는 이렇게 말했다. "저는 안나가 너무 열심히 일만 하는 남편에게 질렸다고 생각해요. 결혼생활의 남은 나날들을 그렇게 보내고 싶지는 않았을 거예요. 전 안나가 남편의 속력을 늦추려고 노력했다고 생각해요. 루퍼트는 완전히 일에 헌신하고 있었어요. 미국이나 영국, 극동, 오스트레일리아의 문제를 다룬다는 건 항상 전화에 매달려 있다는 뜻이죠."[5)]

루퍼트 자신도 자신의 전기 작가인 윌리엄 쇼크로스와의 1999년 인터뷰에서 결혼이 깨진 것에 대해 비슷한 이유를 댔다.

> "나는 여행을 많이 했고 일에 집착했기 때문에 아마도 아내에 대한 배려가 상당히 부족했을 것이다. 아이들이 다 자라버리자 집은 갑자기 텅 빈 둥지가 되어 버렸다. 가족이 있었던 집은 갑자기 공통의 관심이 사라져 버리고 없는 두 사람만을 위한 집이 되어 버렸다. 이것이 우리가 멀어지게 된 근본적인 이유였다."[6)]

이와는 정반대로 비틀즈 멤버였던 폴 매카트니와 그의 죽은 아내 린다는 바쁘고 유명세라는 압박에도 불구하고, 함께 있기 위한 시간을 만드는 데 특별한 노력을 기울였다. 그들의 친구이자 전기 작가인 헌터 데이비스는 폴이 자신에게는 가장 중요한 것이 두 가지가 있다고 단호하게 말한 것을 회고했다. 가족과 함께 있는 것과 음악을 연주하는 바로 그것이었다.

그는 언제든지 출발했던 곳으로 기꺼이 되돌아갈 준비가 되어 있었다. 지방 극장과 대학 캠퍼스에서 연주하던 시절로 말이다. 그것을 깨닫고 실천하는 그의 모습은 대단히 성숙하고, 대단히 지혜롭고, 대단히 어른스러워 보였다. 그래서 폴의 삶에 있어서의 두 가지 열정이 한데 합쳐져 윙즈(Wings)가 탄생되었다. 그는 지방 순회공연을 갈 때마다 린다와 아이들을 데리고 다녔다. 필요하다면 포장마차에서 잠을 자면서까지 말이다.

언론은 린다의 음악적 자질 부족을 비난하면서 혹독한 소리를 해댔고, 그녀를 끌고 다니는 폴이 멍청하다며 헐뜯었다. 윙즈는 처음에는 그렇게 뛰어나지는 않았지만 점점 더 나아졌고, 배우고 함께 성장해 갔다. 그들이 결혼생활에서 그랬던 것처럼 말이다.[7]

가장 중요한 사람과 함께 보내는 시간은 그냥 생기는 것이 아니다. 거기에는 신중하고 결단력 있는 결심이 필요하다. 결혼하기 전에는 남편과 아내 모두 틈이 나는 대로 함께 시간을 보내려고 애쓴다. 결혼 카운셀러인 게리 채프먼은 그것을 잘 설명하고 있다.

절정의 상태에서 '사랑에 빠진' 경험은 행복의 도취이다. 우리는 감정적으로 서로에게 사로잡혀 있다. 서로를 생각하며 잠자리에 들고, 잠에서 깰 때 가장 먼저 드는 생각도 바로 그 사람이다. 우리는 함께 있기를 간절히 바란다. 손을 잡으면 마치 피가 함께 흐르는 것 같다. 우리의 실수는 그것이 영원히 지속되리라고 생각하는 것이다.[8]

만약 진정으로 사랑에 빠졌다면 그 감정들은 결코 사라지지 않는다고 우리는 믿는다. 그러나 심리학자들의 연구에 따르면 이러한 상태는 평균적으로 2년밖에 가지 않는다고 한다. 그렇다면 그 이후로는 감정에만 의지할 수 없는 것이다. 두 사람은 서로를 사랑할 것을 선택해야만 하는 것이다.

일단 결혼을 하면 함께하는 시간이 순식간에 우선순위에서 밀려나 버릴 수 있다. 한 지붕 아래 살고 있기 때문에 더 이상은 함께 시간표를 짤 필요가 없다는 생각을 하기가 너무나도 쉽다. 서로를 당연하게 여기기 시작하는 것이다. 우리는 결혼한 부부는 계속해서 서로를 위한 특별한 시간을 계획할 필요가 있다고 굳게 믿는다. 처음 사랑에 빠졌을 때 만나기 위해 기울였던 노력, 설레는 기다림과 흥분, 다양한 시간과 장소가 주는 즐거움을 기억하자. 결혼생활에서 계속해서 서로를 위한 시간을 만든다면 로맨스는 계속해서 살아 있게 될 것이며, 효과적으로 대화할 기회를 가지게 될 것이며, 서로에 대한 이해도 깊어질 것이다. 이렇듯 함께 있는 시간이 규칙적이고 자연스러운 것이 되면 평생에 걸친 부부 관계라는 천은 아름답게 짜여질 것이다.

우리의 경우, 우리는 서로를 위해 고정적인 시간을 가지려고 노력해 왔다. 부부들마다 실천 가능 여부가 각각 다르겠지만, 우리의 경험상 그러한 패턴 없이는 충분히 시간을 함께 보낼 수 없다. 부부가 활기 찬 결혼생활을 유지하고, 세월과 함께 사랑을 키워가기 위해 해야 할 한 가지가 뭐냐고 우리에게 묻는다면, 우리는 이렇게 대답할 것이다.

> 매주 적어도 두 시간 이상 둘이서만 보낼 수 있는 규칙적인 시간을 계획하라.

'데이트'를 대신할 수 있는 적절한 단어나 구절을 찾을 수가 없어서, 결혼코스에서 그것을 언급할 때 우리는 '결혼시간'(Marriage Time)이라는 다소 밋밋한 표현을 쓴다. 이 시간은 일주일의 나머지 시간 동안 함께 보내는 시간들과는 달라야 한다. 집에서 보내는 저녁 시간은 지불해야 할 청구서가 있고, 고장난 문손잡이를 고치고, 다리미질을 하는 다른 저녁과 다를 것이 없다. 이러한 재미없는 가사 일들은 결혼생활의 피할 수 없는 한 부분이지만, 서로가 은행 명세서나 연장통 근처에서만 만난다면 의미 있는 대화는 질식해 버리고 사랑은 고통에 몸부림치게 될 것이다.

신중하게 계획하여 함께한 시간은 결혼생활에서 로맨스를 다시 타오르게 한다. 피곤한 준비가 필요한 것이 아니다. 테이블 위에 초를 켜고, 배경으로 음악을 틀고, 음식을 배달시키고(요리사에게 휴식을 주기 위해), 자동응답기를 켜 놓으면 모든 준비가 끝난다. 이 시간들은 재미있고 기억할 만한 것이 되어야 한다. 영화관을 갈 수도 있고 외식을 할 수도 있다. 이것은 손을 잡을 수 있는 시간이며, 웃을 수 있고, 무언가 함께 하는 것을 즐기는 시간이며, 무엇보다도 이야기를 할 수 있는 시간이다. 이것은 우리의 희망과 두려움, 신나는 일들과 걱정거리들, 노력과 성취를 함께 나누는 시간이다. 이러한 나눔을 통해 친밀함이 쌓여간다. 이것은 단순하지만 매우 강한 힘을 가지고 있다.

그러나 서로를 위한 시간을 지키는 것은 쉽지 않다. 방해가 끼어든다. 우리가 통제할 수 없는 직장의 일정, 아이들을 이 학원에서 다음 학원으로 데려다 주는 것 혹은 그것 말고도 "할 일이 많다"는 스스로에게 부과하는 압력 등등이 바로 그것이다. 우리 중 많은 사람들은 하루가 끝날 무렵에는 손가락 하나 까딱할 수 없을 만큼 지치게 되므로, 가장 쉬운 선택사항으로 텔레비전 앞에 몸은 함께 그러나 생각은 따로 앉아 있는 것을 선택한다.

경험으로 보건대 함께 일주일에 한 번씩 시간을 보내려면 다음의 세 가지 헌신이 필요하다. 첫 번째는 그것을 계획하는 것이다. 남편과 아내가 모두 수첩을 펴고 매주 가장 좋은 시간을 찾아야 한다. 이것은 자녀의 유무, 그들의 나이, 직장이 재택인지 멀리 있는지 등에 따라 다르다. 우리에게 가장 맞는 것이 무엇인지를 고려해야 한다.

우리의 경우 아이들은 나이가 들었고, 우리 일의 특성상 점심 시간 두 시간이 우리에게는 가장 좋은 시간이라는 것을 알게 되었다. 우리는 그것을 일주일에 한 번씩 각자의 수첩에 기록하고 초대를 받았거나 다른 약속을 한 것만큼 중요하게 생각하고 지킨다. 사는 것이 바쁘기 때문에 우리는 보통 세 달 전에 미리 서로의 이름을 일주일에 한 번씩 수첩에 적어 넣으면서 일주일에 한 번의 시간을 계획한다. 다른 여느 약속들과 마찬가지로 말이다.

아내나 남편과 함께 보내는 시간을 계획하는 아이디어는 복잡해 보일지도 모른다. 그러나 사랑하는 관계에서 모르는 사이에 빠져버릴 수 있는 첫 번째 것이 바로 이것이다. 일부러 서로를 무시하려고 하는 것이 아니다. 그보다는 매일의 일상들이 우리가 한때 함께 보냈던 시간들을 훔쳐가는 것이다.

두 번째 헌신은 함께하는 이 시간을 최고의 우선순위에 두는 것이다. 그것이 우리가 여가 시간에 할 수 있는 다른 많은 좋은 것들, 예를 들어, 가족을 돌보고, 가정에서 즐거운 시간을 갖고, 파티에 가고, 친구들과 축구 경기를 보고, 교회 모임에 가는 것보다 훨씬 더 중요하다는 것을 깨달아야 한다. 함께하는 시간을 첫 번째 우선순위에 두는 것은 사랑의 강력한 표현이다.

우리도 처음에는 이것을 잘하지 못했다. 다른 사람들이 우리를 초대해서 어떤 일을 같이하자고 하면, 우리 둘이서만 저녁 시간을 보내겠다고 말하는 것이 무례한 것이라고 느꼈다. 그래서 지금은 "우리는 집에서 저녁 시간을 보내려고 해요"라고 말하는 대신 "정말 미안하지만 우리가 바빠서요"라고 말한다. 무엇을 할 것인지는 이야기하지 않고 말이다. 근사한 초대를 받았는데 우리의 '결혼시간'과 부딪칠 경우에는, 서로 의논하지 않고 그 초대를 받아들여서는 안 된다는 약속을 했다. 다만 둘의 합의 하에 그 주에 다른 시간을 찾을 수 있으면 시간을 옮길 수 있도록 여지를 두었다.

세 번째 헌신은 그것을 지키는 것이다. 함께 있는 시간을 망치는 방해 요소가 있을 수 있다. 전화는 우리의 이야기를 끊어놓을 수 있다. 어떤 사람의 전화는 도저히 받지 않을 수가 없을 것이다. 또 어떤 경우는 어쩔 수 없이 긴 시간 동안 이야기해야 할 것이다. 만약 이것들 중 어느 하나에 속한다면 자동응답기를 사거나 전화 코드를 뽑아놓는 것을 고려해 보자.

어떤 사람들에게는 텔레비전이 최고의 방해꾼이다. 텔레비전은 우리가 대화를 하면서 보낼 수 있는 수많은 시간을 쉽게 가로챈다. 앨런 스토키는 자신의 책 「결혼과 현대의 위기」(Marriage and its Modern Crisis)에서 “가정 내 인간관계로부터의 도피처로서 텔레비전의 힘은 막강하여 부부 사이를 황폐화시킨다. 텔레비전은 개인의 만족이라는 문화에서 자라나며 그것을 성장시킨다”라고 지적했다.[9] 텔레비전이 문제라면 무언가 행동을 취해야 한다. 거실에서 치워 버리든지 아니면 집에 텔레비전이 없는 구역을 만들어야 한다.

이 시간은 아는 사람들과 부딪치지 않는 장소에서 보내도록 계획을 짜야 한다. 가족과 친구들의 필요를 채우는 것도 중요하지만 결혼에 시간을 투자해야 할 필요성만큼 중요하지는 않다.

더 바빠질수록 함께 보내는 시간은 더욱 중요해지고 더욱 힘들어진다. 때로 한 사람이 혹은 둘 다 다른 일들에 마음을 빼앗길 때도 있지만, 먼 훗날의 보상에 대한 확신이 있을 때는 함께하는 시간을 취소하고 싶은 유혹을 훨씬 더 쉽게 물리칠 수 있다. 물론 함께하는 시간을 내는 것이 불가능한 주도 있지만, 함께 휴식을 취하고 충분히 대화할 수 없는 두 주의 시간은 결혼에 있어서 긴 시간이라는 것을 알게 되었다. 그 두 주 사이 우리는 서로에게서 멀어지고 때로는 불편해진 것을 발견한다. 그러나 '결혼시간'을 가지면 행복한 느낌을 갖게 된다. 일상의 요구에 덜 쫓기게 되며, 서로와 그리고 아이들과도 더 좋은 관계를 유지하는 등 그 한 주가 훨씬 더 편안하게 느껴진다.

함께 보내는 하루

4개월이나 6개월에 한 번씩 우리는 두 사람만의 하루 여행을 계획한다. 이때 일상생활에서는 의논할 시간도, 기운도 없었던 일들에 대해 이야기를 나눈다. 이 시간에는 잘되고 있는 일과 좀 더 주의를 기울여야 할 일들을 돌아보고, 우리의 재정상태를 점검하고, 미래의 목표를 세워 보고, 우리의 결혼과 가정생활에 필요한 새로운 아이디어들을 꿈꾼다.

몇 달에 한 번씩 시간을 내는 것은 더 큰 문제들이 쌓이는 것을 예방한다. 하루 여행은 우리에게 특별하고 재미있는 시간이 되었다. 우리는 도시에 살기 때문에 시골로 나가려고 노력한다. 산책을 하고 점심을 같이 먹으면서 이야기를 나눌 충분한 시간을 갖는 것이다. 우리는 이 날을 몇 달 후에도 기억할 수 있도록 계획과 목적을 함께 적어두곤 한다.

휴가 여행

우리는 휴가를 어디에서, 어떻게 보낼 것인가를 신중하게 생각해야 할 필요가 있다는 것을 알게 되었다. 되는 대로, 건수가 생기는 대로 혹은 함께 여행을 가자는 사람들의 초대를 받아들이면 그뿐이라고 생각하기 쉽다. 우리는 생각을 제대로 할 수 없었던 여행도 해 보았는데,

돌아오는 길에 우리에게 휴가가 필요했던 것은 회복을 위해서였음을 깨달았다. 휴가의 가장 중요한 목적은 일상에서 벗어나 함께 시간을 보내고 즐기는 것이다. 다른 여러 친구들, 친구들의 아이들 혹은 가족들과 보내는 휴가도 때로는 재미있지만 전부 다 그런 것은 아니라는 걸 알게 되었다.

미니 허니문

1년에 한 번쯤 아이들 없이 이틀이나 사흘쯤 여행을 가는 것은 우리의 관계에 놀라울 만큼 새로운 활력을 불어넣어 주었다. 어린아이들이 있는 부부는 이런 여행을 계획하기가 어렵겠지만 실행에 옮길 만한 충분한 가치가 있다. 아이들을 돌봐 줄 가족이 없다면 비슷한 나이의 아이가 있는 친구들과 돌아가면서 아이를 봐 주는 것은 어떨까?

여행의 비용이 부담스럽다면 집에 있으면서(그러나 아이들은 없이) 완전히 다른 것을 해 보는 것이다. 다른 지역에 살고 있는 친구들이나 가족과 집을 바꾸어 보는 것도 괜찮을 것이다. 우리는 이러한 시간을 1년에 한 번 있는 '미니 허니문'이라고 부른다. 미니 허니문은 이 시간을 준비하는 데 드는 노력보다 훨씬 큰 이득을 준다.

따로 보내는 시간

함께 보내는 시간이 중요하긴 해도 대부분의 남편과 아내는 많은 시간을 따로 보낸다. 우리 친구 중에 수년 동안 행복한 결혼생활을 하고 있는 부부가 있는데, 그들은 결혼한 지 3주만에 남편이 일주일 동안 여행을 떠나야 했었다. 모두들 혼자 남겨진 불쌍한 아내를 동정했다. 그러나 그녀는 기뻤다. 이제야 다시 제대로 잠을 잘 수 있게 되었기 때문이다. 내 것이 아닌 팔다리가 휘젓고 다니는 침대에서 자야 하는 어려움에 밤에 하는 또 다른 일까지, 그녀는 완전히 지쳐 있었다. 일주일간의 회복이야말로 그녀에게 꼭 필요한 것이었다.

따로 보내는 시간이 필요하다면 아내와 남편 모두의 자유롭고 진심어린 동의가 있어야만 한다. '홀아비 주말' 이나 '여자들만의 파티' 를 지나치게 즐기는 것은 결혼에 도움이 되지 않으며 이런 종류의 초대는 신중하게 그리고 함께 검토해야 한다. 결혼생활에 피해를 주느니 친구를 실망시키는 것이 낫다.

싱글이었을 때의 친구 관계는 아내와 남편이 함께 그 관계를 즐거워할 때 더욱 깊어질 수 있다. 그러나 모든 친구 관계를 다 유지하는 것은 불가능할 것이다. 어떤 식으로든 결혼생활을 위협하는 관계는 버려야 한다. 특히 육체적으로 열중할 위험이 있다면 말이다. 이렇게 함으로써 우리는 결혼 서약에 충실할 수 있다. "다른 모든 것을 포기하고 우리 두 사람이 살아 있는 한 남편(아내)에게 충실하겠습니다." 이것은 결혼으로 인한 새로운 시작의 일부분이다.

모든 일을 함께해야 한다는 말을 하고 있는 것이 아니다. 상대방이 모든 면에서 나와 같이 되도록 노력하거나 강요해서는 안 된다. 서로 다른 의견을 가지는 사회 활동이나 교회 활동, 마을의 행사, 일이나 취미생활과 관계된 초대가 있을 수 있다. 이것은 우리의 성격이나 특정한 분야의 능력 혹은 자신감의 정도와 관계가 있다. 물론 우리의 우선순위는 둘이서 함께 즐길 수 있는 활동을 찾는 것이지만, 부부가 함께 공유할 수 없는 관심사도 있기 마련이다.

> 많은 부부들이 결혼의 이러한 면 때문에 어려움을 겪는다. 그들은 배우자가 혼자만의 시간을 갖고 싶어 할 때 버림받았다고 느낀다. 그러나

> 실제로 배우자들은 혼자만의 시간이 필요하며, 이 시간을 통해 그들은 다시 함께 있을 필요를 깨닫게 된다. 건강한 관계를 유지하고 있는 배우자들은 서로의 공간을 소중하게 생각하게 되는데, 이는 서로에게 있어서 가장 중요한 이유가 된다.[10]

생각해 보아야 할 네 가지 문제가 있다. 어린 자녀가 있다면 더욱이 말이다.

1. 남편과 아내 모두 자신의 개인적인 관심사를 발전시킬 기회를 허락받고 있는가?
2. 우리가 각자 가지고 있는 관심사가 상대방에게 불쾌한 감정을 일으키는가? 서로에게 이러한 시간을 주는 것을 순수한 마음으로 기뻐하고 있는가?
3. 두 사람은 혼자만의 시간을 확보하는 것보다 서로에게 자유를 주고자 노력하는 것을 더 중요하게 생각하는가?
4. 가정의 상황이 요구한다면 기꺼이 각자의 관심사를 포기할 마음이 있는가?

남편과 아내가 둘 다 옳은 태도를 가지고 있다면, 각자의 관심사를 추구하는 것은 관계가 단조로워지거나 폐쇄적으로 되는 것을 막을 수 있다. 이는 새로운 활력과 자극, 새로운 생각과 이야기들을 결혼생활에 가져다주는 것이다. 그러나 반대로 각자의 관심사가 만약 둘 사이에 거리가 생기게 하거나 결혼에 무리한 긴장을 가지고 온다면, 줄이거나 버려야만 한다.

실라 이야기

니키가 좋아하는 것 중에 하나가 요트 타기이다. 우리가 처음 사우스 웨스트 아일랜드에서 만났을 때 나는 이것을 알게 되었고, 그 8월의 두 주 동안 나는 언제나 니키의 승무원이 되겠다고 제일 먼저 자원했다. 몇 년이 지나고 우리는 요트 타기와 어린아이들은 절대 공존할 수 없다는 것을 알았다. 많은 갈등과 여러 번의 불쾌한 감정의 오고감과 고민 끝에 여덟 살 아래의 아이 넷을 데리고 요트 레이스가 있는 곳을 두 주 동안이나 여행 간다는 것은, 그 때문에 생기는 갈등을 생각할 때 그만한 가치가 없다는 결론을 내렸다.

그래서 수년 동안 우리는 몇 개의 레이스에 참가할 기회를 니키가 가질 수 있는 3, 4일과 나머지 며칠은 모두가 함께 지낼 수 있는 시간이 되도록 휴가 계획을 짰다. 지금 아이들은 모두 뛰어난 항해사들이 되었고 나는 니키의 승무원이 되기 위해 아이들과 경쟁하고 있다.

서로를 이해하기

두 인생을 하나로 합치는 과정은 각자의 세계를 서로에게 열어 보이는 규칙적인 패턴을 개발할 때만 가능하다. 때로는 힘들게 노력해야 하지만 우리의 일생에 걸친 여러 가지 노력들은 우리가 함께 나눈 경험들과 우리를 더욱 가깝게 다가가게 해 줄 서로에 대한 이해의 수준을 저장할 저수지가 되어 줄 것이다.

대개 우리는 스트레스나 걱정이 생길 수 있는 부분들뿐만 아니라 계획들을 이야기하면서 하루를 시작한다. 그런 다음 헤어지기 전에 서로를 위해 기도한다(어떻게 기도하는지는 부록 4에 자세히 설명해 두었다). 이러한 짧은 몇 분의 시간은 변화하는 가정생활의 패턴에 맞추어야 한다. 아이들이 어렸을 때, 아주 어려웠지만 우리는 아이들이 일어나기 전에 이야기를 나누고 기도를 했다. 아이들이 다 자란 지금은 아이들이 학교에 가면 즉시 이 시간을 갖는다.

우리 삶의 일상적인 사소한 일들을 서로 끊임없이 교제하고 있다면 먼 훗날 엄청난 보상이 있다. 떨어져서 하룻밤이나 그 이상을 보낼 때면 우리는 하루에 적어도 한 번씩 전화를 하며 서로 연락을 취하려고 노력한다. 이렇게 함으로써 우리는 서로의 세계의 일부가 되며 서로를 이해하는 데 큰 도움을 얻는다. 또한 다시 만났을 때 서로에게 다시 적응하는 데도 큰 도움을 얻게 된다.

저녁이면 하루가 서서히 따로따로 가라앉으면서 끝나기 쉽다. 한 사람은 소파에서 잠이 들고, 다른 한 사람은 혼자서 침대로 기어든다. 우리의 관계를 위해서는 아무리 피곤하더라도 잘 준비를 하면서, 혹은 우리 중 한 사람이 욕조에 몸을 담그고 있는 상태에서 매일 하루가 끝나가는 시간에 함께 있으려고 노력한다.

한 부인은 20년이 지난 결혼생활의 늦은 저녁 시간을 다음과 같은 말로 묘사했다. "밤으로 바뀌면서 하루 동안 주머니 가득해진 기억들을 나누는 이 시간은 우리의 결혼에 있어서 달콤한 크림과도 같다."

1장 - 튼튼한 기초 세우기
결론

건강한 결혼의 중심에는 건강한 우정이 있다. 좋은 우정도 잘 기르고 함께 있지 않으면 무너지게 된다. 매일, 매주마다, 매년마다 규칙적으로 함께 시간을 보내는 패턴은 우리의 관계가 계속해서 성장하도록 하는 데 필요한 첫 번째 투자이며, 그것은 건강한 결혼을 위한 튼튼한 기초가 된다.

매주 가진 '결혼시간'은 우리에게 있어서 멋진 투자로 서로 가깝게 지내고 로맨스를 살아 있게 하는 가장 중요한 수단이 되었다. 우선순위로 계획되고 지켜진 이 시간은 '여유 있는 날'이 오리라는 환상에 반격을 가한다. 우리는 자주 롭 파슨의 말을 기억한다. "중요하다고 생각하는 것들을 위해 시간을 만들어야 한다. 그것도 바로 지금."[11)]

결혼의 첫 번째 황금률

반드시 서로를 위한 시간을 내고
함께 재미있는 일을 하자.

제2장
대화의 기술

윈스턴 처칠과 클레멘타인은
정치적인 문제와 두 번의 세계대전으로
결혼생활의 56년 중 대부분을 떨어져서 지내야 했지만,
그들은 지금까지 남아 있는 것만도
1,700개가 넘는 편지와 노트, 전보와 메모를 통해
끊임없이 대화를 했다.
그들은 모든 생각과 느낌을
함께 공유하는 습관을 지켰던 것이다.
이러한 끊임없는 대화는
서로에 대한 사랑이 평생 지속되도록 도와준다.

3

효과적인 대화 - 말하기의 중요성

유일하게 정말 중요한 것은 시작한 대화를 끌고 나가는 것이다.

리비 퍼브스[1)]

1986년 12월, 안나는 3년의 결혼생활 후 남편 제임스를 떠나 다른 남자와 가정을 꾸렸다. 그녀는 이혼을 원했고 수속을 밟기 시작했다. 그녀는 그를 만나는 것조차 하지 않으려고 했지만 제임스는 화해를 위해 기도하기 시작했다.

2년 반 후 '이혼 가판결'(Decree Nisi, 이혼의 첫 번째 단계로 일정 기간 내에 반대가 없으면 발효되는 판결) 기간이 지나갔다. 제임스는 1989년 7월, 안나와 그녀의 새 배우자에게 빌리 그레이엄의 설교를 들으러 가도록 두 장의 티켓을 보냈다. 그녀는 티켓을 되돌려 보냈다. 그러나 우연히도 빌리 그레이엄은 하루를 더 머무르면서 웸블리 스타디움에서 설교를 하기로 결정했다. 제임스는 그녀에게 티켓을 두 장 더 보냈다. 안나는 그에게 전화를 걸어 그녀의 파트너는 가고 싶어 하지 않고, 자신은 제임스가 간다면 가겠다고 말했다.

그녀는 후에 이렇게 썼다. "빌리 그레이엄이 하는 모든 말들은 내 마음을 때렸다. 나는 일은 잘 되어가고 있고, 다른 사람과 살고 있었지만 여전히 행복하지는 않았다. 빌리 그레이엄은 깨끗한 시작을 하는 것에 대해 많은 말을 했다. 나는 마음속으로 생각했다. '이혼은 집어치우고 처음의 파트너와 다시 시작하든지 아니면 나 혼자 다시 시작해야 해.'"

설교가 끝나고 안나는 그리스도에게 자신의 삶을 드렸다. "눈물 속에서 나는 하나님의 사랑과 내 인생의 모든 우선순위들이 재정리되는 것을 느꼈다. 나는 하나님께서 나에게 깨끗한 시작을 주신 것을 믿는 동시에 '이제 내가 너의 결혼을 다시 세우겠다' 라고 말씀하시는 것을 분명히 느꼈다. 그 순간 나는 나의 결혼이 하나님께 매우 소중하며 하나님께서 무언가 특별한 일을 하실 것임을 깨달았다. 하나님은 나의 결혼을 단지 조각조각 기우는 것이 아니라 완전히 새롭게 하실 것이라는 확신을 주셨다."

빌리 그레이엄 재단의 카운셀러가 그녀에게 다가와서 같이 온 사람이 있는지 물었다. 눈물을 흘리며 안나는 "예" 하고 말했다. 카운셀러는 가서 그 사람을 데려오라고 했다. 그녀는 다시 "예"라고 말하며 말을 이었다. "그 사람은 제 남편이에요." 그러자 카운셀러가 말했다. "그렇다면 더 좋지요." 그 말에 안나는 "하지만 모르시는 게 있어요.

사실은 그이를 2년 반 만에 처음 보는 걸요"라고 대답했다. 이 말에 카운셀러가 울음을 터뜨렸다.

안나는 남편에게 돌아가야 한다는 것을 알았다. 그녀와 제임스는 법원으로 가서 이혼 가판결을 보류했다. 판사는 기뻐했고 정리(廷吏)는 기쁨의 눈물을 흘렸다. 그로부터 10년이 지난 지금 그들은 자녀 둘을 두었으며, 서로에게 깊이 헌신하고 있다.

최근에 우리는 그들에게 별거를 시작하기 전에 무엇이 잘못되었었는지를 돌이켜 봐 달라는 부탁을 했다. 두 사람은 대화 단절의 결과였다고 동의했다. 안나는 이렇게 썼다. "우리의 결혼이 무너진 것은 우리의 진짜 감정을 나누는 데 실패했기 때문이었다. 나는 남편보다 내 친자매들과 친한 친구들을 더 믿기 시작했다. 이것은 처음에는 미묘하게 우리 사이에 금을 내기 시작했다. 우리가 다시 합쳤을 때 나는 제임스 몰래 비밀로 생각하는 일은 없어야겠다고 결심했다. 과거에는 우리 관계의 부정적인 측면들에 대해 여러 가지 생각을 하곤 했지만 내 감정을 소리 내어 말하는 일은 없었다. 나는 그에게 자신을 변호할 기회도 주지 않고 그를 재판하고 있었던 것이다. 우리는 한 사람이 무언가를 골똘히 생각하고 있음을 알아채는 기술이 늘었고, 그것을 밖으로 꺼내 놓을 수 있도록 계속해서 질문을 한다. 나는 제임스보다 기분이 오르락내리락하는 경향이 많고, 우울할 때는 대화하는 것이 어렵다. 감정적으로 자폐상태가 되기 때문이다. 이럴 때면 진정한 대화가 이루어지도록 하기 위해 더 많이 노력한다."

제임스는 이렇게 썼다. "우리가 갈라서게 된 한 가지 이유를 댄다면 비효율적인 대화를 꼽겠다. 우리의 주변은 말로 가득 차 있지만 사실은 아무것도 말하고 있지 않다. 그 상태를 기준으로 삼고 거기에 안주해 버리는 것이 얼마나 쉬운지를 나는 잘 기억하고 있다. 이 문제를 지혜롭게 해결할 수 있는 요즘 우리의 방법은 빡빡한 스케줄 속에서도 질적인 시간을 내는 것이 얼마나 중요한지를 강조하는 것이다. 그러나 이것은 내 경험으로 보자면 수첩에 빈칸을 만들어 놓는 것에 지나지 않는다. 효과적인 대화란 우리 삶의 모든 부분을 드러내 보이는 것을 뜻한다. 내 경우는 숨기기 위해 연습을 해왔던 부분들을 드러내 보여야 했다. 이것은 적어도 나에게는 시간 이상의 것을 필요로 했다. 용기가 필요했던 것이다.

안나가 나를 아무 조건 없이 받아들였다는 것을 알아야 할 뿐 아니라, 태어날 때부터 타고난 것 이상의 용기가 필요했다. 나는 이러한 용기는 오직 하나님의 도움을 받아야만 생겨난다는 것을 발견했다. 하나님 없이는 나는 가망이 없는 사람이었고, 그렇게 평생 남아 있을 수밖에 없었다. 그리스도인이 되기 전에 알았던 모든 여자들이 나에 대해 공통적으로 한 말은 '당신이 어떤 감정인지를 도무지 모르겠어요' 였다. 나는 내가 감정적으로 늦되거나 나의 어떤 한 부분이 꽁꽁 얼어붙어 있는 것이 아닌가 하고 진지하게 생각했다. 그것은 마치 장애를 숨기고 다니는 것과 같았다. 누군가와 가까워지기 위해 노력하기 전에는 숨길 수밖에 없는 장애….

그러나 지난 12년 동안 하나님의 은혜 안에서 함께 성장하는 것이, 흐르는 세월과 함께 더욱 풍성해지는 관계를 갖는 것이 정말로 가능한 일이라는 것을 알게 되었다. 내 자신이 직접 이것을 경험했으며 다른 그리스도인 부부를 통해 재차 확인하고 있다. 나는 항상 이것을 원했지만 이전에는 낭만적인 영화나 감상적인 소설 속에만 있다고 생각했었다."

제임스와 안나가 의사소통에서 겪었던 어려움을 다른 많은 부부들도 느끼고 있다. 대화는 단순한 정보의 교환이 아니라 우리의 생각과 느낌을 말 그대로 공유하는 것을 뜻한다. 대화로 우리는 자신을 상대방에게 알리는 것이다.

윈스턴 처칠과 클레멘타인은 정치적인 문제와 두 번의 세계대전으로 결혼생활의 56년 중 대부분을 떨어져서 지내야 했지만, 그들은 지금까지 남아 있는 것만도 1,700개가 넘는 편지와 노트, 전보와 메모를 통해 끊임없이 대화를 했다.[2] 그들은 모든 생각과 느낌을 함께 공유하는 습관을 지켰던 것이다. 이러한 끊임없는 대화는 서로에 대한 사랑이 평생 지속되도록 도와준다.

가장 훌륭한 결혼은 남편과 아내 사이에 비밀이 없는 것이다. 빅토리아 여왕 이야기를 다룬 최근의 TV 드라마에서 여왕과 그녀의 총리대신이 대화를 나누는 장면이 있었다. 여왕은 그녀가 새 남편 알버트 공에게 정치 문제에 대해 이야기를 해야 할지 조언을 구하고 있었다. 독일인인 알버트가 자신의 생각에 동의하지 않을지도 모르기 때문이었다. 멜버른 총리의 대답은 매우 현명했다. "결혼에서 의견의 불일치는 비밀만큼 위험하지는 않습니다. 비밀은 불신을 낳기 때문이죠."

물론 상대방과 대화하는 방법을 배워야 한다. 「일요일 편지」(The Mail on Sunday)의 한 기사는 한 유명인의 결혼생활의 실패를 다루면서, 그 남편의 말을 인용했다. "결혼생활 상담자를 찾아갔을 때 나는 우리가 진정으로 대화해 본 일이 없다는 것을 알고 충격을 받았습니다. 아내는 처음 만난 사람에게 나에게 그런 것이 있는지조차 몰랐던 감정에 대해 털어놓았습니다. 나 역시 마찬가지였습니다. 우리는 낯선 사람을 통해서만 대화를 할 수 있었던 거죠."[3]

존 거트만 교수는 워싱턴 대학에 있는 자신의 가족생활연구소에서 20년 이상 된 부부들을 관찰한 것을 바탕으로 다음과 같이 정리했다.

> 한 사람이 상대방의 관심을 얻기 위해 손을 내밀지만 무시당하는 것은 전형적으로 일어나는 일이다. 근본적인 문제는 감정적인 교류이다. 사람들은 자신의 파트너에게 "당신이 날 사랑한다는 걸 보여 주세요"라고 부탁하고 있는 것이다. 많은 사람들은 정서적으로 사막에 살고 있다. 바로 그 때문에 그토록 가난한 것이다.[4]

어떤 사람들은 잘 듣지를 못한다. 또 어떤 사람들은 제임스가 앞에서 말했듯이 자신의 감정을 표현하지 못한다. 우리는 말하고 듣는 것 둘 다 잘해야 할 필요가 있다.

말하기의 중요성

대화의 중요성

로버트 루이스 스티븐슨은 결혼을 다음과 같이 설명했다.

> 결혼은 말다툼으로 가끔 변화가 생기는 긴 대화이다. 두 사람은 더욱 더 자신의 생각을 상대방이 이해할 수 있는 것으로 맞추게 되고, 시간이 흐르면서 나팔 소리가 없더라도 서로를 새로운 생각의 세계로 이끌어 주게 된다.[5]

몇 년 전 우리 아이들이 어렸을 때, 아이들을 할아버지 할머니에게 맡겨두고 우리 둘이서만 사흘을 보낸 적이 있었다. 우리는 스코틀랜드 하이랜드에 있는 작은 호텔에 머물렀다. 우리는 이 휴식 시간에 대해 큰 기대를 가지고 있었는데, 그것은 단지 이야기를 할 수 있는 충분한 기회를 가질 수 있기 때문만은 아니었다. 우리는 호텔에 도착해서 짐을 풀고 아래에 있는 식당으로 갔다.

식당은 다른 부부들로 가득 차 있었는데 그들 중 대부분이 20년 이상 함께 살아온 것처럼 보였다. 식당에는 칼과 포크가 부딪치는 소리 외에는 아무 소리도 들리지 않았다. 우리는 식당 한가운데에 있는 테이블로 안내를 받아 식당에 있는 모든 사람들이 듣지 못하도록 바싹 붙어 앉아서 속삭이며 이야기를 나누었다.

만약 식당에 있는 많은 부부들이 친구들과 외출을 한 상황이었거나 낯선 사람들과 파티에 와 있는 상황이었다면, 그들은 저녁 내내 입을 다물고 있지 않았을 것이다. 아마 대화를 시작하기 위해 노력했을 것이다. 많은 남편과 아내의 비극은 그들의 가장 큰 노력은 서로를 위한 것이 되어야 한다는 사실을 깨닫지 못하는 것이다.

서로를 위한 시간을 계획하지 않으면 대개 우리가 만나는 시간은 잠에서 제대로 깨지도 못한 아침 일찍이거나 완전히 지쳐버린 밤 늦은 시간이다. 그리고 텔레비전이나 신문이 대화의 자리를 차지한다. 또 기껏 하는 대화라고는 필요에 의한 부탁인 "내 코트를 세탁소에 맡겨 줘" 혹은 "이 편지 좀 붙여 줘요"이거나 단순한 소식의 교환인 "로버트가 승진했어" 혹은 "길 건넛집 여자가 아기를 낳았대" 하는 식으로 이루어질 뿐이다.

노력하기

우리가 처음 남편이나 아내와 데이트를 할 때 말을 걸기 위해 노력하지 않았다면 우리는 지금 부부가 되어 있지 않을 것이다. 관계란 노력을 할 때만 성장한다. 다른 남자와 사귀는 단계 직전까지 가 있는 한 여인이 왜 그 사람에게 그토록 끌렸는지 이야기해 주었다. "그 사람은 나한테 관심이 있는 것 같았어요. 나한테 이것저것 묻기도 하고 그랬죠."

그 사람에게 관심을 갖도록 노력해야만 그가 얼마나 재미있는 사람인지를 알 수 있다. 결혼생활의 비결은 그날 하루에 대해, 서로의 일에 대해, 생각과 관심과 걱정, 희망과 계획에 대해 묻는 것이다. 일상적인 일들에 대한 상대방의 의견과 더 넓은 범위의 중요한 일들에 대한 서로의 생각을 발견하는 것이다.

많은 부부들은 각기 다른 방식으로 하루를 보낸다. 최근 우리는 오스트레일리아에서 온 사업가와 이야기를 나누게 되었다. 그의 일은 정신을 차릴 수 없을 만큼 바빠서 거의 하루 종일 핸드폰으로 통화를 한다. 아침에 차에 탈 때부터 핸드폰이 울리기 시작해서 하루 종일 울리다가 집으로 돌아오는 차 안에서 핸드폰을 꺼야 그제야 잠잠해지는 것이다.

그의 아내는 비슷하게 빡빡한 직장에서 일했는데, 지금은 하루 종일 집에서 다섯 살이 채 되지 않은 아이 셋을 돌보고 있다. 문 열리는 소리가 들리면 그녀는 지적인 어른과 이야기하고 싶은 생각이 간절해지고, 저녁을 먹으며 자극받을 수 있는 대화를 하기 바란다. 하지만 남편은 가정이라는 성소로 들어오는 순간, 혼자서 긴장을 풀 수 있기만을 바랄 뿐이다. 그러나 두 사람 다 서로의 필요에 민감해지기 위해서는 혼신을 다해 노력해야 한다는 것을 안다.

우리가 아는 또 다른 부부는 이런 상황을 해결하기 위한 전략을 고안했다. 남편은 직장 문을 나서자마자 아내의 소유가 되어야 마땅한 시간을 생각하기 시작한다. 그래서 집으로 돌아오는 길에 아내에 대해, 그녀가 어떻게 하루를 보냈을지에 대해 생각하면서 그녀를 다시 만나 함께 저녁을 보낼 준비를 하는 것이다. 그녀도 그가 돌아오기를 기다리며 마찬가지로 준비를 한다. 이러한 상호 노력은 두 사람이 쉽게 대화를 나눌 수 있도록 해 주며, 부부가 함께 가까워지고 우정을 키워갈 수 있도록 도움을 준다.

다른 상황들도 비슷한 정도의 노력을 요구한다. 암 병동에서 일하는 간호사인 아내와 은행에서 일하는 남편을 생각해 보라. 두 사람 모두 상대의 스트레스를 이해하고 상대의 직업을 존중하기 위해 대단히 노력해야 한다. 학교 선생님인 남편 혹은 아내를 둔 사람은 학기 중에는 극도의 인내심을 발휘해야 한다. 매일 저녁 상당한 시간 동안 수업을 준비하고 성적을 매기느라 함께 대화하고 쉴 시간이 부족하기 때문이다. 방학 중에는 또 다른 방식으로 스트레스가 있을 것이다. 선생인 그는 아직도 침대에서 뒹구는데 한 사람은 힘을 짜내어 직장으로 가야 하니 말이다.

대화거리 만들기

어떤 부부들은 대화거리가 부족한 것을 느낀다. 이런 경우 공통의 관심거리를 늘려야 한다. 함께 나누는 경험은 대화가 이어지는 데 자극제 역할을 한다. 한 친구가 그녀의 부모님이 지난 40년간 함께 나눈 관심거리들을 우리에게 들려주었다.

> "엄마가 아빠를 처음 만났을 때 엄마는 눈에 망원경은 대본 적도 없었고, 새에 대한 지식이라고는 참새가 고작이었죠. 그러나 지금 65세가 되신 엄마의 조류학 지식은 정말 놀라워요. 엄마는 아빠를 사랑했기 때문에 관심을 가지셨어요. 아빠가 새를 좋아하셨으니까요. 40년이 넘는 결혼생활 동안 두 분은 새를 좇아 수천 마일을 함께 걸으셨어요.
> 엄마와 비슷한 경우처럼, 아빠는 예술이라는 것과는 거리가 멀었어요. 젊은 청년이었을 때의 아빠라면 저녁 때 오페라나 연극 관람을 하지는

않았을 거예요. 이런 것은 엄마가 좋아하는 거죠. 하지만 수년 동안 아빠는 엄마와 함께 가는 것을 선택하셨고, 관심을 가지려고 최선을 다하셨어요. 때로는 정말로 연극이나 오페라에 푹 빠져서 돌아오시기도 했지만, 때로는 잠이 들어 제목조차 기억을 못하거나 돌아오는 길에 무슨 일이 있었는지도 모르셨어요. 그도 아니면 저녁 시간 내내 그날 본 장면의 전환기계 작동을 연구하곤 하셨죠."

남편이나 아내가 이미 즐기고 있는 것들에 관심을 보이려면 때로는 의식적인 결심이 필요하다. 이것은 우리가 처음 만났을 때 함께했던 것을 다시 하는 것일 수도 있고, 두 사람 모두가 흥미를 느끼는 새로운 활동을 찾는 것일 수도 있다. 가능성의 목록은 무궁무진하다. 여기에는 새로운 운동 시작하기, 사진 찍기, 가족사 기록하기, 집안 꾸미기, 정원 손질하기, 시장이나 벼룩시장에 가기, 낯선 곳을 여행하기(그 지역 안내 책자를 들고), 운동 경기 관람(그저 지역 팀 경기라도), 영화나 연극 관람, 시 낭송, 산책, 음악 감상 등이 포함될 수 있다.

그런 다음에야 서로의 감상을 토론할 수 있다. 그러나 토론에서 반드시 상대방으로부터 그의 느낌과 생각, 좋았던 점과 싫었던 점, 다음에는 무엇을 하고 싶은지 등을 끌어내야 한다.

식사 시간 이용하기

교제의 원래 뜻은 '빵을 함께 먹기'이다. 코미디언이자 기행문 작가인 마이클 플레인은 세계를 일주한 후 다음과 같이 말했다.

"내가 방문했던 거의 모든 나라에서 음식을 함께 먹는 것은 마땅히 그러해야 하듯이 중요한 사회 활동이었다. 함께 먹는 식사는 슬픔을 털어

놓고 기쁨을 축하하는 이제껏 고안된 가장 훌륭한 회합의 광장이다."

성경에 나오는 시대의 식사는 친구를 사귈 수 있는 기회였다. 아마도 이러한 바탕에서 예수님은 우리와 관계 맺기를 바라는 마음을 표현할 어휘를 선택하셨을 것이다. "내가 문밖에 서서 두드리노니 누구든지 내 음성을 듣고 문을 열면 내가 그에게로 들어가 그로 더불어 먹고 그는 나로 더불어 먹으리라"(요한계시록 3:20).

함께 먹는 것은 언제나 가족을 한데 묶어 주는 귀한 수단이었다. 단지 20세기 후반의 사회에서는 이것이 무시되고 있을 뿐이다. 인스턴트 식품과 전자레인지의 단점은 사람들로 하여금 빨리 그리고 제각각 먹을 수 있도록 한다는 것이다. 요즘 시대에서는 모든 것이 개인화되어 가고 있다. 너무 지나쳐서 함께 먹을 수 있는 공동 접시가 생략되고, 각 방마다 텔레비전을 각각 두는 집이 디자인되고 있다. 이것은 큰 손실이다. 어떤 부부가 우리에게 이렇게 말했다. "우리가 보기에 식사 시간은 대화를 할 수 있는 가장 중요한 때입니다. 음식이 아무리 간편하더라도 주위를 방해하거나 산만하게 하는 것 없이 식탁에 앉아 함께 먹는 것은 항상 유익합니다."

감정을 이야기하기

수년 전 결혼한 지 1년이 채 되지 않은 한 여인으로부터 슬픈 내용의 편지를 받았다. 그녀는 이렇게 썼다. "세상 모든 사람들 눈에는 우리가 막 결혼한 행복한 부부로 보일 겁니다. 우리가 다른 사람들과 같이 있을 때면 그는 가면을 씁니다. 결혼한 지 몇 주 지나 저는 크게 실망했습니다. 저는 우리가 모든 것에 대해 이야기할 수 있으리라 믿었지만, 그는 저에게 자기 감정을 절대 이야기하지 않습니다."

우리 사회에서 남자는 대부분 여자보다 감정을 드러내기 힘들어 한다. 분명 과거에는, 물론 현재도 어느 정도 그렇지만 남자는 자기 감정을 속으로만 간직하는 것이 그리고 여자는 친구나 가족과 자기 감정을 나누는 것이 좋다는 생각이 일반적이었다. 안나가 제임스와의 결혼이 망가진 것에 대해 "나는 남편보다 내 친자매들과 친한 친구들을 더 믿기 시작했어요"라고 이야기했던 것처럼 말이다.

어떤 사람들은 자기는 '감정적인 타입이 아니다'라고 생각한다. 그러나 감정은 인간의 기본적인 한 부분이며 결혼에서 효과적으로 의사소통을 하려면 감정에 대해 이야기하는 법을 배워야 한다. 결혼코스에 최근 참가한 한 여인은 코스에서 가장 좋은 것이 무엇이었냐는 질문에 이렇게 썼다. "남편은 자신의 생각과 느낌을 나와 나누어야만 했어요. 그는 사랑스런 생각들을 참 많이 하지만 그것을 절대 말로 표현하지는 않았거든요." 적당한 순간에 남편이나 아내에게 "기분이 어때?" 하고 묻는다면 그들은 좀 더 편안하게 이야기할 수 있을 것이다. 기분이 좋을 때 좋은 기분을 표현하는 법을 배운다면, 스트레스를 받을 때도 똑같이 스트레스 받았다는 표현을 할 수 있을 가능성이 훨씬 커진다.

결혼생활을 하는 과정에서 우리는 모두 어려운 시기를 거치게 된다. 경제적인 어려움, 심각한 병, 교통사고, 사춘기 자녀와의 문제, 유산, 가까운 사람의 죽음 등등 위기를 다루는 방법이 결혼을 성공하게도 하고 실패하게도 한다. 특히 자녀의 죽음은 부부 관계에 막대한 영향을 주며 그러한 부부들 사이의 이혼율은 일반적인 경우보다 훨씬 높다. 가까운 사람의 죽음이나 슬픔의 순간에는 감정을 부인하기가 쉽다. 서로를 피하게 되거나 일 속으로 숨어버린다. 그러나 부부로서 이러한 경험을 극복하는 데 가장 중요한 방법은 아무리 고통스럽더라도 자신의 느낌을 소리내서 말하고, 상대방이 자기 방식대로 반응하도록 지켜봐 주고, 슬픔을 함께 헤쳐나가는 것이다.

'남자는 친밀함을 이해하는가?' 라는 제목의 한 잡지 기사에서 알리슨이라는 이름의 부인의 말이 인용되었다. "제임스는 우리 관계에서 감정에 관한 부분은 모두 저에게 맡겨 버리죠. 그이는 영국 사람으로 상당히 거리를 두죠. 그이는 여덟 살 때 기숙사에 보내졌어요. 어린 소년에게 그런 일이 일어나자 감정을 가지는 건 삶을 더 힘들게 할 뿐이라는 걸 배웠던 거죠."

알리슨이 유산을 한 후 부부는 점점 멀어지기 시작했다. 알리슨은 계속해서 말을 이었다. "저에게는 그 슬픈 일에 대해 이야기를 하는 것이 도움이 되었지만, 제임스는 자기 감정을 누르기만 했어요. 그는 저에게 극도로 비판적이었고 아주 작은 일에도 화를 내면서 자기 감정을 처리했죠. 그러던 어느 날 잠자리에서 저는 그이 역시 몇 주 동안 우울한 기분이었다는 것을 깨달았죠. 저는 그이에게 '왜 이런 기분이라고 나에게 얘기하지 않았어요?' 라고 물었어요."[6]

진정한 의사소통이 이루어지기 위해서는 우리의 속 모습을 열어 보일 수 있어야 하며 자신의 연약함을 상대방에게 보일 수 있어야 한다. 고통스럽고 복잡한 감정들을 서로 이야기하지 않고 혼자서 해결하려고 한다면, 우리는 점점 멀어지게 된다. 감정을 이야기하는 것뿐만 아니라 자기 감정을 알지도 못하는 사람들도 변할 수 있다. 예를 들면, 평범한 하루 중에 일어났던 일 서너 가지(중요한 것이든 사소한 것이든)를 적는 것도 좋은 시작이 될 수 있다. 이 사건들 각각에 대해 어떻게 느꼈는지를 적는다. 예를 들면 다음과 같다.

기차를 탔다 / 지루했다, 바싹 긴장했다, 피곤했다.

전화를 걸었다 / 화가 났다, 희망을 가졌다, 걱정이 됐다.

은행에 갔다 / 창피했다, 침착했다, 기분이 상했다.

아내(혹은 남편)를 만났다 / 행복했다, 긴장되었다, 기분이 들떴다.

이렇게 하는 것에 익숙해 있지 않다면 이러한 감정들을 분명하게 말하기 시작하는 데 용기가 필요할 것이다. 또한 발가벗는 것 같고 약해지는 것 같기 때문에 솔직하게 말하는 것을 가지고 배우자가 거절하거나 화를 내거나 비난하지 않으리라는 확신이 있어야만 한다.

적절한 순간 선택하기

서로에게 비밀을 갖지 않고 자기 감정을 표현할 수 있는 것이 중요한 반면, 생각하는 것을 즉시 말하는 것이 항상 옳은 것은 아니다. 내가 하는 말의 영향력을 신중하게 생각해야만 한다. 성경에 이런 말이 있다. "경우에 합당한 말은 아로새긴 은쟁반에 금사과니라"(잠언 25:11). 더 적당한 순간이 올 때까지 스스로를 자제하는 것은 사랑하기 때문에 치러야 하는 대가의 일부이다. 둘 다 지나치게 피곤하거나 바쁘지 않을 때까지 그리고 충분히 그 일에 대해 이야기할 수 있는 시간이 있을 때까지 기다려야 한다.

어떤 한 부부는 상대방의 행동에 화가 났지만 이야기하기에는 민감한 문제라는 것을 알 때 어떻게 하는지를 설명했다. 그들은 그 문제를 즉각 들고 나오는 것보다 먼저 하나님께 이야기하고 적절한 순간에 그 문제가 이야기될 수 있도록 해 달라고 부탁한다. 그들은 나중에 상대방이 먼저 그 문제에 대해 이야기를 꺼내는 것을 여러 번 보면서 놀라워했다고 한다.

애정 표현하기

민감한 문제를 뒤로 미루는 것은 현명한 일이지만, 상대방에 대한 긍정적인 감정들을 이야기하는 데에는 좋은 순간도 나쁜 순간도 없다. 자주 그렇게 하면 결혼에 큰 영향력을 미친다. 프랭크 뮈르가 말했듯이 말이다.

> "폴리와 나의 경우에는 사랑에 빠진 감정이 더욱 오래 지속되는 무언가로 분명히 발전했는데 그것은 사랑이다. 사랑은 결국 사랑에 빠진 것보다 훨씬 깊고, 서로 주고받는 애정 어린 관계이다.
> 폴리와 나는 매일 밤 나머지 식구와 살(Sal)의 달마시안 도티와 우리 고양이 신토를 위해 기도하면서 서로를 향한 감정을 확인한다. 만약 오늘 여성지 기자가 나에게 전화를 걸어 아내에게 사랑한다는 말을 이제까지 몇 번이나 했냐고 묻는다면, 나는 계산기를 재빠르게 두드려본 다음에 대충 16,822번이라고 대답하겠다. 그리고 그때마다 진심이었다고 덧붙이겠다."[7]

4
효과적인 대화 - 듣기의 중요성

> 두 사람이 같은 지붕 아래서 수년 동안 함께 이야기하더라도, 한 번도 진정으로 만난 적은 없을 수도 있다.
>
> 메리 케터우드[1]

듣기를 방해하는 것들

아내가 자신의 하루에 대해 이야기를 하고 있다. 그런데도 남편은 계속해서 텔레비전을 보거나 신문을 읽기만 하고 간혹 심드렁한 대답을 한마디할 뿐이다. 전화가 울린다. 남편의 친구다. 남편은 신문을 내려놓고 친구가 말하는 한마디 한마디를 모두 귀 기울여 듣는다. 남편은 생기를 띠며 대답하고, 굶주린 듯한 관심과 깊은 동정 혹은 눈이 빛날 정도의 즐거움을 보이며 대화한다. 친구가 무슨 말을 하는지 정확히 알아듣기 위해 길게 침묵을 할 때도 있다. 남편은 텔레비전 소리를 줄이라는 손짓을 하고 등을 돌린 채 의자에 앉아 전화에만 완전히 집중한다.

우리 대부분은 들을 수 있는 완벽한 능력을 가지고 있지만 우리가 제일 자주 보고 제일 자주 듣는 사람의 목소리에는 소홀할 때가 많다. 대화에서 가장 중요한 것은 말하는 것이라는 생각을 하기 쉽다. 즉 생각을 입으로 옮길 줄 알고, 훌륭한 이야기꾼이 되고, 비밀을 밝힐 지식과 주장할 의견을 가져야 한다고 생각한다. 그러나 성경은 이러한 관점에 강력히 반발한다. 그리고 들어야 할 필요를 더욱 강조한다.

잠언서에 이런 말이 있다. "사연을 듣기 전에 대답하는 자는 미련하여 욕을 당하느니라"(잠언 18:13). 그러나 우리 중 몇이나 그렇게 할까? 신약성경의 사도 야고보도 비슷한 말을 한다. "내 사랑하는 형제들아 너희가 알거니와 사람마다 듣기는 속히 하고 말하기는 더디 하며 성내기도 더디 하라"(야고보서 1:19). 아마도 하나님께서 우리에게 두 개의 귀와 한 개의 입을 주신 이유가 바로 이것일 것이다. 즉 듣는 것을 말하는 것의 두 배로 하라는 말씀이다. 야고보의 조언을 지키며 산다면 우리의 모든 관계가 훨씬 더 원활하게 될 것이다.

인간으로서 우리의 가장 큰 바람은 누군가가 내 말에 귀 기울여 주고, 나를 이해해 주는 것이다. 그것은 우리 모두가 가지고 있는 기본적인 욕구와도 맞는다. 즉 그것은 '혼자가 되지 않기' 이다. '사마리아 사람들' (The Samaritans)이라는 단체는 언젠가 한 개의 큰 귀와 그 밑에 '24시간 열려 있습니다' 라는 문구가 있는 포스터를 가지고 광고 캠페인을 벌였다. '사마리아 사람들' 은 언제든지, 누구의 말이라도 들어주는 것으로 도움을 주는 단체였다. 어떤 사람들은 단지 누군가가 몇 시간이고 자기 말을 들어준다는 것을 확인하기 위해 카운셀러나 심리 치료사를 만난다. 그러나 분명하게 말하자면 자기 말을 들어준다는 것에 돈을 지불할 필요는 없다.

결혼에서 위험한 것은 우리의 게으름 때문에, 혹은 이미 무슨 말이 나올지를 안다고 생각하기 때문에 열심히 듣지 않는 것이다. 우리는 말을 방해하거나, 흥미를 갖지 않거나, 상대방의 문장을 자기가 끝내려 한다거나 하는 등의 나쁜 습관을 가지기 쉽다. 한 카운셀러의 말이다.

> 잘 듣는 재능(끊임없는 연습이 필요한 재능이다)은 아마도 사람이 가질 수 있는 치유력이 가장 뛰어난 재능일 것이다. 이 재능은 상대방이 존재하도록 해 주기 때문이다. 이 재능은 안전한 곳에서 감싸안으며, 판단하지도 충고하지도 않으며, 언어보다 훨씬 더 깊은 수준의 도움을 준다.[2]

듣는 것은 우리가 상대방을 소중하게 생각한다는 것을 보여 줄 수 있는 강력한 방법이지만 치러야 할 대가도 크다. 아내나 남편이 감정을 쏟아내고 의견을 표현할 때 잘 들으려면 노력이 필요하다.

우리 중 많은 이들은 잘 듣지 못한다. 하지만 듣는 능력을 개선한다면 우리의 결혼을 개선하게 될 것이다. 다음의 다섯 가지 프로필은 우리가 어떤 점이 모자라는지 깨닫는 데 도움을 줄 것이다.[3] 우리 중 어떤 사람은 심지어 자신이 다섯 가지 모두에 해당한다는 것을 발견하기도 했다.

잘 듣지 못하는 사람의 다섯 가지 프로필

충고하는 사람

남편이나 아내에게 동감하는 대신 충고하는 사람은 문제를 분석하고 "당신이 해야 될 것은 바로 이거야"라고 그 자리에서 제안하려 한다. 이것을 그대로 두면 극단적으로는 결혼을 망칠 수 있다.

내가 패트릭을 만났을 때 그는 43세였고 결혼한 지 17년 되었다. 내가 그를 기억하는 이유는 그의 첫 마디가 너무나도 드라마틱했기 때문이다. 그는 내 사무실의 가죽 소파에 앉아 짧게 자기소개를 한 후, 앞으로 몸을 내밀며 솔직하게 말했다. "채프먼 박사님, 나는 바보였어요. 정말 바보였어요."

"왜 그런 결론을 내리게 됐나요?" 나는 물었다.

"17년 동안 결혼생활을 했는데 아내가 날 떠났습니다." 그는 말을 이었다. "이제야 내가 얼마나 바보였는지를 깨달았습니다."

나는 처음에 했던 질문을 반복했다. "어떤 면에서 바보였나요?"

"아내는 직장에서 돌아와 사무실에서 있었던 문제들을 나에게 얘기하곤 했어요. 저는 아내의 말을 듣고 나서 제 생각에 그녀가 해야 할 일들을 말해 주었죠. 저는 항상 그녀에게 충고를 했습니다. 문제와 맞서야 한다고 말해 주었죠. 문제는 사라지지 않는다고, 그 일하고 관계된 사람들이나 상사하고 얘기를 해 문제를 해결해야 한다고….

다음 날도 아내는 직장에서 돌아와 똑같은 문제에 대해서 얘기했습니다. 저는 제가 전날 제안해 준 것들을 그녀가 했는지 물었습니다. 아내는 고개를 젓고 안 했다고 말했습니다. 그럼 저는 한 번 더 충고를 해주죠. 상황을 개선시키려면 이렇게 해야 한다고 말합니다. 아내는 다음 날 집에 돌아와 또 똑같은 문제를 이야기합니다. 그럼 전 또다시 제가 제안한 것들을 해 보았냐고 묻습니다. 아내는 고개를 젓고 안 했다고 말합니다.

그렇게 사나흘이 지나자 저는 화가 났습니다. 내가 하는 충고를 듣지 않을 생각이면 나에게서 동정을 기대하지 말라고 그녀에게 말했습니다. 저는 마음을 닫고 제 일에 전념했습니다. 저, 정말 바보였죠?"

그는 다시 이어 말했다. "정말 바보였어요! 직장에서 힘들었던 일을 얘기할 때 아내가 나한테 바랐던 건 충고가 아니라는 걸 이제야 깨달았습니다. 아내는 자기를 불쌍하게 여겨 주길 바랐던 거예요. 자기 말을 듣고, 귀를 기울여 주고, 자기가 겪고 있는 상처와 스트레스와 압박감을 내가 이해한다는 걸 자기가 알 수 있도록 해 주기를 바랐던 거죠. 아내는 내가 자기를 사랑하고 자기와 같이 있는 걸 좋아한다는 걸 알고 싶었던 겁니다. 충고를 원한 게 아니었어요. 내가 이해한다는 걸 알고 싶었던 거죠. 하지만 저는 한 번도 이해하려는 노력을 하지 않았습니다. 저는 충고를 해 주기에만 바빴습니다."[4]

말에 끼어드는 사람

우리는 다른 사람이 이야기를 하고 있을 때 잘 듣는 대신 흔히 내가 다음에 무슨 말을 해야 할지를 생각하고 있다. 베스트셀러 작가인 스티븐 코비는 이렇게 말했다.

"대부분의 사람들은 상대방의 말을 들을 때 이해하려는 목적을 가지고 듣지 않는다. 대답을 하려는 목적으로 듣고 있다. 그들은 말을 하고 있거나 혹은 말을 할 준비를 하고 있는 것이다. 그들은 다른 사람의 인생에 자기 자서전을 읽어 주고 있다."[5]

몇 년 전 휴가 여행지에서였다. 우리 아이들은 수상스키를 타고는 자신들의 실력이 얼마나 늘었는지 신나게 이야기를 나누었다. 근처에 있던 한 남자가 아이들의 대화에 끼어들었다. 아이들의 대화의 소재가 무엇인지를 알게 되자마자 그는 자신의 수상스키 무용담과 자기 아이들의 수상스키 실력, 자기 보트의 속력, 자기 웨트슈트의 가격 등등의 이야기로 아이들을 즐겁게 해 주기 시작했다. 우리 아이들은 당시 상당히 어렸음에도 불구하고 아직도 그 사람을 잊지 않고 있다. 그는 부족한 듣기 능력과 자기 자서전을 가지고 상대방 이야기에 끼어드는 버릇으로 아이들의 행복한 오후의 한때를 망쳐놓은 것이다.

평균적으로 사람들은 상대방의 이야기에 끼어들기 전에 17초를 듣는다. 이것은 때로 완전히 습관이 되어 남편이나 아내는 상대방에게 자신이 이렇게 하고 있다는 것을 깨닫지도 못한다. 자기 배우자보다 분명하게 말을 잘하는 사람일수록 더 위험하다. 어떤 이들은 말을 하면서 생각을 정리한다. 상대방은 그와는 반대로 먼저 생각을 정리한 다음에 말을 하는 식인데 말이다. 이런 경우 남편이나 아내의 말을 자기가 마무리하지 않기 위해, 혹은 우리 생각에 그들이 다음의 할 말에 미리 대답하지 않기 위해 특히 더 자제해야 한다. 말에 끼어드는 사람은 배우자의 일상생활에 필요한 사실들을 보고하는 최소한의 대화 외에 자신을 표현하고자 하는 용기를 꺾을 수 있기 때문에 기다리고 듣는 법을 배워야 한다.

안심시키는 사람

안심시키는 사람은 상대방의 말이 채 끝나기도 전에 이렇게 말하며 끼어든다. "당신이 생각하는 것처럼 심각하지는 않을 거야", 혹은 "내

가 확신하는데 다 잘될 거야", 혹은 "내일이면 기분이 훨씬 좋아질 거야." 안심시키는 사람은 상대방의 감정이 근심이든 실망이든 혹은 상처이든지 간에 진정한 감정 표현을 못하게 막는다. 상대방에게 큰 문제가 없으며 그의 삶은 아무런 어려움 없이 잘될 거라는 안심의 말은 사실 자기 자신에게 필요하기 때문에 할 경우가 많다.

합리적인 분석가

합리적인 분석가는 들으려고 노력하는 것보다 왜 우리가 이러이러한 감정 상태가 되었는지를 설명하는 데 중점을 둔다. "오늘 하루는 정말 힘들었어요"라는 말에 그들은 이렇게 대답한다. "그건 당연히 여러 가지 요소들이 복합적으로 작용했기 때문이야. 날씨도 우울했고, 직장일로 스트레스를 받고 있고, 돈 문제도 걱정되기 때문이지."

화제를 바꾸는 사람

어떤 사람들은 상대방이 들고 나온 문제에 대답하는 대신 그것에서 벗어난, 주로 자기에게 재미있는 일로 대화를 탈선시킨다. 그들은 이렇게 말한다. "그 말을 들으니 … 하던 때가 생각나네." 그리고는 샛길로 빠져버리는 것이다.

우리는 모두 잘 들을 수 있다. 우리는 어디가 부족한지를 인정하고 새로운 기술을 배울 자세가 되어 있어야 한다. 다음의 지침들은 처음에는 인위적으로 보이겠지만 잘 듣기 위한 필수적인 요소들로, 수년 동안 우리의 대화를 개선시키는 데 도움을 주었던 것들이다.

효과적인 듣기를 위한 원칙

완전한 주의 집중

우리는 얼마 전 부모의 가치관에 반항하는 십대 소녀를 다룬 영화를 보았다. 앞 장면에서 딸은 자신의 근심거리들을 아버지와 이야기하고 싶어 한다. 아버지는 쓰고 있던 글을 마치고 싶어서 딸이 자신의 걱정을 말하려고 용기를 짜내고 있는 동안에도 계속해서 컴퓨터 앞에서 일을 하고 있다. 그의 눈동자가 한 번도 컴퓨터 화면에서 떠나지 않자 잠시 후 소녀는 아무 말도 하지 않기로 결심한다. 결국 듣는 것에 실패한 아버지는 딸의 삶에 가슴 아픈 결과를 가져왔다.

이와는 반대로 한 여인은 자신의 아버지에 대해 이렇게 썼다.

> 나는 언제나 아버지가 자랑스러웠다. 아빠가 인도 정부 고위직에 계신 것도 자랑스러웠다. 흐트러짐 없는 옷차림새로 사무실에 나가시기 전 거울 앞에서 터번을 매만지시는 아버지의 모습이 아직도 눈에 선하다. 숱 많은 눈썹 밑의 친절한 두 눈과 부드러운 미소, 조각한 듯한 이목구비와 쭉 뻗은 코.
>
> 그러나 무엇보다 나에게 가장 소중한 추억 중 하나는 서재에서 일하고 계신 아버지를 보는 것이었다. 어렸을 때 나는 가끔 아버지에게 여쭤보고 싶은 것이 있었지만 감히 방해하지는 못해, 사무실 문 근처를 맴돌며 아버지를 살짝 들여다보곤 했다. 그럴 때면 아버지는 나와 눈을 맞추셨다.
>
> 그리고 펜을 내려놓으시며 아버지는 의자에 기대어 앉아 나를 부르셨다. "키챠?" 나는 천천히 고개를 숙인 채 서재로 걸어 들어갔다. 아버지는 미소를 띠며 아버지 옆에 있는 의자를 두드리셨다. "이리 와라, 예쁜

아. 여기 앉아라." 그리고는 나에게 팔을 둘러 가까이로 끌어당기셨다. 그리고 "자, 우리 예쁜 키챠" 하시며 부드럽게 물으셨다. "아빠가 어떻게 해 줄까?" 아버지는 언제나 한결같으셨다. 내가 아버지 일을 방해하는 걸 개의치 않으셨다. 나에게 질문이나 어려운 일이 있을 때마다 아무리 바쁘시더라도, 아버지는 자기 일을 옆으로 제쳐두고 오직 나에게만 주의를 집중해 주셨다.[6]

한 아버지는 자기가 듣고 있다는 걸 보여 주었다. 다른 아버지는 그렇게 하지 못했다. 결혼에서도 부모 역할을 하는 것과 마찬가지로 완전히 주의를 집중해 주어야 하는데 그것은 곧 사랑한다는 표현이다.

대화를 연구한 결과에 따르면 우리가 사용하는 언어는 전달하고자 하는 뜻의 10퍼센트도 채 전하지 못한다고 한다. 말을 하는 목소리 톤이 거의 40퍼센트를 차지하며, 몸짓이 나머지 50퍼센트를 차지한다.

이처럼 말하는 것과 마찬가지로 듣는 것에도 잘 듣게 하는 곁가지가 있다. 몸을 가깝게 밀착하는 것도 대화에 도움이 된다. 이 방에서 저 방으로 소리를 질러대며 대화를 나누는 것은 그다지 효과적이지 못하다. 남편이나 아내가 기분이 상했던 일을 이야기하고 싶어 하면, 가까이 앉아 그에게 팔을 두르고, 무엇보다도 상대방을 쳐다보아야 자신이 관심을 가지고 있다는 것을 보여 줄 수 있다. 눈을 맞추는 것은 다음과 같은 메시지를 전하는 것이다. "나는 당신이 하고 있는 말에 관심을 가지고 있고, 나는 지금 당신에게만 주의를 집중하고 있습니다."

산만함을 다루는 방법

실라 이야기

나는 해야 할 실제적인 일들이 있을 때는 니키에게만 온전히 주의를 집중하는 것이 어렵다. 니키는 난장판 속에서도 행복하게 앉아 있을 수 있고, 혹은 청소를 하면서도 동시에 깊은 대화를 나눌 수 있다. 그러나 나는 오로지 아침 식사 쓰레기들을 치우고, 집을 청소하고 혹은 더러워진 옷들을 세탁기에 집어넣는 것밖에는 아무것도 생각할 수가 없다. 내가 니키가 하고 있는 말에 집중하고 있지 않다는 것을 알기 때문에, 차라리 이렇게 부탁하는 것이 낫다. "10분만 기다려 줄래요? 정리 좀 하게." 그러나 때로는 그럴 시간이 없기 때문에 하던 일을 멈추고 그이를 쳐다보면서 그에게 완전히 집중하려면 많은 노력이 필요함을 느낀다.

주변이 시끄러울 때 누군가의 이야기를 듣는 것은 매우 힘든 일이다.

니키 이야기

나는 방 안에 텔레비전이 켜 있으면 상대방이 나에게 하고 있는 말에 집중하는 것이 사실상 불가능하다. 마찬가지로 나는 같은 방 안에 다른 대화가 진행되고 있거나 신문에 흥미로운 머리글이 올라 있으면 쉽게 산만해진다.

그러나 텔레비전이나 신문보다 더 큰 방해가 되는 것이 있다. 그것은 우리가 무의식적으로 자신의 소리를 듣는 데 대화의 시간을 사용한다는 점이다. 그것은 마치 우리 안에 텔레비전이 켜져 있어서 계속해서 주의를 산만하게 하는 것과 같다. 상대방의 말이 자신의 생각과 기억의 실마리를 풀어놓는다.

남편이 "오늘 크리스랑 이야기를 했는데 얼마 전에 어머니가 돌아가셨대"라고 말하면 우리는 즉각 자기 부모님이 돌아가셨을 때 어떤 느낌이었는지를 생각하기 시작한다. 아내가 "집에 오는데 꽃이 너무 아름답게 피어 있더라구"라고 말하면, 우리의 생각은 정원을 손봐야 할 일이 생각나 우울해지고 만다. 이렇게 우리 자신의 생각과 기억들이 듣는 것을 방해하면 우리의 다음 대답은 배우자의 이야기와는 아무런 관계없는 것이 되고 만다.

특히 바쁘고 정신이 없을 때 머릿속에서 다른 대화를 하지 않는 것은 힘든 일이다. 우리의 목적은 우리 자신의 관점과 계획을 옆으로 치워두고 배우자가 무슨 말을 하고 있는지 이해하려고 노력하는 것이다. 스티븐 코비는 이것이 가지는 영향력을 강조한다.

> "인간관계라는 영역에서 내가 배운 유일한 가장 중요한 원칙을 한 문장으로 요약한다면, 바로 이것이다. 먼저 이해하려고 한 다음, 이해받으려고 해라."[7]

듣는다는 뜻의 한자에 귀뿐만 아니라 눈과 마음과 생각을 뜻하는 상징들이 들어 있다는 것은 의미심장하다.

관심을 보여 주기

상대방이 하는 말에 관심을 가지기로 결심하면 우리는 주의 깊게 듣는다. 그러나 그렇지 않으면 우리는 쉽게 딴생각을 한다. 한 여인이 우리에게 그녀가 어머니를 방문했던 이야기를 해 주었다. 그녀는 그것을 기회로 삶의 의미 등 중요한 문제들을 나누고 싶었다. 그러나 그녀의 어머니는 감자 가격이나 이웃집 개, 최근 텔레비전 프로와 같은 그녀가 생각하기에 훨씬 사소한 일들에 대해 수다 떨기를 즐겼다. 딸은 엄마가 정말로 지루한 삶을 살고 있다고 생각하며 재빨리 듣기를 그만두어 버렸다.

그러던 어느 날, 그녀는 문득 이것이 어머니의 삶이라는 것을 알게 되었다. 이 생각은 그녀를 멈추어 세웠다. 그녀는 이렇게 기억한다. "저는 제 자신에게 말했어요. '어머니는 언제나 내가 하는 모든 것에 관심을 가지셨어.' 저는 제가 어머니에게 전혀 관대하지 못했다는 것을 깨달았죠. 그래서 저는 의식적으로 관심을 갖고 들으려고 노력을 했어요. 그 후로 우리의 관계는 정말 많이 변했습니다."

어쩔 수 없이 사람들은 서로 다른 관심사를 가지기 마련이다. 다른 사람이 흥미를 느끼는 것을 들으려고 노력하는 것은 우리의 사랑을 보여 줄 수 있는 강력한 방법이다. 작가이자 연사인 데일 카네기는 좋은 대화자가 되기 위한 기술에 대해 이렇게 말했다.

> 재미있는 사람이 되려면, 재미있게 들어라. 그리고 상대방이 대답하기 즐거워할 질문을 해라.[8)]

지적으로 듣기

상처나 오래된 문제를 되살려 설명하는 것은 어려운 일이다. 그 문제를 빙빙 돌려 말하거나 우스갯소리 속에 암시만 하는 것이 더 쉽다. 숨겨진 뜻을 감지하기 위해서는 상대방의 말 뒤에 깔린 뜻을 듣는 것이 필요할 때가 있다. 잘 들으려면 적절한 순간 부드럽게 질문함으로

써 상대방을 밖으로 이끌어낼 용기를 가져야 한다.

우리는 서로에게 이야기할 충분한 시간을 주어야 한다. 왜냐하면 우리는 자주 자신이 왜 이렇게 느끼고 있는지 그 이유를 반도 알고 있지 않기 때문이다. 두려워하지 말자. 어떤 사람들에게 침묵은 생각을 정리할 시간을 주는 것이다. 조용히 기다려 주는 것은 우리가 관심을 가지고 있다는 표현이다.

비판하지 않고 듣기

대화는 서로서로 수용할 때에 꽃이 피며, 비난할 때 짓밟힌다. 방어적이 되거나 참견하지 않고 들을 수 있어야 한다. 남편이나 아내가 느끼는 감정을 짚어낼 수 있다면, 어려운 상황의 반은 해결한 셈이다.

우리는 때로 감정적으로 정리가 되지 않은 채로 남편이나 아내에게 이야기한다. 우리의 말은 혼란스럽고 모순된 듯 보일 수 있다. 자신의 생각을 표현하고 말하는 과정에서 우리는 자신의 감정에 대한 생각을 바꿀 수도 있다. 만약 듣는 사람이 남편이나 아내의 입장 혹은 그들의 논리에서 허점을 집어내기 시작하면, 그것은 완전한 그리고 잔인한 실패이다.

배우자의 감정을 인정해 주기

배우자가 이제껏 한 이야기를 내가 다시 반복하는 것은 커다란 도움이 된다. 특히 깊은 감정을 표현했을 때는 더욱 그러하다. 이것은 아내나 남편이 나와 같은 감정의 파장을 타고 있으며, 나의 말을 제대로 이해했다는 것을 알게 해 준다.

예를 들어, 아내가 이렇게 말한다. "애들 때문에 미치는 줄 알았어. 하루 종일 울고 싸우더라구." 이때는 아내가 말한 것에 즉각 해결 방법을 제안하는 것보다 남편은 "정말 힘들었겠다"라고 말하며 그녀의 감정을 인정해 주는 것이 더 좋다.

혹은 남편이 이렇게 말한다. "수입하고 지출을 어떻게 맞추어야 할지 모르겠어. 나는 더 이상 벌기가 힘들어. 정말 걱정이 돼." 이때 아내는 "당신이 그렇게 걱정하고 있다니 정말 가슴이 아파요. 우리 함께 이야기해 봐요"라고 말하며 그의 느낌을 받고 있다는 것을 보여 줄 수 있다.

혹은 아내가 이렇게 말할지도 모른다. "당신이 갑자기 새 직장으로 갈지 모른다고 했을 때, 난 정말 화가 났어. 이사를 가면 친구들하고 연락이 끊기게 될 게 싫었거든." 마찬가지로 남편은 그가 듣고 있고, 그녀의 가진 느낌을 이해했다는 것을 보여 주어야 한다. 이렇게 대답하면 어떨까? "친구들하고 연락이 끊길까 봐 걱정하는 줄은 몰랐어." 상대방의 말을 그대로 사용하는 것은 적어도 내가 그의 말을 잘 경청하고 있다는 증거이다.

이런 식으로 상대의 말과 감정을 인정하는 것이 처음에는 부자연스럽고 꾸민 듯 보이겠지만 이는 듣는 법을 배우고 감정적인 친밀함을 쌓아가는 데 유용한 도구가 된다.

니키 이야기

몇 달 전 한 리더가 코스 중 하나에서 중도 하차했다. 내 수첩은 저녁 약속들로 이미 빽빽했지만, 나흘 저녁 동안 내가 그 그룹을 인도하는 것 외에는 별도리가 없었다. 실라에게 이 이야기를 하며 내가 알파 코스에 시간과 노력을 더 헌신해야 하는 것에 동정해 주기를 기대했다. 그러나 실라는 무엇에 기분이 상했는지 심술궂게 굴었다. 적어도 나에게는 그렇게 보였다.

몇 주 후, 그녀는 자기와 상의도 하지 않고 우리의 자유로운 저녁 시간을 포기해 버린 것에 대해 그녀가 얼마나 화가 났었는지를 이야기하기 시작했다. 나 자신이 너무나 불쌍해서 나는 즉시 나의 결정을 변호했다. 나중에야 내가 정말로 해야 했던 것은 실라의 이야기를 듣고 그녀의 감정을 이해해 주는 것이었음을 깨달았다. 그녀는 상처를 받았던 것이다. 그녀는 가족보다 코스에 참가한 사람들이 나에게 더 중요하다고 느꼈던 것이다.

이러한 상황에서 듣는 것의 목적은 그들이 옳은지 그른지를 판단하는 것이 아니라 상대방의 느낌을 이해하고 받아들이는 것이다.

부탁을 받을 경우에만 충고하기

우리는 상황을 고치고 싶은 욕구를 자제해야만 한다. 충고를 해 주는 것은 때로 역효과를 낳는다. 빠른 해결책을 찾는 것만이 전부가 아니기 때문이다. 충고는 우리가 느끼는 것의 중요성을 무시하는 듯 보일 수 있다. 감정을 잘 살펴보고 수용과 동감을 보여 주는 과정이 바로 해결책이다. 원하는 것이 충고라면 남편이나 아내는 대개 충고를 해 달라고 부탁할 것이다.

서로의 말을 듣는 방법을 배우는 것은 우리의 결혼생활 전체를 바꾸어 놓을 수 있다. 결혼코스에 참가한 많은 부부들은 그것이 가져온 변화를 다음과 같이 평했다.

- "우리는 훨씬 더 잘 듣게 되었고, 상대방을 탓하지 않게 되었습니다."
- "저는 아내가 정말로 필요로 하는 것이 무엇인지 듣는 것을 배웠습니다."
- "긍휼의 귀를 가지고 서로의 이야기를 듣는 데 도움이 되었습니다."
- "우리 둘 다 듣는 것을 더 잘하게 되었습니다. 이젠 상대방이 말을 다 마칠 때까지 기다려 줍니다."
- "저는 새로운 귀를 가지고 듣게 되었습니다. 작은 것들이 중요하지요."

2장 - 대화의 기술
결론

옥스퍼드 대학의 사회학자 다이엔 보갠은 10년간 결혼이 실패한 원인을 연구했다. 그녀가 내린 결론의 일부이다.

> "그것은 먼저 불만족스러움을 느끼는 편으로부터 시작한다. 처음에 그 혹은 그녀는 불만족스러움을 숨기려고 노력하며, 그런 것이 존재하지 않는 듯 혹은 곧 사라질 것처럼 꾸미려고 한다. 그러나 그것은 점점 더 강해져만 가고 얼마의 시간이 흐르면 상대에게 애매한 암시나 불평으로 자신의 불만을 전해 보려고 시도하지만 거의 대부분 상대는 그것을 무시하거나 주의를 기울이지 않는다."[9]

다른 말로 하면, 그녀의 10년간의 연구의 결론은 깨어지는 결혼은 거의 모두 대화의 실패 때문이라는 것을 보여 준다.

결혼에서 효과적인 말하기와 효과적인 듣기를 대신할 수 있는 것은 아무것도 없다. 오직 별개의 생각과 별개의 감정을 가진 두 개인이 하나가 되는 것이다. 우리는 상대의 생각을 읽거나 그 마음을 들여다볼 수 없다. 오직 대화만이 서로를 이어 주는 다리이다. 대화에 실패하면 우리는 다리를 걷어 올리고 자신의 외로운 성으로 은둔하게 된다. 대화하기를 선택할 때 우리는 다리를 내리고 상대방을 안으로 초대하게 된다. 서로를 비밀의 장소로 들어올 수 있도록 허락하는 것이다.

결혼의 두 번째 황금률

계속해서 이야기하고
계속해서 서로의 말을 듣자.

제3장 갈등 해결하기

결혼은 어느 면에서 이인 삼각 경기와 비슷하다.
때로 차라리 혼자 달리는 게 낫겠다는 생각이 들지 않는다면
놀라운 일일 것이다.
「결혼의 어려움」(Marriage Difficulties)의 저자인
폴 투르니에는 말한다.
"의견 차이는 전적으로 정상적이다.
사실, 좋은 것이다.
결혼을 성공으로 이끄는 사람들은
함께 문제를 정면으로 공격하고, 극복해내는 사람들이다."

5

서로에 대한 감사를 표현하자

폴리와 나는 이론적으로는 도저히 어울리지 않는다. 이것은 좋은 파트너십을 위해 대단히 중요한 요소이다.

프랭크 뮈르[1]

변화는 나쁜 것에서 좋은 것으로 변하는 것이라 하더라도 불편함이 따르게 마련이다.

리차드 후크[2]

니키 이야기

일곱 살 때 학교 운동회를 위해 이인 삼각 연습을 하던 것이 생생하게 기억난다. 운동회 여러 주 전부터 나는 왼쪽 다리를 친구의 오른쪽 다리에 빨간 손수건으로 묶고 다녔다. 처음에는 너무나 힘들었다. 우리는 보폭이 서로 달랐고, 어느 발부터 먼저 나가기로 했는지를 계속 잊어버렸다. 길에서 넘어지기도 했으며, 손수건이 발목을 너무 세게 죄는 바람에 우리는 여러 번 심하게 다투었다. 그러나 운동회 날이 되었을 때, 우리는 함께 다리를 묶고도 혼자 달리는 것만큼이나 빨리 달릴 수 있었다. 우리가 이겼다!

결혼은 어느 면에서 이인 삼각 경기와 비슷하다. 때로 차라리 혼자 달리는 게 낫겠다는 생각이 들지 않는다면 놀라운 일일 것이다. 「결혼의 어려움」(Marriage Difficulties)의 저자인 폴 투르니에는 말한다. "의견 차이는 전적으로 정상적이다. 사실, 좋은 것이다. 결혼을 성공으로 이끄는 사람들은 함께 문제를 정면으로 공격하고, 극복해내는 사람들이다."[3]

영국인 부부 사이의 말다툼의 주요 원인에 대한 1998년의 조사에 따르면, 돈이 1위이고, 그 다음으로 개인적인 습관(특히 불결함), 자녀, 집안일, 섹스, 부모와 친구들이었다. 「타임」은 밸런타인데이 이틀 전에 한 조사 결과를 보고하면서 이렇게 말했다. "말다툼의 가장 흔한 형태는 처음에는 은근히 불타다가 결국 대화가 전혀 없게 되는 것이다." 한 결혼 상담가는 "부부가 다툼을 해결하는 방식은 그들의 관계가 성공할 것인가, 그렇지 않은가를 알 수 있는 유일하고도 가장 중요한 열쇠이다"라고 말했다.[4]

결혼은 전혀 다른 배경, 성격, 욕구, 관점과 우선순위를 가진 두 사람이 만나 나머지 평생 동안 세상에서 가장 친밀한 관계 속에서 하나가 되는 것이다. 여기에 인간의 본성인 타고난 이기심까지 덧붙여진

다. 즉 내 방식대로 하려는, 내 권리를 지키려는, 내 의견을 주장하려는, 내 관심사를 추구하려는 욕구까지 말이다.

결혼한 지 여섯 달 된 한 여인은 결혼을 하고 나서 남편에 대해 알게 된 것보다 자신에 대해 알게 된 것에 더욱 놀랐다고 말했다. "마치 얼굴 앞에 거울을 들고 있는 것 같았어요. 나는 내가 정말로 이기적이라는 것을 알게 되었죠." 결혼의 친밀함으로 인한 모든 기쁨을 위하여, 내가 원하는 대로 할 수 있는 자유는 줄어든다.

실라 이야기

내가 생생하게 기억하고 있는 우리가 싸웠던 일이 한 가지 있다. 첫 애가 6개월 되었고, 우리는 일본에 살고 있었다. 200마일 떨어진 곳에 살고 있는 독신인 친구가 주말 동안에 우리를 초대했다.

그는 에너지가 넘쳐흐르는 대단히 재미있는 사람이었는데 우리가 주말에 그를 방문할 때면 아침 식사 파티를 준비하고, 오전 커피 시간엔 친구들을 초대하고, 그런 다음에는 점심과 차를 대접하고, 저녁 파티까지 했다!

떠나기 전 수요일에 나는 주말에 대한 걱정을 토로했다. 왜냐하면 나는 6개월 된 아이를 돌보느라 지쳐 있었고, 주말 내내 여러 사람이 있는 데서 딸애를 돌본다면 완전히 나가 떨어질 것 같아서 걱정이 되었기 때문이다. 그러나 니키는 완고했다. 이미 초대에 응했고 우리 때문에 여러 개의 파티가 준비되어 있다는 것을 알기 때문에 가야 한다는 것이었다.

우리는 둘 다 각자의 입장을 강하게 주장하고 있었다. 말로는 니키를 설득할 수 없고, 그가 내가 얼마나 피곤한지를 이해하지 못하는 듯하자 나는 화가 치밀어 올랐다.

니키에게는 안 됐지만, 그때는 일본에서 사과가 한창인 때였고, 우리는 방금 커다란 상자 하나를 사 두었었다. 사과는 바구니에 피라미드 모양으로 정돈되어 있었는데, 나는 맨 위에 있는 것부터 시작하여 하나씩 니키에게 마구 집어던지기 시작했다.

다치지 않으려고 그는 바구니가 빌 때까지 소파 뒤에 숨어 있었다. 이제까지 니키에게 집어던진 것이 이 사과뿐이라고 말할 수 있어서 기쁘다. 그러나 화가 나면 그에게 너무도 쉽게 말을 집어던진다. 이 이야기의 결말은 이 장의 뒷부분에 나온다.

의견 차이와 갈등은 결혼을 세울 수도 있고 망칠 수도 있다. 남편과 아내가 자기 뜻대로 하겠다고 단단히 결심하고 상대방을 자신의 사고 방식에 맞추어 바꾸기 위해 온갖 노력을 다한다면, 결과는 대개 참호를 파고 전쟁을 하는 것과 같은 모습이 된다. 자신의 입장을 지키기 위해 땅을 파고 들어가, 상대방을 계속 궁지에 몰리게 함으로써 스스로를 지키고 때때로 선제 공격을 하기도 한다. 둘 중 한 사람이 이 이상한 전투에서 이긴 듯 보이겠지만, 사실은 둘 다 진 것이다. 가시 철조망과 가시 돋친 말, 폭발하지 않은 폭탄과 해결되지 않은 문제들로 가득한 100야드에 걸친 무인 지역이 두 사람 사이에 있기 때문이다. 갈등은 우리의 친밀함을 파괴한다.

그러나 의견 차이는 두 사람 모두 그것을 함께 공략할 준비가 되어 있을 때 관계를 더욱 성숙하게 한다. 그 결과는 물론 우리에게 커다란 변화를 요구할 수도 있다. 이인 삼각 경기는 서로가 상대방에게 자신의 보폭을 맞추는 것을 의미한다. 교회 개혁자인 마틴 루터는 이기심을 버리고 더욱 예수 그리스도를 닮을 수 있는 두 가지 방법이 있다는 것을 알게 되었다. "첫 번째는 수도원에 들어가는 것이고, 두 번째는 결혼생활을 시작하는 것이다."

다음은 효과적으로 갈등을 해결하기 위한 첫 번째 단계이다.

서로의 차이 알기

독특함 때문에 갈등이 빚어지기도 하지만 흥미진진함과 다양함이 생겨나기도 한다. 만약 우리가 모든 일에 같은 생각을 갖는다면, 결혼은 지루해질 것이다. 결혼은 팀워크이다. 가장 효율적인 팀에서 사람들은 모든 사람을 위하여 자신의 서로 다른 재능과 성격과 통찰력을 가지고 기여한다. 11명의 선수가 모두 수비수인 축구 팀은 비효율적이다. 모든 직원들이 꿈만 가지고 있고, 아무도 실무를 하는 데 관심이 없다면 그 사업은 성공적으로 움직이지 않을 것이다.

우리 모두가 다른 것 한 가지가 있다. 즉 우리 각자가 사랑을 느끼는 방법이다. 우리들의 인생에 대해 가지는 태도에는 이것 외에도 다른 점이 많이 있을 것이다. 특히 서로 반대되는 사람들끼리 끌리는 일이 많기 때문이다. 무의식적으로 우리는 나를 완성시켜 주는 누군가에게, 즉 나에게 부족한 자질들을 가지고 있는 사람에게 끌리게 되어 있다.

흔히 관계가 시작될 때에는 자신을 상대방에게 맞춘다. 많은 부부들은 자신들의 근본적인 차이점조차 인식하지 못하고 있다. 열중해 있는 상태에서 우리는 커다란 인내심을 발휘하게 되며 상대방에게 자신의 행동을 맞춘다. 그런 후 '신혼 기간'이 지나가고 나면, 우리를 서로에게 끌리게 했던 바로 그 차이점이 갈등을 일으키는 짜증스런 요소가 된다.

이 단계에서 서로에게 맞추려는 노력이 차이를 없애 버리려는 시도로 바뀌어진다. 배우자가 나처럼 생각하고 행동하도록 강요하려 한다. 자신이 미리 계획 세우는 것을 좋아하면, 배우자도 미리 계획 세우는 것을 좋아하기를 기대한다. 자신이 매일 저녁 옷을 옷장에 걸어두면, 배우자도 그렇게 하기를 기대한다. 자신이 밑에서부터 치약을 짜면, 배우자도 그 습관을 따라해 주기를 기대한다. 요구하고, 조종하고, 짜증내고, 자신의 불만을 소리내어 말한다. 이 모든 것이 결국엔 친밀함을 사라지게 한다. 슬프게도 많은 부부들이 이러한 일들을 겪게 되면 서로가 어울리지 않는다는 결론을 내린다. 그러나 그렇지 않다. 차이는 상호 보완적일 수 있으며 우리에게 더욱 유익할 수 있다. 우리는 차이를 없애려고 노력하는 것에서 차이를 감사하게 여기는 것으로 옮겨가야 한다.

우리의 서로 다른 성격

미국에서 가장 큰 교회 중 하나를 인도하고 있는 빌과 린 하이벨스에게는 두 사람의 성격에서 다른 점을 구별하게 된 것이 두 사람의 관계가 짜증과 좌절감의 관계에서 이해와 감사의 관계로 변화하는 계기가 되었다. 그들의 책 「오래 지속되는 사랑」(Love That Lasts)에서 그들은 이렇게 적고 있다.

> 인성 발달 분야의 전문가들은 사람이 태어날 때 이미 푸른 눈 혹은 갈색 눈, 흑발 혹은 금발, 큰 키 혹은 작은 키가 결정되는 것처럼, 태어날 때부터 사고와 행동, 세상에 대한 관점에 대한 어떤 특정한 방식에의 경향을 가지고 있다고 한다. 1950년대에 이사벨 마이어스와 캐서린 브릭스는 칼 융의 연구 결과를 성격의 특징을 구분하는 것에 확장시켜 이러한 타고난 특질들의 다양한 조합에 기초한 성격 유형을 판정하기 위한 테스트를 고안했다. 이 테스트는 'MBTI'(Myers-Briggs Type Indicator)로 알려지게 되었다.[5]

사업을 하는 많은 사람들이 동료들의 각기 다른 태도를 이해하도록 도움을 받기 위해 MBTI 테스트를 사용한다. 그러면 서로의 장점과 단점을 알 수 있게 된다. 결혼에서도 마찬가지이다. 그러한 이해가 수년 동안의 좌절을 예방할 수 있다.

다음은 네 개의 카테고리에 대한 간략한 설명이다. 어떤 경우에는 우리가 만든 용어를 사용하기도 했다. 각 카테고리마다 우리가 약하게 혹은 극단적으로 해당되는 것이 있다. 특징이 두드러지게 나타나는 부분에서는 자기 자신을 쉽게 알게 될 것이고, 약하게 나타나는 부분에서는 시간이 지나야 알 수 있을 것이다. 네 개의 카테고리를 살펴보면서, 당신과 당신의 배우자가 어느 성격 유형에 속하는지 스스로에게 물어보자. 우리가 서로 다른 부분에서는 이 차이점이 갈등을 불러일으키는지, 아니면 서로를 더욱 소중히 여기게 하는지를 생각해 보아야 한다.

카테고리 1 : 외향적인가 내향적인가?

이 첫 번째 카테고리는 우리의 에너지가 어디에서 나오는가에 관한 것이다. 외향적인 사람들은 다른 사람과의 상호 작용에서 에너지를 얻는다. 그들은 많은 시간을 사람들과 보내고 싶어 하며, 파티에서는 빛을 발한다. 말하는 것은 그들로 하여금 생각을 정리하고 명료하게 해주기 때문에 매우 중요하다. 사실, 그들의 말은 대부분 소리내어 하는 생각이다. 외향적인 사람들은 가끔 고독을 즐기긴 하지만, 너무 많은 고독은 그들을 감정적으로 소진시켜 버린다. 그들이 배터리를 재충전하려면 외부 세계로부터 자극을 받아야만 한다.

내향적인 사람들은 그와는 반대로 조용한 사색으로부터 에너지를 얻는다. 그들의 자연스런 초점은 생각과 아이디어와 같은 내면 세계에 맞추어져 있다. 그들은 다정하고, 친절하며, 애정이 많을 수도 있지만, 너무 많은 사회 활동은 그들을 소진시키며, 회복하기 위해서는 혼자만의 시간이 필요하다. 그들은 대개 많은 사람을 알기보다는 몇몇의 친한 친구들을 더 좋아하며, 자주 파티에 가기보다는 집에서 혼자 있기를 선택한다. 그들은 조용히 지내며, 말하기 전에 생각을 정리하는 경향이 있다.

내향적인 사람은 외향적인 사람이 쉽게 다른 많은 사람들과 친해지는 점을 높이 살 것이며, 반대로 외향적인 사람은 내향적인 사람의 조용하고 사려 깊음을 높이 살 것이다.

카테고리 2 : 논리적인가 직관적인가?

이 카테고리는 우리가 주변 세계를 보는 방법에 대한 것이다. 논리적인 성향의 사람은 오감을 사용하여 정보를 모은다. 그들은 사실을 원한다. 그들은 과거를 돌아보며 경험을 통해 배운다. 그들은 무엇이든 분명하게 하기를 원하며, 추측보다는 실제적으로 중요한 일들을 선호한다. 다른 사람들은 그들을 조직적이고, 실용주의적이며, 여기 그리고 지금에 집중한다고 표현한다.

직관적인 사람은 사실보다 관념을 선호한다. 그들은 현실적이기보다는 현실을 개혁하고자 한다. 그들은 세부적인 것보다는 커다란 그림을 본다. 그들은 가능성을 생각하기를 좋아하며, 미래에 집중하는 경향이 있다. 그들은 자주 육감으로 문제를 해결하며, 한 활동에서 다음으로 쉽게 넘어간다. 그들은 다른 사람들이 보기에 상상력이 풍부하며 관습에 얽매이지 않는다.

첫 번째 유형은 '세부적인 것에 집착하는 사람' 으로 보여질 수 있으며, 두 번째 유형은 '머리를 구름 속에 두고 다닌다' 고 표현될 수 있다. 그러나 어떤 프로젝트든 두 가지 성격 모두가 필요하다. 직관력이 강한 사람은 비전과 관념과 목표에 집중하고, 논리력이 강한 사람은 실무와 세부 사항과 행동의 계획에 집중한다.

카테고리 3 : 생각하는 사람 혹은 느끼는 사람

이 카테고리는 우리가 얻은 정보를 바탕으로 어떤 방식으로 결정을 내리는가를 가늠한다. '생각하는 경향' 을 가진 사람은 자신의 목표에 대해 분명하다. 그들은 효율성, 정의, 진리에 의해 동기를 얻는다. 사업에서는 생산성과 이윤이 가장 높은 우선순위를 차지한다. 분명한 목표가 주어지면 생각하는 사람은 재빨리 그리고 질서 있게 목표를 향해 움직인다.

'느끼는 경향' 을 가진 사람은 가슴이 머리를 지배하며, 관계가 목표보다 우선한다. 그들은 깊이 느끼며 다른 사람들의 감정에 쉽게 동감한다. 그들은 자신의 결정이 다른 사람에게 어떤 영향을 주는가에 따라 결정을 내린다. 그들은 비난하기보다는 변명을 하는 경향이 있으며, 생각하는 사람이 검은색과 흰색을 보는 데서 회색을 본다.

느끼는 사람은 생각하는 사람이 오로지 비전을 향해 달려가는 모습을 존경할 것이며, 생각하는 사람은 느끼는 사람의 인내와 격려, 타인에 대한 배려의 분위기를 창조해내는 능력을 높이 살 것이다. 효과적인 팀이 되려면 두 가지 성격 모두가 필요하다.

카테고리 4 : 계획성이 있는가 유연성이 있는가?

이 카테고리는 미리 앞서서 계획 세우는 것을 좋아하는가, 아니면 즉흥적인 경향이 있는가에 대한 것이다. 계획성 있는 삶을 좋아하는 사람은 쉽게 행동의 순서를 정하며 그것을 끝까지 지킨다. 유연성 있는 상태를 좋아하는 사람은 새로운 정보, 더 나은 제안, 더 싼 거래가 나타날 경우를 위해 가능한 오래 선택의 폭을 열어두고자 한다.

계획성 있는 것을 즐기는 사람들은 우선순위를 결정하는 능력이 있다. 그들은 정리가 잘 되어 있다. 그들은 목표점에 도달하는 데서 만족을 느끼지만 예상치 못한 일은 잘 다루지 못한다.

유연성 있는 상태를 좋아하는 사람은 상황이 흘러가는 대로 내버려두는 경향이 있다. 그들은 자유와 즉흥성을 좋아하며 계획을 최종적으로 마무리 짓기를 주저한다. 그들은 느긋해 보이며 일들의 정확한 시간에 신경을 쓰지 않는다. 어떻게든 가장 좋은 결과가 나올 것이라고 확신하기 때문이다. 그들은 때로 결정을 미루다가 기회를 놓치곤 한다. 그러나 그들은 예상치 못했던 상황에 적응하는 능력이 있으며 다른 사람들은 실패했다고 생각하는 곳에서 성공을 발견하기도 한다.

차이를 최대한 이용하자

우리를 이 카테고리들 안에 넣는 것은 우리의 유일성을 부인하는 것이 아니다. 각각의 성격 유형은 여러 가지로 다양하게 세분될 수 있다. 우리의 전형적인 반응이 스펙트럼의 반대편이 가진 특징들을 개발할 수 없다는 뜻은 아니다. MBTI 테스트는 생각하는 사람은 느낌이 없다거나 느끼는 사람은 목표가 없다는 말을 하는 것이 아니며, 내향적인 사람은 파티를 즐길 수 없다거나 외향적인 사람은 한적한 시골길의 고독을 즐길 수 없다는 결론을 내리고 있지도 않다. 그러나 어떤 것을 선호하는가는 우리 각자가 삶에 다른 방식으로 접근하게 되는 근본적인 이유가 된다.

첫 번째 단계는 우리의 차이점을 아는 것이다. 두 번째는 옳은 방법도 틀린 방법도 없다는 것을 인정하는 것이다. 우리의 본능적인 사고방식은 배우자의 사고방식보다 더 좋지도 더 나쁘지도 않다. 단지 다를 뿐이다. 각 성향은 귀중한 역할을 하지만 혼자서는 제한적이다. 자신의 행동 방식을 '정상' 으로 생각하고 다른 사람의 행동은 '덜떨어졌다' 고 생각한다면 친밀한 결혼생활을 세워갈 수 없을 것이다.

세 번째 단계는 우리의 다른 접근 방식이 상호 보완적일 수 있다는 것을 믿는 것이다. 결혼은 우리가 상대방의 성격에서 우리를 짜증나게 하는 것보다, 우리가 존경할 수 있는 부분에 초점을 맞출 때 무한히 튼튼해진다. 빌 하이벨스는 아내 린에 대해 다음과 같이 썼다.

> 린은 나보다 계획성이 있고 정리가 되어 있다. 나는 좀 더 즉흥적으로 사는 것을 좋아한다. '살면서 그때그때' 방식으로 말이다. 나는 그녀의 계획 세우는 취미가 매력적으로 느껴졌다. 그러나 결혼한 지 몇 해가 지나자, 매력은 좌절로 바뀌었다. 처음에 나를 그녀에게 끌리게 했던 바

로 그 점들이 싫어지기 시작했다. 계획성도 문제였다. 그녀는 질문을 하지 않고는 살 수가 없었다. 그녀는 언제나 계획을 알고 싶어 했다. 어디로 휴가 여행을 가는가, 언제 떠나는가 그리고 언제 집으로 오는가. 그것도 미리! 이제 나는 한 바퀴를 완전히 돌아 다시 우리 사이의 차이점을 깊이 감사하게 되었다.

린이 내향적이기 때문에, 우리 가정은 안전하고 평화로운 장소이다. 은신처인 것이다. 내 삶은 넘쳐나는 사람들로 복잡하게 붐빈다. 나에게는 삶에 질서를 부여할 줄 아는 아내가 필요하다. 린의 계획성 있는 성격 때문에 우리 집은 정리가 잘 되어 있다. 우리는 깨끗한 옷을 입고, 건강에 좋은 음식을 먹으며, 가계는 풍족하다. 두 아이들은 앉아서 자기 숙제를 끝낼 줄 안다. 그리고 나는 우리의 모험 중 몇 개는 사실 그녀의 사려 깊은 계획으로 인해 더욱 즐거웠다는 것을 인정해야만 하겠다.

여러 번 나는 망치와 끌을 가지고 와서 린을 나의 복제 인간으로 다시 만들고 싶은 유혹을 느꼈다. 사실 가끔 그런 노력을 하기도 했었다. 그러나 내가 성공하지 않은 것을 하나님께 감사드린다. 이제는 나 같은 사람은 우리 집에 한 사람만으로 충분하다는 것을 깨달았다.[6]

린은 같은 이야기를 자신의 편에서 이렇게 말한다.

나는 빌에게서 계획에 대해 좀 더 느긋한 자세를 가지는 법을 배웠다. 나는 아직도 대부분은 미리 계획을 세우고 정해진 일정을 유지하는 것을 좋아한다. 그러나 가끔은 즉흥적으로 일상에서 벗어나는 것이 삶에 재미를 더해 주고 관계를 윤택하게 한다는 것을 알게 되었다. 이것은 특히 부모 역할에서 그러하다. 아이들과 내가 함께 보냈던 가장 좋은 시간 중 몇몇은 빌의 '살면서 그때그때'의 삶의 방식에 영향을 받지 않

았더라면 놓치고 말았을, 그 순간에 즉흥적으로 생각해낸 일들이었다.[7]

이 장의 끝부분에 남편과 아내가 매우 다른 태도를 가질 수 있는 몇 가지 부분들을 적어두었다. 각각의 문제마다 두 사람이 선 위에서 얼마나 거리가 먼지를 생각해 보자. 그런 다음 두 사람이 다른 부분을 보고 이것이 갈등을 불러일으키는지 질문해 보자. 표 끝에는 여러분 사이에 차이가 있는 다른 부분들을 쓸 공간을 두었다.

돈에 대한 태도의 차이를 이야기하자

표에 있는 각 문제들에 대해 내 방식이 더 좋은 방식이라고 생각하면서, 남편이나 아내가 다르게 생각하는 것을 가지고 비난하기 쉽다. 돈 문제만큼 이것이 분명히 드러나는 부분이 없다. 원래 절약하는 사람은 대개 원래 돈을 잘 쓰는 사람을 야단치면서 자기들이 전적으로 옳다고 생각한다.

니키 이야기

실라와 나는 돈에 대해 매우 다른 태도를 가지고 결혼생활을 시작했다. 우리의 인생관이 형성되는 데는 분명 부모님의 역할이 컸지만, 이것은 우리의 성격을 반영했다.

돈에는 세 가지 선택이 있다. 저축한다, 쓴다, 베푼다. 우리는 언제, 얼마나 베풀 것인가를 합의하는 데에는 아무런 문제가 없었다. 그러나 나머지 두 선택에 대해서 우리는 극과 극이었다. 실라는 돈을 쓰는 일을 더 잘하는 반면, 나는 아끼기를 좋아했다(어렸을 때 나는 96펜스 은화를 모았었다. 나중에 나는 그 동전들이 더 이상은 법적인 가치가 없다는 것을 알게 되었고, 나의 가득 찬

돈 상자는 아무런 쓸모가 없었다!).

우리가 처음 결혼했을 때, 나는 직장에 다니고 있었고 실라는 학생이었다. 매달 나는 실라에게 내가 번 돈의 일부를 생활비로 주었다. 나는 그녀가 적자를 내지 않기를 바랐다. 그러나 나의 바람은 허무한 것이었다. 언제나 내가 돈을 충분히 남겨서 부족한 부분을 채워 주긴 했지만, 실라가 돈을 얼마나 쓰는가를 조절할 능력이 없다는 것에 화가 났고, 한편 실라는 이 문제 전반에 대해 죄책감을 느끼고 있었다. 나는 실라처럼 쉽게 돈을 쓰지 않기 때문에 우리 두 사람은 실라보다는 내가 돈을 더 잘 관리한다고 생각했다.

결혼생활 15년 후에야 나는 내가 틀렸다는 것을 갑자기 알게 되었다. 나는 우리가 서로 다른 일을 더 잘한다는 것을 알게 되었다. 실라는 쓰는 일을 더 잘한다. 그녀는 때때로의 특별한 식사와 가족을 위한 깜짝 선물 그리고 그 외 사람들을 위한 선물뿐만 아니라, 매주 필요한 물건들을 사는 것을 잘한다. 나는 그와는 반대로 절약하는 것을 더 잘한다. 나는 우리가 얼마나 가졌는지(혹은 가지지 않았는지)에 신경을 쓰지 않는다. 나는 어떻게든 저축을 하고 청구서가 모두 지불되도록 한다.

우리의 서로 다른 경향이 상호 보완적임을 깨달은 이후로, 돈은 더 이상 갈등의 원인이 되지 않았다. 매달 얼마를 저축하고 얼마를 쓸 것인가를 이야기함으로써, 우리는 서로에게 도움을 줄 수 있는 영역을 정확히 알게 되었다. 실라는 내가 지나치게 조심하지 않도록 그리고 다른 사람들과 우리를 위하여 좀 더 자유롭게 돈을 쓸 수 있도록 도와주었다. 우리 아이들은 일주일 용돈으로 자기 나이대로 1년마다 1펜스씩을 더 받았다. 여섯 살은 6펜스, 여덟 살은 8펜스 이런 식으로. 실라가 10펜스는 열 살이 된 딸아이에게 돈을 지혜롭게 사용하는 방법을 가르치기에 적당한 액수가 아니라고 지적하기 전까지, 나는 아무런 문제도 없다고 생각했었다. 지금 나는 실라가 아이들의 강력한 지지를 받아 내가 마음을 바꾸도록 설득한 것이 너무나 기쁘다.

한편으론, 실라가 돈을 사용한 내용을 기록하고 예산을 넘어가지 않도록 내가 도움을 주었다고 생각하고 싶다. 지금은 위급한 상황을 대비하여 저축을 할 수 있기를 헛되이 바라면서 매달 돈을 조금씩 남겨두는 대신, 나는 우리가 그 달에 쓰기로 합의한 돈을 전부 다 실라에게 주고, 실라는 우리에게 필요하다고 느끼는 일에 그 돈을 쓴다.

실라 이야기

나에게는 예산을 세운다는 원칙이 자연스럽게 다가오지 않는다. 내가 숫자를 잘 다루지 못한다는 사실도 어느 정도 관련이 있을 것이다. 나 자신을 낭비가 심하다고 표현하고 싶지는 않다. 나는 그다지 쇼핑을 즐기지도 않으니까. 그러나 나는 우리 가족이 사는 데 필요한 것과 그 외 즐거움을 위한 것이나 선물의 대부분을 산다. 전반적으로 소비의 대부분을 내가 하고, 저축의 대부분을 니키가 한다. 일부러 이렇게 계획을 세운 것은 아니었다.

매달 나는 과용한 것에 대해(그보다 더 아낄 수는 없다고 확신하고 있기는 했지만) 죄책감을 느꼈고, 니키는 내가 그 일에 대해 아무것도 할 수 없다는 사실에 크게 실망을 느꼈다. 니키가 끝없이 용서했기 때문에 우리는 결혼한 지 몇 년이 지날 때까지 우리의 차이를 제대로 보지 못했다.

결국 우리는 우리의 느낌과 이 상황을 어떻게 해결할 것인가를 솔직하게 이야기했다. 그 이후로 우리의 역할은 거의 변함없이 유지되었다. 그러나 나는 니키의 도움으로 미리 계획을 세우기 시작했고, 더욱 중요한 것은 내가 과용했다는 생각이 들 때는 그에게 이야기를 했다. 문제가 어떻게든 저절로 해결되기를 바라는 것보다 솔직하게 꺼내놓고 이야기를 나누는 것이 더 좋다는 것을 이제는 알게 되었다.

과거에 나는 돈을 이해하지 못했고, 돈을 두려워했으며, 이야기하기를 꺼려했다. 하지만 나의 약점을 깨닫고 상황을 모두 이야기할 수 있었던 것이 나의 느낌을 완전히 바꾸어 놓았다.

영국의 부부들 사이에 긴장이 생기는 가장 큰 원인이 돈 문제이니만큼, 모든 부부가 돈을 어떻게 사용할 것인가를 의논해야 할 것이다. 이것은 너무나 당연한 소리 같지만, 사실 그렇게 하는 사람들이 거의 없다는 것은 놀라운 일이다.

대부분 부부들은 서로 다른 소비의 우선순위를 가지고 있으므로, 미리 계획을 세우고 각 부분에 일정 액수를 할당하기로 합의하는 것이 중요하다. 다른 계좌에 돈을 가지고 있는 것도 도움이 될 수 있다. 생활비와 공공요금과 생필품비는 공동 계좌에, 서로를 위한 선물비와 그 밖의 비필수품비는 각자의 계좌에 넣어 두는 것이다. 이런 식으로 하면 각자가 스스로 결정을 내릴 수 있는 여지를 가지게 된다.

과잉 지출을 하지 않는 것이 어렵다면 신용카드를 피하고 현금을 사용해야 한다(한 사람이 심각한 문제를 가지고 있거나 많은 빚을 지고 있다면 도움을 구해야 한다). 반대로 우리가 돈에 지나치게 소심하다는 것을 알게 되었다면, 일정 액수의 돈을 여가와 선물, 오락, 자선 등에 할당하기로 하면 좋을 것이다.

한 사람은 일을 하고 다른 사람은 집에 있다면, 돈을 버는 사람이 '나는 돈을 버느라 뼈가 부서지도록 일을 하는데, 당신이 하는 거라곤 쓰는 것뿐이잖아' 라고 느낄 수 있다. 물론 '돈을 벌지 못하는' 배우자도 역시 뼈가 부서지도록 일하고 있을 수 있다. 이 시나리오에서는 흔히 서로의 매일매일 생활에 대한 오해가 있을 수 있다. "당신이 하는 일이라곤 하루 종일 집에 앉아 있는 것뿐이잖아"라는 말은 "당신이 하는 일이라곤 외출을 해서 근사한 점심을 먹는 것뿐이잖아"라는 말과 같은 뜻일 수 있다.

결혼생활의 밑바탕에는 우리가 가진 모든 것, 월급이나 급료는 우리 두 사람 모두의 소유라는 이해가 있어야 한다. 만약 한 사람이 두 사람 공동 수입의 수준, 자신들이 한 저축의 가치, 빚의 정도에 대해 전혀 모르고 있다면 심각한 문제가 생길 수 있다. 단지 돈을 쓰는 문제가 아닌, 속았고 배신당했다는 느낌 때문에 문제가 생긴다. 우리의 돈을 어떻게 쓸 것인가는 함께 정해야 한다. 우리 각자가 어떤 한 항목에 혹은 활동에 상대방과 상의 없이 얼마의 돈을 쓸 수 있는지 한계를 정해놓으면 도움이 될 것이다.

어떤 부부는 돈을 어떻게 써버렸는가를 가지고 정기적으로 싸우곤 했다. 아내는 자신들이 돈을 얼마나 가지고 있는지 알지 못했고, 남편은 그녀가 돈을 너무 많이 쓴다고 야단을 치곤 했다. 2년 전 두 사람은 상세하게 예산을 짜고 어떻게 돈을 쓸 것인지를 함께 결정하고 지출이 수입을 초과하지 않도록 했다. 전에는 그가 가계부를 기록했지만(되는 대로 대충하기는 했지만), 두 사람은 아내가 이 역할에 더 적합하다는 데 동의했다. 그때 이후로 두 사람은 돈에 대해서 다시는 싸우지 않았다.

돈 문제를 함께 이야기하면 서로 더욱 가까워질 수 있다. 그러나 이야기하지 않은 채 내버려두면, 오해와 분노가 우리를 멀어지게 할 것이다. 결정을 하는 데 도움이 될 정보를 주기 위해 예산을 세우는 방법을 부록에 실어 두었다. 함께 예산을 세우는 과정을 통해 우리는 부부로서 돈에 관한 어떠한 두려움이나 좌절도 함께 이야기하게 될 것이다. 그리고 그것은 각자의 장점과 약점을 깨닫는 데 도움이 될 것이다.

변화할 준비를 하자

나 자신의 혹은 상대방의 기본적인 성격은 바꿀 수 없지만, 습관과 행동은 바꿀 수 있다. 사실 결혼생활에서 보폭을 맞추기 위해서는 그렇게 해야만 한다. "나는 원래 이렇게 생겼어"라고 말하는 것은 아무 소용이 없다. 서로의 차이를 이해하는 데, 행복한 결혼을 위한 단순하지만 중요한 원칙이 있다.

> 나 자신을 바꿀 수는 있다. 그러나 상대방을 바꿀 수는 없다.

우리의 차이점은 갈등을 빚거나 다양성을 만들어 낸다. 남편이나 아내가 기꺼이 변화의 불편함을 받아들인다면, 그 결혼은 앞으로 나아갈 가능성이 있다. 두 사람 모두가 함께 받아들이기로 선택한다면, 정체되어 있고 굳어 있던 결혼은 새롭고 황홀한 수평선을 발견하게 된다.

릭과의 결혼생활이 파탄 직전까지 갔다가 구원받은 낸시는 경험을 통해 얻게 된 가장 중요한 통찰을 다음과 같이 설명한다.

> 누군가를 자신의 사고방식에 맞추려 한다면 관계는 성공하지 못한다. 결혼을 성공적으로 만드는 것은 배우자의 다른 점을 인내하는 것이 아니라 그것을 소중하게 생각하는 것이다.[8]

다른 경향이 있는 곳에 각자의 이니셜을 표시한다.

예를 들어(N=Nicky, S=Sila)

돈	쓴다	S N	모은다
시간 지키기	여유를 둔다	S N	정확하게 맞춘다

논점

옷	캐주얼	____________	정장
의견 충돌	끝을 본다	____________	평화를 유지한다
휴가	모험을 한다	____________	쉰다
돈	쓴다	____________	모은다
사람들	사람들과 시간을 보낸다	____________	혼자서 시간을 보낸다
계획	계획을 세우고 끝까지 지킨다	____________	즉흥적으로 그때그때 상황에 따라 정한다
시간 지키기	여유를 둔다	____________	정확하게 맞춘다
휴식	외출한다	____________	집에 있는다
잠	늦게 잔다	____________	일찍 잔다
스포츠	열광적이다	____________	관심 없다
전화	길게 통화한다	____________	약속만 정한다
정리 정돈	모든 것을 정리 정돈한다	____________ ____________	편안하게 생각하고 난장판 속에 산다
TV	계속 켜둔다	____________	내다 버린다

그 밖의 다른 점 : ____

6
문제에 초점 맞추기

화가 났을 때 말을 해라. 그러면 평생 후회하게 될 최고의 연설을 하게 될 것이다.

아논

「콜레라 시대의 사랑」(Love in the Time of Cholera)에서 가브리엘 가르시아 마르케스는 비누 한 장에 분열되는 결혼을 그리고 있다. 남편은 무엇보다도 아내가 비누를 다시 사다 놓지 않자 크게 실망하고는, 다소 비난하는 투로 이렇게 말한다. "일주일이 다 되어 가도록 비누 없이 샤워하고 있어." 그녀는 열심히 실수를 부인한다. 그 결과 다음 일곱 달 동안 그들은 다른 방에서 잠자고 침묵 속에서 식사했다.

마르케스는 쓰고 있다. "늙고 힘이 없어진 때에도 그들은 그 이야기를 꺼내는 것을 매우 조심스러워했다. 마치 어제 일인 듯 채 아물지 않은 상처에서 다시 피가 흐르기 시작할 수 있기 때문이었다."[1)]

갈등이 생길 때 기분이 상해서 침묵 속으로 숨어드는 시간이 하루, 일주일, 한 달이 되도록, 심지어는 해가 넘어가 점점 더 두터워지는 벽을 세우기 쉽다. 이것과는 다르게 전면 공격, 곧 해상전, 공중전, 육상전을 모두 사용해서 상대방의 고지를 약화시키고 항복할 것을 설득하기도 한다.

이것은 언어 혹은 심지어 육체적인 폭력으로 이어질 수 있다. 배우자를 우리의 생각에 억지로 맞추려고 하기 때문이다. 우리가 어떠한 경향을 가지고 있든지 간에, 다음의 조언은 우리가 서로를 공격하기보다는 문제에 초점을 맞춤으로써 갈등의 핵심에 직면하도록 도와주었다. 목적은 우리 관계 전체에 영향을 미치는 불화의 구체적인 영역을 미리 막는 것이다.

갈등의 타협점 찾기

모든 결혼에는 우리의 다른 태도에 대해 이야기를 나누어야만 하는 시간이 오게 된다.

니키 이야기

실라와 나의 차이점 중 하나는 기차나 비행기를 탈 때 할당하는 시간이다. 실라는 자기 혼자 갈 경우에는 앞 비행기나 기차를 탈 수 있을 정도의 시간에 도착하곤 한다. 나는 반대로 실제 출발 시간에 가능한 정확히 맞추어 도착해서 '달리기' 하듯 기차나 비행기에 타는 것을 더 좋아한다. 그렇지 않으면 다른 일에 생산적으로 쓰일 수 있는 귀중한 시간을 낭비한다는 느낌이 든다. 실라에게 있어 기차역이나 공항에서 기다리며 보내는 시간은 이야기하고, 사람들을 구경하고, 잡지를 읽으면서 보내는 즐거운 시간이다.

여러 해 동안 우리의 서로 다른 취향의 원인을 이야기해 보지는 않았지만, 결혼생활에 있어서 여행을 하기 전에는 항상 극도의 긴장과 갈등을 겪는다는 것을 알고는 있었다. 우리는 분명 바뀌어야만 했다.

"하지만 기차는 내일 정오에 떠난다구, 실라."

서로의 행동이 도저히 어울리지 않을 경우 어떻게 해야 하는가? 여기에는 네 가지 주된 선택 사항이 있다. 공격한다, 항복한다, 흥정한다, 타협한다. 어떤 사람들은 자기 생각에 억지로 맞추려고 하면서 공격한다. 그러나 이것은 성공하지 못한다. 강요에 대한 상대방의 가장 일반적인 반응은 자기 방어적이 되어 고집을 부리거나 겉으로는 협조하지만 속으로는 부글부글 끓게 된다.

항복하는 사람도 있다. 그들은 남편이나 아내가 자기 주장대로 하도록 양보하고 자기 생각은 한마디도 표현하지 않는다. 그러나 이것 역시 건강하지 않으며 역동적인 파트너십을 만들지 못한다.

흥정하는 사람들도 있다. 중간 합의점을 찾고자 하는 것이다. "당신이 조금 양보한다면 나도 양보하겠어." 이것의 어려움은 나의 행동이 배우자의 반응에 따라 조건적으로 변한다는 것이다. 결혼을 똑같이 '주고받는' 관계라고 생각하면 내가 얼마나 주고 나의 아내나 남편이 얼마나 받고 있는가에 주목하기 쉽다. 중간지점이 어디인가는 각각 생각이 다른 것이다. 배우자가 자기 몫을 하고 있지 않다고 느끼면 내 몫 하기를 그만두어 버린다.

네 번째이자 가장 좋은 방법은 우리의 차이에 대해 타협을 하는 것이다. 타협을 하려면 두 사람 모두가 상대방 쪽으로 움직일 준비가 되어 있어야 한다. '내가 중심' 인 공격과는 다르게, 혹은 건강하지 못한 '당신 중심' 인 항복과 다르게, 혹은 역시 '내가 중심' 인 흥정과도 다르게 타협은 '우리 중심' 이다. 두 사람 모두 "우리 두 사람에게 가장 좋은 해결 방법은 무엇인가?"를 묻는 것이다. 때로는 남편이 "내가 바꿔야겠어"라고 말할 것이다. 때로는 아내가 "내가 좀 더 다르게 해 봐야겠어"라고 말할 것이다. 대개는 두 사람 다 조정이 필요하다.

니키 이야기

우리는 때로 여행 전의 긴장을 줄이기 위해 서두르지 않고 적절한 여유 시간을 가지려면 몇 시에 출발할 것인지를 미리 의논한다. 나는 일찍 도착하면 시간을 낭비하는 것이라는 나의 본능과 싸워야 하고, 실라는 지나치게 오래 기다리지 않게 하기 위해 그녀의 과잉 보상심을 조정한다.

이처럼 몇 가지 기본 원칙을 지킨다면 타협을 연습하고 배울 수 있다.

최상의 시간을 찾자

릴레이트(Relate)의 조사에 따르면 부부 싸움의 반은 저녁 시간에 일어나며, 조사에 참가한 4분의 1이 특별한 날이 가까워 오는, 스트레스가 많은 때에 싸우게 된다고 답했다.[2] 가까운 친구들이 우리에게 이야기해 준 간단하지만 매우 효과적인 결혼생활 법칙이 있다. 그들은 그 법칙을 '10시 법칙' 이라고 한다. 즉 밤 10시 이후에 두 사람 사이에 싸움이 일어나고 격한 감정이 표출되었을 때, 두 사람 중 하나가 적절한 기회가 올 때까지 더 깊은 이야기를 미룬다는 것이다.

우리도 곧 비슷한 규칙을 적용했다. 우리는 열을 내며 싸우는 대부분의 시간이 피곤해서 제대로 생각할 수 없는 저녁 늦은 시간이라는 것을 알게 되었다. 그 시간은 상대방의 말을 듣고 그 사람의 입장에서 보기가 힘들다. 10시 법칙은 큰 자제력을 요구하지만 의견 충돌이 상처 주고 소모적인 다툼으로 이어지는 것을 막을 수 있다.

대개의 경우 유감스러운 마음이나 의견 차이를 드러내 놓고 말할 완벽한 때라는 것은 없다. 하지만 그것을 피해야 하는 시간을 함께 정하는 것은 가치 있는 일이다. 여기에는 출근하기 전 혹은 외출하기 직전의 정신없이 바쁜 시간이 포함될 수도 있을 것이다. 시간적으로 제약이 있을 때는 대부분 상대방을 내 생각대로 설득해야 한다는 성급함과 그에 따라서 상대의 이야기에 귀 기울이려고 하는 마음이 생기기 쉽지 않다.

우리는 매주 있는 '결혼시간'을 싸움을 일으키기 쉬운 문제들을 꺼낼 기회로 쓰지 않기 위해 노력한다. '데이트하는 날'이 두려워진 두 남편의 이야기를 들었는데, 그들은 그 주에 자기들이 무엇을 잘못했는지 알게 될 두려움에 싸여 있는 자신들을 발견했다. 부부가 둘 다 즐거울 수 없다면, 이 매주 함께 가지는 시간의 이점은 사라지게 될 것이다.

들을 준비가 되어 있자

의견 충돌을 아내나 남편만의 문제라고 보기보다 두 사람이 함께 해결책을 찾아야 하는 두 사람 공동의 문제라고 볼 필요가 있다. 일치에 도달하려면 진지한 대화도 필요하지만, 서로를 공격하며 싸우기보다는 둘 다 가지고 있는 어려움을 서로가 한편이 되어 공략해야 한다. 가능한 모든 해결책들의 목록을 만들고 그 각각의 장점과 단점을 함께 저울질해 보는 것도 도움이 된다.

듣는 것이 가장 중요하다. 의견 충돌의 불길 속에서 우리는 본능적으로 배우자가 내 이야기를 제대로 알아들었는지 확인하고 싶어 하지만 상대의 입장을 이해하는 것에는 그다지 열정적이지 못하다. 상대의 견해를 듣다 보면 나의 길도, 상대방의 길도 아닌 앞으로 나아갈 수 있는 새로운 길을 발견하게 된다.

내 입장을 표현할 준비가 되어 있자

갈등이 생기면 어떤 사람들은 목소리가 커지고 싸움을 하려 들지만, 어떤 사람들은 조용해지며 안으로 들어간다. 후자는 평화를 지킬 수 있을지 모르지만 이는 결혼에 있어서 친밀함을 쌓아갈 수 있는 반응은 아니다. 외향적인 사람이 종종 자기 감정 표현을 절제하는 것과 상대방의 이야기를 듣는 것을 배워야 하는 반면, 내향적인 사람들은 자신의 생각을 표현하고 자기 감정을 드러내는 법을 배울 준비가 되어 있어야 한다.

제인과 그녀의 남편 릭은 그리스도인이 되고 난 후 그렇게 할 수 있는 자신감을 얻었다.

> 결혼을 하고 처음 몇 년 동안 나는 매우 수동적이고 순종적이었다. 내 의견을 내세우는 일이 거의 없었다. 그러나 하나님과의 관계를 통해 나는 새로운 자신감을 얻었고 그로 인해 나 자신을 좀 더 자유롭게 표현하게 되었다. 또한 예전과는 다르게 관계가 어려워지더라도 릭이 떠날 것이라는 두려움을 버리게 되었다. 우리가 어려움을 함께 극복할 수 있다는 것을 이제는 알게 되었고, 그로 인해 나는 자유롭게 그에게 반대하기도 한다. 나는 예전에 비해 좀 독단적이긴 하지만 덜 판단하게 되었다. 문제를 해결하는 방법도 달라졌다. 나는 더 이상 일이 악화되도록 내버려 두지 않는다. 우리의 관계는 더욱 솔직해졌고 차이를 조정할 수 있게 되었다.[3]

비난을 피할 것

우리가 결혼하기 몇 주 전 주례를 서 주신 목사님께서 우리에게 소중한 충고를 해 주셨다. 24년이 지났지만 우리는 아직도 그것을 기억한다.

> "결혼에서 무슨 일이 있더라도 해서는 안 되는 말이 있다. '당신은 항상'과 '당신은 절대'이다."

당시에는 그 간단한 규칙 속에 숨어 있는 지혜를 보지 못했지만, 전투의 열기 속에서 그 두 말은 상대를 화나게 하고 인격을 모독하는 데

쓰이기 쉽다는 것을 알게 되었다.

"당신은 절대 손가락 하나 까딱 안 하지."
"당신은 항상 집에 늦게 와."
"당신은 절대 다른 사람 생각은 안 해."
"당신은 항상 전화기를 붙들고 있어."

갈등이 있을 때 자신이 '항상' 혹은 '절대'라는 말을 쓰고 있다면, 아마도 문제의 초점 맞추기를 멈추고 상대방의 인격을 공격하기 시작한 것이다. 배우자가 '절대' 혹은 '항상'이라는 말을 쓴다면 이는 아마 폭발적인 힘을 가질 것이다.

'나는', '나를'을 사용하면서 나 자신의 느낌을 표현한 문장이 상대를 비난하는 것보다 더 효과적이다. 위의 문장을 다음과 같이 다시 쓸 수 있다.

"나는 너무 지쳤어요. 당신이 나를 위해 집안일을 도와준다면 정말 고맙겠어요."

"당신이 저녁 늦게 들어오면 나를 너무 외롭게 하는 거예요. 나는 당신이 그리워요."

"우리가 같이 있을 때 당신은 나한테 관심이 없는 것 같아요."

"당신이 저녁 시간 대부분을 나와 이야기하는 대신에 전화를 붙들고 있으면 나는 상처를 입어요."

이런 식의 말은 사랑의 가장 중요한 요소인 부드러움을 보여 주게 된다. 의견 충돌은 너무도 쉽게 칼 싸움처럼 된다. 단 불친절한 말은 육체적인 상처보다 치료 기간이 훨씬 더 긴, 더욱 깊은 상처를 남긴다는 것을 빼고 말이다. 기자이자 라디오 방송인이자 작가인 리비 퍼브스는 모린이라는 한 젊은 아내의 말을 인용하여 이것을 강력하게 주장한다.

"한번은 남편이 내가 이기적이고, 멍청하고, 뚱뚱하고, 불감증에 걸린 여우라고 했어요. 나도 곧바로 분명하게 그이에게 더 심한 말을 해댔지만 불감증에 걸렸다는 말은 정말 잊을 수가 없었어요. 지금도 사랑을 나눌 때마다 그가 나를 불감증에 걸린 사람이라고 생각하는 건 아닐까 하는 의심이 듭니다. 나는 그이를 더 이상 믿지 못하게 됐어요."

그녀는 또한 날씬한데도 불구하고 다이어트에 집착하고 있다. 남편이 던진 모욕 중에 '뚱뚱하고'라는 부분 때문이다. 남편이 "진심이 아니었어"라고 말하는 것도 다 좋다. 하지만 그 경우, 희생자는 생각한다. '남편이 왜 그런 말을 하게 됐을까?' "사람이 화가 나면 언제나 진심이 아닌 말을 한다"라는 옛말은 "사람은 화가 났을 때에만 감히 진심을 말하게 된다"라는 옛말과 바꾸어 쓸 수 있다. 우리 대부분은 화가 났을 때

우리에게 던져진 말들을 하나도 빼놓지 않고 분명히 기억한다.[4]

지나간 일을 끄집어내거나 잔인하게 인격을 공격하는 말을 삼가도록 조심해야 한다. 배우자의 말 때문에 상처를 받았다고 해도 앙갚음하고 싶다는 유혹에 저항해야만 한다. 자제는 진정한 사랑이 치러야 하는 대가의 일부분이다. 아무리 격한 감정이 생기더라도 우리의 결혼 관계만큼 중요한 문제는 없다. 성경은 상처를 주거나 혹은 치료할 수 있는 말의 잠재력을 강조한다.

> "너희 말을 항상 은혜 가운데서 소금으로 고루게 함같이 하라 그리하면 각 사람에게 마땅히 대답할 것을 알리라"(골로새서 4:6).
> 은혜롭게 말을 하십시오. 목적은 대화에서 상대방의 가장 좋은 것을 끌어내는 것입니다. 상대를 누르는 것도, 끊어 버리는 것도 아닙니다.
>
> "너희 관용을 모든 사람에게 알게 하라 주께서 가까우시니라"(빌립보서 4:5).
> 당신이 그들과 함께 일하고 있으며, 그들의 적이 아니라 한편이라는 것을 가능한 한 분명하게 알리십시오.[5]

결혼만큼 이 말씀들이 적용되는 곳도 없다.

물러설 준비가 되어 있기

자기가 틀리다는 것을 인정하는 것만큼 어려운 일도 없다. 사람은 자기를 정당화하고, 자신이 옳다는 것을 증명하고, 자기 입장을 필사적으로 옹호한다. 롭 파슨은 그 과정을 이렇게 묘사했다.

> 우리는 모두 '마음속의 변호사'라는 것을 가지고 있다. 마음속에 숨어 있다가 싸워야 할 상황이 닥칠 때마다 우리를 변호하러 튀어나오는 변호사가 있는 것이다. 이 유창한 연사는 우리에게 가장 유리한 사실만을 진술하기로 단단히 마음을 먹고 있다. 우리는 분별력 있고, 논리적이며, 자비로운 사람이고, 상대방은 횡설수설 말도 안 되는 소리만 하는 사람으로 그려진다. 이 마음속의 변호사가 자리에 앉을 무렵 우리는 완벽하게 변호되고, 판사는 판결을 내린다. "무죄!" 이제는 모든 것이 다 잘될 것이다. 바로 같은 순간 그다지 멀지 않은 곳에서 상대방의 변호사가 결론을 말하고 있는데, 도저히 믿을 수 없게도 그는 나와 같은 판결을 받고 있다.[6]

싸움에서 이기는 것은 비생산적인 일이다. 말을 잘하는 사람들은 상대방이 바보 같고 열등하다고 느끼게 만들 수 있지만, 길게 보면 이기는 능력은 결국 무능력임이 드러날 것이다.

우리는 종종 자기가 잘못했다고 인정하면 불리한 입장에 놓이게 된다고 느낀다. 그러나 항상 이겨야 되는 건 아니라고 마음을 먹고, 그 대신 배우자의 입장에서 문제를 보기 위해 노력한다면 자기를 방어해야 할 필요를 더 이상 느끼지 않게 될 것이다. 잠언서가 말하듯이 말이다. "다투는 시작은 방축에서 물이 새는 것 같은즉 싸움이 일어나기 전에 시비를 그칠 것이니라"(잠언 17:14). 물러서서, 필요하다면 미안하다고 말하는 것은 자존심이 상하는 일이겠지만, 그 대신 더욱 행복한 결혼 생활을 얻을 수 있다. 싸움에서 지는 것이 힘들다면 일단 노력을 해 보고 그 다음에 무슨 일이 일어나는지를 보자.

함께 문제에 부딪치기

마틴의 부모님은 그가 어렸을 때 이혼했다. 그의 아버지는 외국에서 사셨고, 어머니는 알코올 중독자가 되었다. 마틴은 일곱 살 때부터 기숙사 학교에 보내졌다. 그의 부모님들은 그의 생일조차 자주 잊어버렸고, 운이 좋은 크리스마스 때에만 선물을 받을 수 있었다. 더욱이 때때로 전해진 선물은 한 번도 포장되어 있지 않았다. 아이들 특유의 적응력으로 마틴은 자기의 환경을 받아들이고 학교생활에 전념했다.

어른이 된 그는 오래도록 지속되는 관계를 형성하기가 어렵다는 것을 알게 되었다. 그러나 마침내 미친 듯이 사랑에 빠져서 결혼을 했다. 그의 결혼과 가정생활이 과거의 슬픔과 실패를 구원하고 치유해 주리라고 꿈꾸면서.

그의 아내 루시는 매우 단란한 가정에서 성장했고 부모님들을 몹시 사랑했다. 그녀는 특히 그녀의 가족들이 미리부터 계획하고 엄청나게 재미있게 보냈던 생일과 크리스마스를 사랑했다. 그 놀라움과 선물 그리고 웃음과 비밀들을 말이다.

결혼하고 몇 달 뒤 그녀의 생일이 다가왔다. 마틴은 가지고 싶은 것이 뭐냐고 그녀에게 물었다. 루시는 몇 가지 얘기하면서 마음속으로는 그가 그 외에 깜짝 선물을 생각해 내기를 바랐다. 그는 그녀가 말한 것 중 두 가지를 샀다. 그리고 그는 포장도 되지 않은 선물을 쇼핑백에 삐죽 튀어나온 그대로 냉장고 위에 올려 놓았다. 그는 자기가 루시를 위해 대단한 소동을 벌이고 있다고 느꼈다. 이제껏 아무도 그의 생일에 비싼 선물을 두 가지나 사 준 적은 없었다. 생일 사흘 전에 루시는 냉장고 위에서 포장도 되어 있지 않은 물건 두 개를 보았고, 혼란스럽고 버림받은 느낌이 들었다. 하지만 그녀는 그 생각을 마음속으로만 가지고 있었다. 자기가 무슨 말을 할 수 있겠는가?

생일날 아침, 그들은 잠에서 깼다. 카드도, 침대에서의 아침 식사도, 꽃도 없었다. 그런 다음 두 사람이 출근하기 직전에 마틴은 냉장고 위에서 두 가지 물건을 가지고 와(아직도 쇼핑백 속에 들은 그대로) 미소를 지으며 루시에게 주었다. 루시는 와락 눈물을 흘리며 집 밖으로 뛰쳐나갔다.

그들의 관계는 그날 아침 사건 후로 완전히 회복되지 않았다. 한 번도 이야기를 나누지 않았다. 루시는 그가 자기를 사랑하지 않거나 원래부터 잔인하고 무심한 사람이라고, 아니면 둘 다일 거라고 생각했다. 마틴은 루시가 냉정해진 것을 느꼈고 단순히 그녀가 그에게서 마음이 떠난 거라고 생각했다. 버림받는 것은 그의 삶에 있어서 익숙한 패턴이었다. 마틴과 루시에게는 비슷하게도 무언의 오해들로 벌어진 비참한 시간이 이어졌고 결국 두 사람은 이혼하고 말았다.

그 운명적인 날(루시의 생일) 그들이 문제에 초점을 맞춰야 할 필요를 알지 못했다는 것은 너무도 슬픈 일이다. 그렇게 했다면 그들은 서로의 어린 시절의 생일날에 대한 경험을 들을 수 있었을 것이다. 자기의 생각과 느낌, 기대와 실망을 표현할 수도 있었을 것이다. 그날 그들의 결혼생활에 갈등을 일으킨 문제는 딱 한 가지뿐이었다는 것을 알 수도 있었을 것이다. 아주 쉽게 해결할 수도 있었을 것이다. 그 해결하지 못한 오해는 그들의 관계 위에 떨어진 첫 번째 얼룩이 되었다. 결국 얼룩은 종이 위에 떨어진 잉크처럼 계속 퍼져나가 그들의 결혼을 어둡게 하고 망가뜨렸다.

당신의 결혼에 해결되지 않은 갈등이 있다면, 다음 질문들을 함께 이야기해 보자.

1. 갈등을 일으킨 주된 문제는 무엇인가?

2. 그것을 의논할 수 있는 가장 좋은 시간은 언제인가?
3. 우리는 서로의 입장에 귀 기울여본 적이 있는가?
4. 우리가 생각하는 가능한 해결 방법은 무엇인가?
5. 어떤 해결책을 가장 먼저 시도해야 하는가?

7
삶의 중심을 맞추기

결혼은 하나님의 무한한 은혜로만 존재가 가능한, 말도 안 되는 발명품이다.

가브리엘 가르시아 마르케스[1]

"사랑하는 하나님, 세상 모든 사람을 사랑하시기가 정말 어려우시겠습니다. 우리 가족은 네 명뿐인데도, 전 절대 그렇게 할 수 없거든요."

댄[2]

댄의 말에는 맞는 부분이 있다. 가장 가까운 사람들과도 갈등은 피할 수 없으며, 우리에게 필요한 사랑을 찾기가 언제나 쉬운 것은 아니다. 대부분의 결혼에는 사막과 같은 시간이 있다. 우리는 결혼생활 속에서 하나님의 존재가 생명의 샘물이라는 것을 알게 되었다. 아내와 남편 모두가 하나님의 손에 자신의 삶을 맡기고 그분께서 결혼의 중심이 되어 주시기를 부탁한다면, 그들의 관계는 안으로는 물을 공급받고 밖으로는 영양분을 주는 원천을 갖게 된다.

어떤 이들에게는 하나님의 존재로 인해 결혼에서 신뢰가 다시 회복된다. 또 어떤 이들에게는 사랑이 담긴 관심이 이기심을 대신하게 된다. 또 어떤 이들에게는 파괴적인 행동 습관이 바뀌게 된다.

데이빗과 앤은 열다섯 살 때 만나 열여덟 살 때부터 데이트를 시작했다. 결혼한 지 17년이 지나고 두 아이를 가졌을 때, 앤은 포기하기 직전에 이르렀다. 어려운 가정환경에서 자라난 데이빗은 직장의 스트레스를 견디기 위해 술에 의지하게 되었다. 그는 말했다. "술밖에는 기댈 것이 없었다. 내가 어쩔 수 없는 나의 약한 모습이 있었다. 한두 잔 마시고 나면 훨씬 견디기가 쉬워지는 것 같았다."

그들의 결혼은 악화일로를 걸었다. 데이빗의 예측할 수 없이 변하는 기분과 급한 성질은 곧잘 심한 비난으로 이어졌다. 앤은 자신을 변호하려 했지만 그의 비웃음은 아내로서 엄마로서 그녀가 역할을 다하는 데 자신감을 완전히 잃게 했다. 그들은 전혀 서로를 존중하지 않게 되었다. 두 사람 모두 지독한 외로움을 느꼈다.

1996년 4월, 데이빗은 기독교 신앙을 실제적으로 소개하기 위한 10주 코스인 '알파코스'에 참석해 달라는 초대를 받았다.[3] 그는 얼마 전에 새로운 직장에 나가기 시작했지만 술을 끊지 않으면 건강진단에 통과하지 못해 직장을 잃게 되리라는 것을 알고 있었다. 코스 3주째 그는 절박한 나머지 코스 리더 몇 명에게 그의 이야기를 했다. 그들은 그와 함께 기도했고 그날 저녁 데이빗은 예수 그리스도를 자신의 삶 속에 모셨다.

그는 변화에 전혀 준비가 되어 있지 않았기 때문에 다음 날 점심 시간에 술 생각이 나지 않는 자신을 보고 깜짝 놀랐다. 보통 그는 11시 30분이면 술 생각이 나기 시작하여 점심 때는 대여섯 잔쯤 마셔야 하루를 견딜 수 있었던 것이다. 기적적으로 그의 중독은 사라졌고 금단 현상도 전혀 없었다.

데이빗은 앤을 위해 기도하기 시작했고, 그들의 결혼생활이 치유될 것을 기도했다. 앤은 데이빗이 교회에 열심히 다니는 것을 의심스럽게 생각하고 그를 놀리기도 했지만 곧 그녀와 아이들은 그가 변했다는 것을 알게 되었다. 데이빗은 그녀가 그를 비난하더라도 같이 화를 내는 일이 없었다. 그녀는 그가 다시 그녀를 사랑하기 시작했다고 느꼈다. 앤은 데이빗에게 무슨 일이 있었는지를 알아보기 위해 다음 기수의 알파코스에 참여했다. 계속해서 남편이 놀랍게 변화되어 가는 것을 보고 그녀는 기독교에 대해 더욱 많은 것을 이해하게 되었고 다시 남편을 신뢰하게 되었다. 앤은 이렇게 기억했다. "우리 두 사람 사이에는 완전한, 말로는 할 수 없는 용서가 있었습니다."

코스가 진행되는 동안 두 사람은 서로를 공격하는 대신 매주 야기되는 문제들을 함께 의논하기 시작했다. 그들은 떠오른 새로운 아이디어를 이야기해 주려고 낮에도 서로 전화를 하곤 했다.

결혼생활에 다시 사랑이 찾아왔고, 그들은 가정과 아이들을 더욱 소중히 대하게 되었다. "데이빗은 계속해서 저에게 사랑을 표현했어요"라고 앤은 말했다. "두 번째 신혼은 첫 번째보다 훨씬 좋았죠. 우리 사랑은 더욱 깊어졌습니다. 저는 뒤로 숨어버리지 않았습니다. 새로움과 신선함은 예전처럼 그렇게 사라지지도 않았습니다."

여전히 데이빗과 앤은 서로로 인해 짜증이 나기도 한다. 하지만 복수하고 이기려고 하는 지난날의 파괴적인 습관은 더 이상 없었다. 그들에겐 이제 의지할 누군가가 있는 것이다. 데이빗은 그들에게 일어난 변화를 다음과 같이 요약했다. "부당한 비난을 받고 있다는 생각이 들 때도 같이 싸우지 않으려는 자제력이 많이 생겼습니다. 저는 이제는 제 자신을 변호만 하고 있지 않습니다. 이제는 술 없이도 저도 동등한 위치라는 걸 믿을 용기를 가지게 되었거든요. 그리스도인이 되기 전에 저는 목표지점이 정해지지 않은 미사일 같았습니다. 이제는 제 안에 든든한 힘이 있습니다. 자이로스코프처럼 말이죠."

앤은 이렇게 말한다. "한 사람이 기분이 언짢으면 우리는 성경을 보고 하나님께서 다시 우리의 중심이 되어 달라고 기도합니다. 그분은 우리의 결혼생활이 유지될 수 있도록 사랑을 부어 주시죠."

하나님은 다툼의 궁극적인 치료자이시다. 하나님이 결혼의 중심이 되어 주시지 않았다면 함께할 수 없었을 데이빗과 앤 그리고 제임스와 안나(3과에서 인용했던)와 같은 부부들이 많이 있다. 엄청나게 큰 장애에 부딪쳤건, 일상의 작은 문제들에 부딪쳤건 하나님을 중심에 모시면 커다란 변화가 일어난다. 왜 그런지 그 이유를 네 가지 제시하겠다.

결혼은 하나님이 주신 선물이다

아담이 하와를 처음 보았을 때 그는 이렇게 말했다. "이는 내 뼈 중의 뼈요 살 중의 살이라"(창세기 2:23). 이 아름다운 구절은 동일성, 친밀감, 기쁨과 완전함의 느낌을 말하고 있다.

자주 인식하지 못하는 사이, 결혼한 지 몇 년, 심지어는 몇 달이 지나면 상대방의 단점에 초점을 맞추고 그를 비난하고 있는 자신을 발견한다. 그렇지 않고 상대방을 동반자로 가지게 된 것이 얼마나 좋은지에 집중하고, 상대방의 장점들을 보려고 노력하면서 그를 나에게 주신 하나님께 감사한다면, 우리의 사랑은 더욱 강해질 것이다.

'내가 왜 내 남편 혹은 아내와 결혼했을까? 차라리 누구누구와 할걸!' 하고 계속 생각하고 있어서는 안 된다. 그 대신 변함없이 아내와 남편에 대해 하나님께 감사하면, 서로를 더욱 소중하게 여기게 될 것이다. 비난과 불평은 상대방의 약점을 더욱 들추어낼 뿐이다. 남편이나 아내를 하나님께서 주신 선물로 본다면 우리는 계속해서 서로에 대해 감사하게 될 것이다.

성경은 서로 존경할 것을 요구한다

결혼에 관한 예수님의 가르침은 아내는 열등한 존재이며 남편이 아내에게 자신의 뜻을 강요하는 것이 당연하다고 여겨지던 시대에 주어진 것이다. 로마의 법 아래에서 남편은 자기 가정, 즉 아내, 자녀들, 노예에 대해 전적인 권리를 소유했다. 남편이 자신의 우월한 육체적인 힘을 사용해 아내를 괴롭히더라도 아내는 보호를 받을 수가 없었다.

따라서 신약성경의 가르침은 혁신적이었다. "남편들아 아내 사랑하기를 그리스도께서 교회를 사랑하시고 위하여 자신을 주심 같이 하라 … 이와 같이 남편들도 자기 아내 사랑하기를 제몸 같이 할찌니"(에베소서 5:25, 28).

바울의 가르침에는 예수님께서 여인들을 향해 몸소 보여 주셨던, 당시로서는 매우 특별한 존경과 배려가 나타나 있다. 한번은 군중들의 의견과는 반대로 예수님은 간음죄로 잡혀 온 여인을 용서하고 받아 주셨다(요한복음 8:1-11). 또 한번은 공공장소에서 모르는 여인과 이야기를 하심으로써 사회적인 관례를 깨뜨리셨다(요한복음 4:4-26). 그뿐만이 아니셨다. 저녁 만찬에서 예수님은 한 창녀가 눈물로 그의 발을 적시고 머리카락으로 닦는 것을 허락하셨다(누가복음 7:36-50).

예수님은 남자와 여자를 똑같이 귀하게 여기셨다. 이것은 기독교 신앙과 가르침이 유럽 전역에 퍼져나가는 과정에서 결혼 관계에 깊은 영향을 끼쳤다. 예수님의 본을 따른다는 것은 서로를 존경하고 상대의 의견을 소중하게 생각한다는 것을 뜻한다. 두 사람 모두에게 영향을 끼칠 결정을 내리는 데 있어서 남편이나 아내가 자기의 뜻을 상대방에게 강요해서는 안 된다는 것이다.

하나님은 사랑의 원천이시다

많은 사람들이 남편이나 아내에 대한 비현실적인 기대를 가지고 결혼한다. 서로 상대방에게서 자기에게 필요한 모든 것을 발견하리라고 생각하고, 자신의 불안이 상대의 무조건적이고 절대적인 사랑을 통해 해결되리라고 기대하며, 두 사람의 관계를 통해 자기의 삶에 궁극적인 목적과 의미가 주어지리라 희망한다. 그러나 경험은 이러한 필요들을 상대방은 결코 채워 줄 수 없다는 것을 알게 해 줄 뿐이다. 이는 오직 하나님만이 하실 수 있다.

남편이나 아내가 자신의 가장 깊은 필요를 채워 주리라 생각하면서 결혼한 부부는 결국 실망으로 끝나고 만다. 비현실적인 기대들은 다음의 그림처럼 요구에서 비난으로 이어지는, 점점 아래로 내려가는 나선 계단을 타고 만다.

성경은 큰 기대를 가지고 하나님을 바라보고, 우리에게 부족한 사랑과 인내, 소망, 용서, 용기(또 그 외의 어떤 것이라도)를 하나님께 부탁하고 의지하라고 우리를 격려한다. 우리는 그분의 무한한 능력을 바라보고,

그분의 끝없는 사랑 속에서 우리가 갈망하는 평안과 의미를 찾아야 한다. 기독교적인 패턴은 하나님과의 가깝고 인격적인 관계를 통해 사랑을 받고 그런 다음 서로에게 사랑을 주는 것이다.

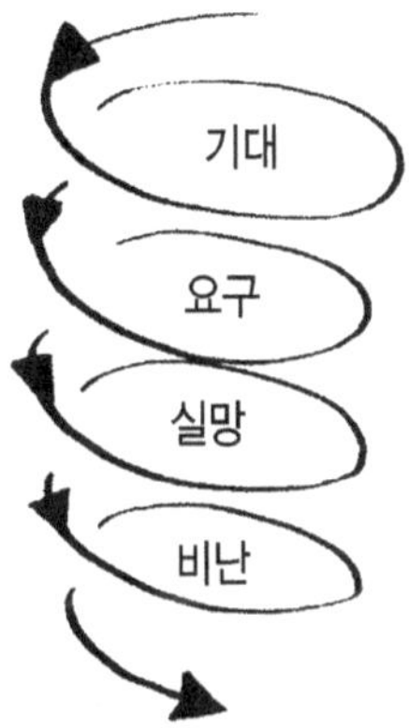

우리는 얼마 전 아일랜드 북부에 살고 있는 빌리와 데비 부부에 대한 이야기를 들었다. 그들은 8년 전 결혼했고 두 사람 다 교회와는 관계 없는 환경에서 자랐다. 그들의 결혼은 악몽과 같았다. 1994년 빌리의 어머니는 암으로, 아버지는 사고를 당해 돌아가셨다. 빌리는 그때의 자신을 이렇게 설명했다. "아버지가 돌아가셨을 때 다시는 절대 이런 상처를 받지 않겠다고, 누구와도 가까워지지 않겠다고 결심했습니다. 저는 정말 끔찍한 사람이 되어갔습니다. 저는 항상 기분이 나빴고 함께 있기에 유쾌한 사람이 아니었습니다."

1996년, 데비의 어머니가 돌아가셨을 때 빌리는 슬픔에 잠긴 그녀를 도와줄 수도 없었고, 그럴 마음도 없었다. "내 부모님들이 돌아가셨을 때 데비는 나에게 별로 도움을 주지 않았어. 그런데 왜 내가 도와주어야 해?" 그래서 데비는 빌리와 전혀 자기 슬픔을 나눌 수가 없었다. 오히려 그는 가족 전체가 찢어지고 있다고 데비를 비난하기 시작했다.

1999년, 그들은 자신들의 결혼에 사랑을 회복하기를 바라며 파리로 갔지만, 더 이상은 서로 이야기조차 할 수 없다는 것을 알게 되었다. 데비는 말했다. "우리의 관계는 끝나가고 있었어요. 모든 게 급속도로 나빠지기만 했어요. 저도 빌리도 어쩔 수가 없었죠." 빌리도 말했다. "내가 데비를 사랑한다는 걸 알고는 있었지만 우리 관계는 점점 침체되어 가기만 했어요. 우리는 손을 쓸 수도 없이 점점 가라앉아 가고 있었죠. 결과는 한 가지뿐이었죠. 그것은 바로 헤어지는 것이었어요."

그 즈음에 두 사람은 한 그리스도인 부부를 만났고, 그들의 집에서 열고 있는 알파코스에 참가해 달라는 초대를 받았다. 놀랍게도 빌리와 데비는 알파코스에 매혹되었고, 알파코스의 내용에 점점 더 흥미를 갖게 되었다. 빌리는 코스의 세 번째 주가 지난 후에 일어났던 일을 이야기해 주었다. 그때 데비는 이미 자신의 삶을 그리스도에게 드린 후였다.

"저는 데비에게 말했습니다. '나 오늘밤 그리스도인이 되고 싶어.' 그리고 저는 침대 위에 앉아 기도했습니다. '주님, 저는 이 세상에서 32년 동안 당신 없이 살아왔습니다. 당신에 대해 들은 것도 얼마 전이 처음입니다. 삶 속에서 제가 잘못했던 모든 것이 너무나, 너무나 후회스럽습니다. 당신이 없다면 저는 실패할 것입니다. 제 삶 속에 들어와 주십시오."

한 주 한 주 지나가면서 그는 그에게 상처를 주었던 모든 사람들을 용서하기 시작했고, 그럼으로 그 쓰라림들이 마음에서 사라지는 것을 느낄 수 있었다.

데비는 두 사람의 관계에 찾아온 변화를 이렇게 말한다. "그 이후로 우리의 결혼은 치유되기 시작했어요. 정말 좋은 시간이었죠. 완전히 다시 시작한 것 같았어요. 이전의 세월들은 모두 아무것도 아닌 것 같았죠. 이전에는 살았던 것 같지가 않았어요. 처음으로 눈을 뜬 듯한 느낌이었어요. 빌리는 새 사람이 된 것 같았어요. 저를 훨씬 더 많이 사랑해 주고 다정해졌죠. 저는 그이와 완전히 다시 사랑에 빠졌어요."

데비는 계속해서 말한다. "코스를 하기 전에 저는 너무나도 오랫동안 사랑 없이 살아왔기 때문에 아무에게도 사랑을 줄 수 없었고, 누구에게서도 사랑을 받고 싶지 않았어요. 사랑을 조금이라도 더 받으면 터져버릴 것 같은 기분이었거든요."

빌리는 말한다. "하나님께서 제 삶에서 하신 일은 정말 놀랍습니다. 저는 상상할 수 있는 한 가장 무뚝뚝한 사람이었는데, 그분이 제 삶에 들어오신 이후로 완전히 바뀌었습니다. 저는 인내심하고는 거리가 먼 사람이었습니다. 전혀 없었죠. 그러나 지금은 확실히 인내심을 가진 것 같습니다. 거의 화를 내지도 않고, 목소리를 높이지도 않습니다. 저 혼자서는 그렇게 변할 수 없었습니다. 딱 한 분, 예수 그리스도께서 그 일을 하셨죠. 저는 언제나 기독교는 해서는 안 되는 일들에 대해 말하는 종교라고 생각했죠. '너는 이것을 하지 말아라', 아니면 '너는 저것을 해서는 안 된다.' 하지만 그렇지가 않다는 것을 알았습니다. 기독교는 우리가 할 수 있는 일들에 관한 것입니다."

예수 그리스도께 도움을 구하면 결혼 바깥쪽의 원천으로부터 힘을 공급받게 된다. 나 자신이 하나님께 무조건적으로 뜨겁게 사랑을 받고 있다는 앎과 경험이 있기에 우리는 자유롭게 사랑을 하게 된다. 사도 요한이 서신에 썼듯이 말이다. "우리가 사랑함은 그가(하나님께서) 먼저 우리를 사랑하셨음이라"(요한일서 4:19). 하나님께서 우리의 모든 필요를 아시고 우리를 돌보아 주시겠다고 약속하신다는 확신이 있기에 서로에게 자유롭게 베풀 수 있는 것이다.

하나님은 결혼에 하모니를 가져다주신다

우리 자신의 결혼 과정 속에서, 우리는 중요한 결정들과 의견 충돌들을 하나님께 맡기고 그분의 길을 구하고자 노력해 왔다. 시간이 흐르면서 우리는 기도가 결혼에 아름다운 하모니를 가져다주는 것을 경험했다.

성경은 두 사람이 함께 혹은 서로를 위해 하는 기도는 큰 힘을 가지고 있다고 분명히 말한다. "너희 죄를 서로 고하며 병 낫기를 위하여 서로 기도하라"(야고보서 5:16). 이것은 육체 치유에 대한 약속일 뿐만 아니라 관계 치유에 대한 약속이기도 하다.

우리 역시 서로 다툴 때가 있었고, 더 이상은 앞으로 나아갈 길이 없는 듯 느낀 적도 있었다. 문제에 대해 기도하는 것은 우리 자신의 특수한 관점에 하나님의 도움을 끼워 맞추는 것이 아니다. 정직한 기도는 하나님께서 우리에게 그분의 지혜를 주시고 그분의 길을 보여 달라고 부탁하는 것이다.

함께 기도한 후(이를 악다물고 한 기도라도), 우리는 서로의 관점이 가진 장점을 인정하게 되었고, 전에는 전혀 생각도 하지 못했던 또 다른 선택

사항이 생각난 것에 놀라곤 했다. 문제를 하나님 앞으로 가져오는 과정에서 우리의 분노와 미움의 감정은 사라지고 우리는 이전보다 훨씬 더 가까워졌다.

니키 이야기

앞에서 얘기한 바 있는 사과 던지기 사건으로 돌아가, 그날 저녁 실라와 나는 하나님의 도우심과 지혜를 구하기 위해 함께 기도해야겠다고 생각했다. 우리 두 사람은 서로 자기가 옳다고 확신하고 있었다.

그러나 기도를 끝냈을 때 나는 내가 새로운 생각을 가지게 된 것을 알았다. 나는 실라가 아기에게 모유를 먹임으로써 얼마나 피곤한지를 충분히 헤아려 주지 못했다는 것을 깨달았다. 또한 내가 친구에게 미안하게 되는 것보다 그녀의 건강이 더 중요하다는 것을 알게 되었다. 그리고 만약 내가 그녀의 필요를 알아 준다면, 그녀는 견뎌내 줄 수 있을 것이라고 느꼈다.

우리는 친구를 방문했고 정말 재미있는 주말을 보냈다. 하지만 단지 내가 나의 가장 중요한 우선순위는 실라를 돕는 것임을 깨달았기 때문만은 아니었다.

갈등의 순간 기도하기는 쉽지 않다. 자신의 태도와 자기 속에 품고 있는 감정을 검토해야만 하기 때문이다. 기도, 분노, 미움은 함께할 수 없다. 물론 다른 때에도 함께 기도해야만 충돌이 있을 때에도 함께 기도할 수 있다. 부록 4에 부부가 함께 기도를 시작할 수 있는 몇 가지 실제적인 제안들을 실었는데 이를 참조해 보자.[4]

결혼생활이 메말랐다고 느껴질 때 하나님은 물을 주신다. 결혼생활이 더 이상 앞으로 나아가지 못할 때 하나님은 장애물을 치워 주신다. 결혼생활이 죽어간다고 느껴질 때 하나님은 새로운 생명을 불어넣어 주신다.

3장 - 갈등 해결하기
결론

서로 다른 점과 의견의 차이가 꼭 결혼을 파괴하는 것은 아니다. 사실 그것들을 잘 해결하는 것이 우리의 관계를 더욱 돈독하게 하고 발전시킨다. 결혼은 우리의 인격을 억압하는 것이 아니다. 그것보다는 우리의 서로 다른 관점을 이야기하고, 서로를 이해하기 위해 노력하고, 우리의 지혜와 재능을 한데 모을 길을 찾는 것이다. 이렇게 할 때 우리를 갈라놓을 수도 있었던 그 문제는 우리를 더욱 가깝게 하고, 우리의 결혼이 앞으로 나아가도록 하게 하는 것을 발견한다.

의식적으로 하나님과 함께 사는 것, 즉 그 분께서 우리 곁에, 우리 안에, 우리의 결혼생활 속에 함께 계시다는 것을 알고, 그분의 지혜와 사랑을 구하는 것은 동의와 화합에 도달하고자 하는 힘든 일에서 제외되는 것이 아니다. 오히려 그것은 하나님께서 우리를 한데 묶어 주시고, 어려움을 헤쳐 나갈 수 있는 길이 언제나 있다고 굳게 믿는 것이다.

결혼의 세 번째 황금률

서로 다른 점을 이야기하고, 함께 기도하자.

제4장
용서의 힘

호수가 썩지 않으려면
물이 끊임없이 흘러들어오고 흘러 나가야 한다.
모든 관계에는, 특히 결혼생활에 있어서는
이 역동적인 용서의 흐름이 절대적으로 필요하다.
용서는 하나님으로부터 시작하여
우리 삶 속으로 흘러들어와야 한다.
그러나 그 용서를 병에 담아 두고만 있는 것은 아무 소용이 없다.
하나님의 도우심으로 우리는
우리 주변 사람들의 삶 속으로
용서가 흘러들어가도록 해야 한다.
특히 우리에게 가장 가까운 사람들의 삶 속으로 말이다.

8
친밀감은 어떻게 잃어버리는가?

"해가 지도록 분을 품지 말고" (에베소서 4:26).

데보라 이야기

결혼식 2주 전, 저는 드레스를 마지막으로 가봉하러 갔어요. 사무실에서 택시를 타고 가고 있었는데, 크리스마스 때라 런던은 몹시 복잡했지요.

차가 막혀서 서 있는데 앞에 한 커플이 서로에게 팔을 두르고 걸어가는 게 보였어요. 저는 그들을 보고 감탄을 했지요. '야! 저 사람들 정말 멋있구나.' 그런데 택시가 그들 가까이 가서야 저는 그 남자가 제 약혼자인 마일즈라는 걸 알고 너무나 큰 충격을 받았어요. 그가 다른 여자에게 팔을 두르고 있다니. 더 심한 것은 제가 그 여자를 안다는 거였죠. 그 여자는 마일즈가 저와 사귀기 전에 사귀던 여자였어요. 공포 영화를 보는 기분이었어요. 택시가 느리게 가고 있었기 때문에 두 사람을 좀 더 지켜볼 수 있었어요. 전 생각했어요. '어떻게 하지? 택시에서 내려야 하나?' 심장이 미친 듯이 뛰었어요. 제 눈을 믿을 수가 없었어요. 이윽고 두 사람은 여자의 사무실 앞에 멈추었어요. 두 사람은 작별 인사를 하고 키스했죠. 열정적인 키스는 아니었지만, 키스라고 하기에 충분한 것이었어요. 그 순간 택시가 갑자기 속력을 냈고 저는 드레스 가게에 도착했죠. 너무나 화가 나서 울 수도 없었어요.

가봉을 하면서 저는 계속해서 서둘러 달라고 했어요. 저는 전화를 걸고 싶은 생각뿐이었어요. 가봉이 끝나자마자 저는 마일즈에게 전화를 걸어 물었어요. "점심 어땠어?" 그는 대답했죠. "무슨 소리야?" 저는 말했어요. "다 봤어!" 그는 다시 물었죠. "무슨 소리야?" 다시 제가 말했어요. "다 봤다니깐." 그가 대답했어요. "그래, 오늘 아침에 그 얘기를 하려고 했어. 점심 때 앤을 만나기로 했다고 당신한테 전화하려고 했단 말이야." 저는 전화를 확 끊어버리고 눈이 빠질 정도로 울면서 사무실로 돌아갔어요. 마일즈는 저에게 전화를 하려고 했지만 전 그이랑 이야기하려 하지 않았어요. 그 다음 날, 그 모든 일을 지켜본 제 마음이 어떠했는지를 마일즈에게 설명하려고 애썼지만, 그이는 제 마음을 이해하지 못했어요. 어찌했든 우리는 결혼을 했고, 그는 사람들에게 파티에서 계속해서 이 이야기를 했어요. 웃음거리로 말이죠. 저는 상처를 받은 데다가 모욕까지 받은 거예요. 마일즈는 파티에 갈 때마다 이 이야기를 하곤 했어요. "생각해 봐. 데보라가 웨딩드레스를 가봉하러 가는 길에 말야….”

마일즈 이야기

정말로 제가 잘못한 거예요. 저는 결혼을 하기 전에 관계를 잘 끝내지 못한 것에 대해 앤에게 사과해야만 한다고 느꼈어요. 앤과 저는 이야기를 나누었고, 정말 좋은 시간을 가졌죠. 저는 일을 잘 해결했다고 생각하고 의기양양해 있었죠. 아침에 데보라에게 전화를 해서 앤을 만날 거라고 말하려고 했어요. 불행히도 데보라와 통화를 할 수 없었죠.

앤에게 사과를 하고 나자 우리 두 사람 다 마음이 몹시 편해졌어요. 그래서 그녀의 어깨에 팔을 둘렀고 헤어지기 전에 거창한 키스를 했던 거죠. 사무실로 돌아왔을 때 데보라가 전화를 걸어 저에게 물었어요. “점심 어땠어?” 전 말했죠. “당신한테 전화하려고 했었어.” 제 생각에는, 제가 할 수 있는 건 다 했어요. 제 의도는 정당했어요. 하지만 사실 저는 상당히 방어적이었습니다. 한 번도 데보라에게 미안하다고 말한 적이 없습니다. 그것은 그럴 필요가 없다고 생각했기 때문이죠.

그런데 결혼코스에서 서로에게 상처 주었던 일들을 적어 보라고 해서 쓰려고 생각해 보니, 우리에게는 네다섯 가지 일이 있었던 것 같아요. 데보라가 쓴 것들은 모두 과거의 일들이었고, 바로 결혼 직전의 이 일이 그 첫 번째였죠. 그래서 우리는 이야기를 나누었습니다. 저는 진심으로 그 일을 그녀의 입장에서 보려고 노력했습니다. 택시에 앉아 있다가 미래의 남편이 다른 여자의 어깨에 팔을 두르고 지나가는 것을 본다. 이유가 뭐든지 간에 단지 그런 경험을 하고, 그런데도 그 사람이 어떤 방식으로든지 상처를 알아 주지도, 인정해 주지도 않는다는 것, 바로 그게 문제였다는 것을 알게 되었습니다. 하지만 그것을 인정하고 나서도 저는 사과하는 것이 힘들었습니다. 저는 심드렁하게 말했습니다. "좋아, 이제 해결해 보자구."

그 일이 데보라에게 얼마나 큰 상처가 되었는지를 깨달은 것은 제가 하나님께 잘못했다고 말했을 때였습니다. 그래서 저는 데보라에게 정말 미안하다고 말하고 용서해 달라고 했습니다. 그녀는 용서해 주었습니다. 그건 정말 멋진 일이었습니다. 한 걸음씩 생각나는 감정의 앙금들을 다루고 해결하는 것은 대단히 큰 힘을 가집니다. 저희는 그 과정을 통해 훨씬 더 가까워졌습니다.

데보라 이야기 – 그 결론

마일즈와 진지하게 이야기하기 시작하면서 저는 제가 분노를 억누르고 있었다는 것을 알게 되었습니다. 그 결과 저는 계속해서 상처를 안고 살게 되었습니다. 그 이야기가 나올 때마다 상처는 조금씩 더 커졌죠. 하지만 마일즈가 제 이야기를 듣지 않을 거라고 생각했기 때문에 저는 그 상처를 모른 척하려고 노력했어요. 결혼코스를 하면서 그이가 처음으로 진지하게 제 말을 들어주었을 때, 저는 제 감정이 충분히 근거가 있으며, 그이가 이해한다는 것을 느꼈어요. 그것은 저한테 참 중요했습니다. 그리고 나니까 저는 그이를 용서하고 그 일을 잊어버릴 수 있었어요.

서로에게 상처를 주었던 일들을 해결하는 것은 신뢰를 회복시켜 준다. 유리 없는 창문이 있을 수 없듯이 신뢰는 결혼에 있어서 대단히 중요하다. 유리는 빛은 들어오게 하지만 바람과 비는 막는 기능을 한다. 유리는 가장 단단한 재료 중 하나이기 때문에 아무리 강한 폭풍우가 불더라도 견뎌낼 수 있다. 그러나 벽돌이나 망치로 한 번만 내려치면 산산이 부서질 수도 있다.

남편과 아내 사이의 신뢰는 그동안 아무리 단단히 쌓여졌더라도, 마찬가지로 연약하다. 단 한 번의 간통, 학대 혹은 폭력만으로도 깨어질 수 있다. 또는 '선의' 의 거짓말, 속임, 비난하는 말 혹은 매정함이 쌓여도 망가질 수 있다. 이것은 창문 위에 조금씩 쌓이다가 빛을 차단해 버리는 먼지와도 같다.

친밀한 관계는 신뢰와 정직 위에 세워진다. 이 두 가지 자질은 항상 함께하며 서로를 자라나게 한다. 신뢰가 있는 곳에서 남편과 아내는 자신의 가장 깊은 감정과 희망과 두려움, 기쁨과 슬픔, 생각과 꿈을 정직하게 말할 수 있다. 그들은 상대방이 자신의 내면의 세계로 들어와 자신의 있는 그대로의 모습을 알 수 있도록 허락한다. 이러한 정직함은 또한 신뢰가 더욱 돈독해지고, 더욱 정직해질 수 있도록 도와준다.

서로에게 상처를 줄 때 의도적이든 그렇지 않든, 우리는 신뢰를 망가뜨리고 덜 정직하게 된다. 우리 대부분은 상처를 아물게 하기 위해, 때로는 무의식적으로 배우자와 거리를 두며 또다시 더 큰 상처를 받지 않도록 자신을 보호하려고 한다. 상처가 클수록 망가짐도 크다.

결혼에 있어서 흔히 발견되는 친밀감을 망가뜨리는 것은 한 번의 심각한 행동이 아니라 의논되지 않은 채, 치유되지 않은 채 내버려진 사소한 상처들의 축적이다. 결혼에 실패한 한 남자가 그와 아내가 맞게 되었던 상황에 대해 슬프지만 구체적인 글을 썼다.

> 어쨌든 우리의 결혼은 지옥 같지는 않았다. 그저 실망스러울 뿐이었다. 아내와 나는 서로 미워하지도 않았다. 그저 서로를 짜증나게 했을 뿐이다. 수년에 걸쳐 우리는 해결되지 않은 사소한 유감들을 창고 가득 모아왔다. 우리의 결혼은 마치 겉은 작은 실망들과 사소한 불평들로 치장되고, 내부는 부속품들이 더 이상 끼워 맞춰지지 않는 기계와 같았다.[1]

상처는 우리가 사랑 없이 상대를 대할 때마다 생겨난다. 즉, 상의 없이 중요한 결정을 내릴 때, 다정한 대화를 나누고 싶은 마음에 냉담함을 보일 때, 격려보다 비난이 우세할 때, 두 사람이 함께 보내야 할 시간을 다른 사람 혹은 다른 활동에 빼앗길 때, 선물도 없이 생일을 보내고 결혼 기념일을 기억조차 못할 때, 이기심과 게으름이 사랑 어린 행동을 대신할 때, 친절에 감사하지 않을 때, 안으려고 하는데 "내가 지금 바쁜 거 안 보여"라고 반응할 때….

사랑이 넘치는 결혼에서도 남편과 아내가 서로에게 상처를 주는 때가 있다. 가끔은 일부러 그럴 때도 있지만 대부분은 의도하지 않은 상처로, 이 경우 나로 인해 겪는 고통을 알지 못한다. 이러한 상처는 신뢰와 정직함이 자라기 위해서는 반드시 해결되어야 한다. 사실 상처를 해결하는 과정 자체가 더욱 큰 이해와 친밀함을 만든다. 그렇지 않은 곳에서는 마음을 둘러싼 벽은 높아져만 가고 시멘트는 단단해져서 친밀함이 조금도 남아 있지 않게 되거나, 때로는 결혼 자체가 사라져 버린다.

이 장에서는 과거의 상처를 해결하고, 그동안 세워진 벽들을 허물고, 이런 심각한 결과를 낳게 될 미래의 상처를 예방하도록 도와줄 도구를 제공하고자 한다. 그 과정은 복잡하지는 않지만 도전적이며 언제나 선택을 요구한다. 선택이란 이것이다. 상처가 곪아서 우리의 관계에 독이 퍼지도록 내버려 둘 것인가, 아니면 해결할 것인가. 해결하고자 하는 마음을 더 많이 열면 열수록 해결은 더 쉬워진다. 그러나 그렇지 못하면 비교적 사소한 문제가 우리를 갈라놓는 커다란 산이 될 수도 있다.

분노

상처를 받고 난 다음 때로는 아주 잠시 후, 그 다음 감정이 치밀어 오른다. 분노이다. 상처가 자신에 대해 느끼는 감정이라면 분노는 나에게 상처를 준 사람들에 대해 본능적으로 느끼는 감정이다.

그러나 분노라는 감정 자체는 나쁜 것이 아님을 아는 것이 중요하다. 관계를 망가뜨리는 것은 분노를 다루는 방법이다. 육체적으로 상처를 입거나 위협을 받았을 때 두 마리 동물이 보이는 행동은 전형적인 인간의 두 가지 반응을 설명해 준다. 코뿔소는 자극을 받을 경우 공격적으로 행동하며, 상대를 향해 돌격한다. 그와는 반대로 고슴도치는 위험에 처하면 공격자를 떨어지게 하기 위해 가시를 곤두세움으로써 보호막을 친다.

동물들이 공격에 대해 다른 반응을 보이는 것과 같이 사람들도 상처받고 화가 날 때 서로 다르게 반응한다. 두 가지 주된 행동 패턴이 있는데 결혼코스에서 거수해 본 결과 각 패턴에 속하는 수는 대략 반반인 결과로 나왔다. 사람들 중 반은 코뿔소와 비슷하다. 화가 나면 즉시 그것을 드러낸다. 나머지 반은 고슴도치 같다. 화가 나면 그들은 감정을 숨긴다. 그들은 조용해지거나 움츠러든다. 그들이 자신의 분노에 대해 아무 일도 하지 않는 것은 아니다. 그들도 분노를 표현하려고는 하지만 잘 드러나지 않을 뿐이다. 그들은 애정에 있어서 소극적이 되며, 갑자기 배우자의 말을 골라서 듣기 시작하거나 사람들 앞에서 배우자를 헐뜯는다. 이 그룹은 때로 자신들이 코뿔소보다 낫다고 생각하지만 사실 그들의 반응 역시 관계에 있어서는 코뿔소와 마찬가지로 해롭다.

우리와 같이 많은 부부들도 코뿔소처럼 반응하는 한 사람과 고슴도치를 닮은 한 사람으로 이루어져 있다. 앞 장의 사과 던지기 사건이 실라가 어느 편에 속하는지를 그림으로 보듯 설명해 주었다면, 다음 이야기는 니키가 성격상 어떤 반응을 보이는지를 보여 준다.

니키 이야기

실라와 나의 다른 점 중 하나는 저녁에 파티에 갈 때 떠나는 방법이 매우 다르다는 것이다. 나는 집에 갈 시간이라고 동의가 되면, 초대해 준 집 주인에게 고맙다고 말하고 작별 인사를 한 다음 떠난다. 그러나 실라는 작별 인사를 하기 시작한 다음, 그날 저녁 전체를 통틀어 가장 흥미 있는 내용이 될 대화 속으로 다시 빠져든다. 결혼생활 24년에 걸쳐 내가 발견한 것은 미리 생각해 둔 시간에 집에 도착하려면 수프가 나올 때부터 일어설 준비를 해야 한다는 것이다.

얼마 전 우리는 친한 친구의 생일파티에 갔다. 다음 날은 특별히 바쁜 날이었으므로, 우리는 파티에 가는 길에 자정에는 집에 도착하도록 하자고 결의했다. 이것이 가능하려면 집에 도착하기 위해 필요한 시간을 두 배로 잡아야 했기에 우리 두 사람은 11시 30분에 파티를 떠날 준비를 시작했다. 나는 적당히 작별 인사를 하고 실라에게 빨리 이야기를 마무리하라고 귀띔하고는 친구 집이 있는 거리 반대편 끝에 주차해 둔 차를 가지러 갔다. 나는 친구 집 바깥 비좁고 복잡한 런던 거리에 차를 주차해 놓고 실라가 나와 합류하기를 기다렸다.

15분이 지나도록 실라는 그림자도 보이지 않았다. 나는 다시 차를 주차하기로 결심했다. 처음에도 쉽지 않았지만, 두 번째도 결코 쉽지 않았다. 나는 다시 길을 걸어 올라와 친구 집으로 가 초인종을 눌러 안으로 들어갔다. 실라는 지하실 계단 맨 밑에 서서 안주인과의 대화에 푹 빠져 있었다.

파티를 망치지 않으려고 얼굴에 미소를 고정시킨 채 나는 실라에게 내가 그동안 계속해서 차 안에서 기다리고 있었으며 이제 자정을 넘겼다고 말했다. 실라가 대답했다. "어머, 난 당신이 간 줄도 몰랐어요." 그쯤 되자 나는 집에 늦게 가게 된 것에 대한 짜증뿐만 아니라, 그녀가 내가 없어진 것조차도 알아차리지 못했다는 사실까지 참아야 했다. 나는 다시 한번 차를 가지러 갔고, 약 10분 후에야 그녀가 나왔다.

집으로 가는 길에 우리는 파티 이야기를 나누었다. 실라는 그녀가 만난 사람들과 그들과 나누었던 재미있는 대화로 생기가 넘쳤다. 나는 겉으로는 유쾌한 척하고 있었지만 속은 부글부글 끓고 있었다. 대화를 계속하면서도 나는 내가 화가 난 것과 앞서 계획한 것보다 훨씬 늦게 잠자리에 들게 되었다는 사실을 말해야 할지 고민하고 있었다. 나는 실라의 즐거운 기분을 망치고 싶지 않았다. 하지만 한편으로는 실라처럼 편안한 마음이 되기도 힘들었다.

결국 나는 감정을 숨기려는 경향과 씨름 끝에 가능한 한 아무렇지도 않은 목소리로 말했다. "내가 차 안에서 15분이나 앉아 있었던 거 알아?" 실라는 말을 하다가 갑자기 멈추더니 가만히 나를 보았다. 그리고는 걱정스러운 목소리로 말했다. "어머, 세상에! 나한테 화났었겠네요?"

사실은 화가 났었다고 말하자 그녀는 즉시 말했다. "정말 미안해요. 제발 용서해 줘요." 일단 밖으로 얘기를 꺼내놓자 용서하는 것은 어렵지 않았다. 나의 노여움은 그것이 쌓이는 데 걸렸던 시간보다 훨씬 빨리 사라져 버렸다.

분노를 묻어 두려는 나의 성격은 감정을 토해내는 실라의 성격만큼이나 잠정적으로는 관계에 해를 끼칠 수 있다. 건강한 결혼생활을 위해서 실라가 자신을 표현하는 방법을 자제하기를 배워야 했던 것만큼이나 나는 내 감정을 이야기하는 것을 배워야 했다.

복수

상처와 그에 따르는 분노가 남아 있을 때 우리의 그 다음 본능적인 반응은 복수하고 싶어 하는 것이다. 상처에는 상처로, 모욕에는 모욕으로, 거부에는 거부로 우리는 앙갚음하고 싶어 한다. 이런 식으로 상처받는다는 것이 어떤 기분인지를 남편이나 아내에게 알게 해 주고 싶은 것이다. 아니, 똑같이 되돌려 주고 싶은 것이다.

언젠가 여름 휴가에 우리는 그리스 남단으로 드라이브를 했다. 마니라고 불리는 펠레폰네의 한 지역이었다. 날씨는 뜨겁고 인가도 드물었지만, 버려져 폐허가 된 마을이 여럿 있는 것으로 보아 한때는 많은 사람들이 그곳에 살았었다는 것을 알 수 있었다. 우리가 의아해 했던 것은 가옥의 일부인 탑이었는데, 탑은 대부분 높이 세워졌다. 우리는 곧 이 탑들이 같은 마을에 있는 가문들 사이의 해묵은 증오의 결과라는 것을 알게 되었다.

모욕을 당했다고 느낀 한 가문이 적들에게 돌을 던지거나 뜨거운 기름을 부을 수 있도록 자신의 집을 주변의 집보다 더 높게 세운 것이다. 그러면 이웃 사람들도 지지 않고 계속해서 유리한 고지를 차지하고 복수할 수 있도록 더 높은 탑을 세우는 것이다. 결국 이 해묵은 증오는 마을 전체의 붕괴를 가져왔다.

결혼에서도 양쪽이 모두 정의를 구현하고 복수하고자 혈안이 되어 있다면 똑같은 패턴이 나타난다. 이것은 어떠한 결혼도 살아남을 수 없는 패턴이다.

두려움

상처에 대한 세 번째 반응은 두려움이다. 또다시 상처받는 것이 두려워, 그 결과로 움츠러들게 된다. 이것은 특히 고슴도치처럼 자신을 지키기 위해 다른 이들과 거리를 두는 사람들에게 특히 해당될 것이다. 마음을 여는 것을 그만두고 깊은 대화를 단절시켜 버린다.

C. S. 루이스는 다음과 같이 말했다.

> 사랑한다는 것은 결국 상처받기 쉬운 상태가 되는 것이다. 무엇이든 사랑해 보라. 그러면 당신의 마음은 분명 쥐어짜듯 아파오고 어쩌면 깨질지도 모른다. 만약 당신의 마음을 완벽하게 보호하고 싶다면 누구에게도 마음을 주어서는 안 된다. 심지어 동물에게까지도. 취미생활과 작은 사치들로 마음을 조심스럽게 감싸고, 모든 얽힌 것들을 피하고, 이기심이라는 상자 혹은 관 속에 안전하게 잠가 두어야 한다. 그러나 안전하고 어두우며 아무런 움직임도 없는, 공기도 없는 그 상자 속에서 마음

은 변할 것이다. 깨지지는 않겠지만 깨질 수도, 뚫을 수도, 회복될 수도 없게 되어버릴 것이다.[2)]

죄책감

상처는 결혼에서 결코 일방적일 수는 없다. 우리는 상처를 받을 뿐 아니라 상처를 준다. 배우자에게 자신이 상처 준 부분을 인정하는 데 실패했을 때 우리가 안고 살아가는 죄책감은 대단히 파괴적인 힘을 가진다. 자신의 책임을 부인하는 데 따르는 자기기만은 빠르게 상대방과의 감정적인 분리를 이끈다.

상처의 네 가지 결과인 분노, 복수심, 두려움과 죄책감은 결혼의 표면 아래에 숨곤 한다. 가정에서의 이러한 해결되지 않은 상처의 위험성은 국제적으로는 옛날 전쟁이 발발하던 지역의 지뢰를 어떻게 제거하는가 하는 딜레마와 비슷하다. 눈에 보이지는 않지만 손발을 끊어내기도 하고 목숨을 앗아가기도 하는 것이다. 결혼생활에 있어서 겉으로 보기에는 모든 것이 좋아 보일 수 있지만, 한 사람 혹은 두 사람 다 조심조심 발을 디뎌야만 한다. 언제 폭발이 일어날지 모르기 때문이다. 신뢰와 솔직함의 상실은 대개 불평이 하나 둘씩 축적되면서 수년에 걸쳐서 서서히 쌓여지다가 마침내는 무너지고 만다.

결혼에서 이런 일이 일어날 때 그 증후로는 대화 부족, 비난, 분노의 폭발, 후회, 서로에 대한 무관심, 사랑을 나누고 싶은 욕구 감소, 따로 행동하기 등이 따른다. 또한 자기 비하, 우울증처럼 감정적으로 영향을 받을 수도 있으며, 어떤 사람들은 고통을 피하기 위해 스스로가 아무것도 느끼지 못하도록 만들기도 한다.

이혼 직전에 처한 사람들은 이러한 요지의 말을 하기도 한다. "더 이상 사랑을 느끼지 못합니다. 사실 아무것도 느끼지 못하겠어요. 마비된 것 같아요." 이것은 놀라운 일도 아니다. 마음속에 쌓여 있는 치유되지 않은 상처가 해결되어야만 긍정적인 사랑의 감정이나 로맨스, 매력이 돌아올 수 있는 공간이 생긴다. 사랑이 회복될 가능성이 전혀 없다고는 할 수 없다. 단지 상처와 분노로 인해 짓눌려져 있는 것이다.

소설가 발레리 윈저는 파리에서 휴가를 보내는 중 순간적인 충동으로 남편을 떠날 결심을 한 영국인 여인의 이야기를 하고 있다. 그들은 한때 결혼 속에서 가졌던 친밀함을 잃어버렸음이 분명하다.

> 내가 그럴 수밖에 없도록 만든 것이 무엇인지 생각하려고 노력하지만 전혀 알 수가 없다. 그 순간 그런 선택을 하도록 한 구체적인 이유가 무엇인지 말이다. 그날 오후는 참 묘했다. 나는 뭐가 잘못되어 있는지 알 수가 없다. 그날 오후엔 바람이 많이 불었다. 그 바람 때문이었는지 아니면 플라스틱 의자가 길바닥을 긁는 소리 때문이었는지 내 머리뼈 속에 이상한 기분이 들기 시작했다. 토니는 비싼 칵테일을 파는 카페 중 하나를 택했다.
>
> "여기면 되겠어?" 그가 말했다. "여기?" 그리고 그는 손수건으로 의자를 툭툭 쳤다. "아직 앉지 마." 그가 말했다. "아직 닦지 않았으니까." 하지만 나는 일부러 앉아버렸다. 마치 내가 흰 스커트를 입고 있기라도 한 것처럼 보지도 않고 말이다. 그런 일을 가지고 난리를 부리는 그이를 보면 화가 난다. 남자는 그런 일로 난리를 부려서는 안 된다. 남자는 그런 것을 눈치 채지도 말아야 한다. 나는 그렇다. 그렇기 때문에 그는 내가 그래야만 한다고 암시하고 있는 것이다. 내가 그런 것들을 전혀 눈치 채지 못하니까 어쩔 수 없이 자기가 해야만 한다는 것인가? 자기

의지와는 반대로? 내 머릿속의 이상한 기분은 마치 말벌이 해골의 빈 공간 속에 갇힌 것처럼 가늘고 높은 붕붕거리는 소리로 바뀌었다.

"뭐 마실래?" 그가 물었다.

나는 6월이라고 생각했다. 5월인지 6월인지 나는 잊어버렸다. 하지만 추웠다. 노천 카페에 앉아 있을 만하다고 느낄 만큼 따뜻하긴 했지만 또한 따뜻한 마실 것이 간절할 만큼 추웠다.

"커피." 나는 말했다.

그는 메뉴를 읽고 있었다. 그이 뒤로 강렬한 오렌지 빛 꽃이 피어 있는 화단이 보였다.

"플라스틱이야." 토니가 돌아보며 말했다.

"그래? 내가 보기엔 아닌 것 같은데." 나는 손을 뻗어 만져 보았다. 진짜이기를 바랐다. 살아 있기를, 보이는 것처럼 생명이 있기를 바랐다. 그러나 그가 옳았다. 물론 그것은 플라스틱이었다. 머릿속의 붕붕거리는 소리가 더 심해졌다.

"왜 그래?" 그가 물었다.

나는 거짓말을 했다. "말벌이 있나 봐."

"어디?"

"몰라."

그는 어떤 것도 불분명한 것을 견디지 못했다. "말벌이 있거나 없거나 둘 중 하나지."

"나도 왜 그런지 모르겠어." 나는 손가락으로 이마를 누르며 말했다. 그때 웨이터가 다가왔다.

"디럭스 커피." 웨이터를 쳐다보지도 않고 토니가 말했다. 나는 두 사람 분의 미소를 지어보여야 했다.

웨이터는 미소로 대답하며 테이블을 닦았다. 토니는 의자 뒤로 기대어

심호흡을 했다. "야, 좋은데." 그가 말했다. 그게 다였다. 우리 사이에 일어난 일을 요약하자면 그렇다. 아무런 전조도 없었다. 나의 형편없는 지도 읽기 실력 때문에 뇌이유에서 길을 잃었던 전날의 불쾌감은 잊혀져 있었다. 그리고 상호 이해에 의해 상상력 부족으로 결코 사랑과 연결시킬 수 없었던 불만족스러운 밤의 의식들을 절대 언급하지 않음으로써 평온한 표면이 흔들리지 않도록 했다.
나는 무릎 위에 손을 꼭 쥔 채로 앉아 있었다. 머릿속의 붕붕거리는 소리는 점점 더 가늘고 높아져갔다. 뼛속에서 흐느껴 우는 듯한 전자음이 들려왔다. 나는 벌떡 일어섰다.[3]

그녀는 그렇게 일어섰고 그녀의 결혼생활을 버린다. 실제로 해결되지 않은 감정들을 여전히 잔뜩 안고서 결혼생활을 떠나는 많은 사람들은 자신이 새로운 관계 속으로도 그 감정들을 가지고 간다는 것을 발견한다. 치유되지 않은 상처는 그 다음 관계가 깨어지는 원인이 된다. 그것도 먼저의 관계에서보다 훨씬 더 빠르게 말이다. 여러 번 결혼을 하지만 비슷한 이유로 잇따른 결혼의 실패를 경험하는 사람들에게서 우리는 이것을 볼 수 있다.

"해가 지도록 분을 품지 말고"(에베소서 4:26)라고 성경이 말하는 것은 당연하다. 분노는 표현되건 억압되건 반드시 해결되어야 하며, 관계가 성장하려면 밑에 숨겨진 상처들이 치유되어야만 한다. 정말 아름다운 소식은 바로 상처가 우리의 친밀감을 망가뜨리도록 내버려 둘 필요가 없다는 것이다. 다음 과에 설명되어 있는 과정은 어떤 이들에게는 힘들고 큰 대가를 치러야 하는 것일지도 모르겠지만, 우리와 우리의 결혼에 자유를 가져다줄 것이다.

9
친밀감을 회복하려면?

용서는 때때로 하는 행위가 아니다. 용서는 지속되는 태도이다.

마틴 루터 킹

문제의 핵심을 보기

친밀감이 상실되었을 때 종종 우리는 충분한 시간을 갖고 진지하게 그 이유를 찾지 않는다. 근본적인 원인보다는 징후들만 인식하는 것이다.

니키 이야기

1985년, 우리가 처음 런던으로 이사를 왔을 때 나는 교회를 섬긴다는 것이 신학대학에서 받은 훈련보다 훨씬 더 많은 것을 요구한다는 것을 알게 되었다. 엄청나게 비가 쏟아지는 가운데 교회 화장실 하수구가 막혀 버렸고, 우리 집 옆의 뒷길이 15센티미터 정도 물에 잠겨 버렸다. 교회 관리인인 데릭과 함께 나는 겨우 하수구 뚜껑을 열었다. 하수구는 완전히 꽉 차 있었고, 내용물들이 빗물과 순식간에 섞이기 시작했다. 그 홍수 속에서는 생각을 여유 있게 할 틈도 없었다.

수채 막대기로 막힌 것을 제거해 보려고 했지만 그것이 위에서는 불가능하다는 것을 깨달았다. 누군가가 허벅지 깊이의 하수구 속으로 들어가 막대기를 제대로 된 각도에서 맞춰야 했다.

내가 가겠다고 말하기도 전에 데릭이 벌써 밑에 내려가 있었다. 손에 막대기를 들고 냄새나는 물이 허리까지 올라오는 물 속에서 몸을 구부리고 있었다. 데릭은 내가 아는 사람 중에 가장 욕심이 없는 사람 중 하나이다. 그는 최대한 세게 막대기를 밀어 넣었고, 몇 분 후 음악 소리 같은, 꽐꽐거리는 소리가 나더니 막힌 것이 제거되었다. 순식간에 물이 빠져나가면서 시원하게 물이 빠지는 소리가 들렸다. 뒷길은 금새 깨끗해졌다. 우리는 호스로 깨끗한 물을 뿜어 뒷길을 청소했다. 냄새는 없어졌고 위험은 사라졌다.

데릭과 내가 막힌 곳을 해결하지 않고 물의 표면만 청소했다면 아무 소용없었을 것이다. 다음에 비가 오거나 누군가가 화장실 물을 내리면 뒷길은 또다시 넘쳐흘렀을 것이다.

우리가 어떻게 서로에게 상처를 주었는지를 살펴보는 것은 고통스럽고 번거로운 과정일 것이다. 따라서 우리는 본능적으로 그것을 피하려고 한다. 그러나 양쪽 모두 용기를 내어 과거와 직면한다면 그 결과는 엄청난 변화를 가져올 것이다. 해결되지 않은 상처와 분노가 축적되어 있을 때, 다음의 일들을 거쳐서 반드시 하수구를 뚫어야만 한다.

1. 상처에 대해 이야기하기
2. 미안하다고 말하기
3. 용서하기

이 과정은 상처를 깨끗이 쓸어가는 하수구 같은 역할을 하여 상처가 우리의 관계를 망치지 못하도록 한다. 며칠간의, 몇 주간의, 몇 달간의 심지어는 몇 년간의 해결되지 않은 문제들을 일단 청소해 버리고 나면, 그 후로 일어나는 모든 크고 작은 상처들은 그 즉시 해결해서 다시는 그렇게 쌓여가도록 하지 않겠다고 결심해야 한다.

결혼한 지 오래되었고, 고통스러운 문제들을 효과적으로 말하거나 해결할 수 없다고 느껴왔던 사람들에게는, 이 세 단계 과정이 오래 걸릴 것이며 매우 어려울 수 있다. 그러나 궁극적으로는 그들을 자유롭게 해 줄 것이다. 긍정적인 감정들이 즉시 돌아오지는 않을 수도 있을 것이다. 그러나 인내를 가지고 노력하면, 이 상처 치유의 과정이 몸에 배게 될 것이며 우리의 결혼은 더 나아질 것이다.

상처에 대해 이야기하기

실라 이야기

니키와 내가 결혼한 지 아홉 달쯤 되었을 때, 니키 친구의 스물한 번째 생일을 축하하기 위해 그녀 집에 잠시 머무르도록 초대를 받았다.

우리는 전원에서 여유로운 주말을 보낼 기대에 들떠 있었다. 그러나 그곳으로 가는 도중에, 지금은 그게 뭐였는지 기억이 나지 않지만 니키는 무슨 행동을 혹은 무슨 말을 해서 나에게 정말 상처를 주었고 언짢게 했다. 나는 몹시 화가 나 있었지만 그곳에 도착했을 때 이렇게 생각했다. '이것 때문에 주말을 망칠 순 없어.' 나는 아무렇지도 않다고, 중요한 일이 아니라고, 우리는 멋진 주말을 보내게 될 것이라고 스스로를 안심시키고 싶었다.

나는 잊어버리려고 노력했다. 나는 그 일을 눌러버리고 그 일이 곧 잊혀질 것처럼 꾸미려고 했지만, 사실은 점점 더 나빠져서 내 안의 감정은 부글부글 끓고 있었다. 나는 스스로에게 '내가 그이를 너무너무 사랑하니까 그이가 나에게 상처를 주어도 눈감아 줄 수 있어' 라고 생각한다고 해서 니키가 용서되는 것이 아님을 알게 되었다. 나는 어쩔 수 없이 그 사건을 자꾸만 반복해서 생각하게 되었다. 분노는 사그라들기는커녕 점점 더 커져만 갔다.

마침내 나는 더 이상 참을 수 없게 되었다. 내 기분이 어떠했는지 니키가 알도록 해야만 한다는 것을 알았다. 아마 나는 최악의 순간을 선택했던 것 같다. 파티가 시작하기 직전 말이다. 나는 그가 얼마나 상처를 주었는지 이야기했고, 니키가 사과를 하고, 내가 용서를 하는 전 과정을 모두 치러 냈다. 그것은 우리의 결혼에 있어서 새로운 발견이며 교훈이었다. 즉, 용서란 "아무렇지도 않아"라고 말하는 것이 아님을 깨닫게 된 것이다. 상처는 아무렇지도 않은 것이 결코 아니며 반드시 직면해야만 하는 문제이다.

과정 중 이 단계는 마치 하수구 속으로 들어갈 결심을 하는 것과 같다. 모든 것이 이상 없다고 꾸미는 것은 아무 소용이 없다. 상처는 바다에서 가지고 노는 커다란 비치볼과 같다. 어렵게 어렵게 공을 물 아래로 잠시 동안 밀어 넣을 수는 있지만 생각지도 않고 있을 때 공은 갑자기 물 위로 휙 떠오른다.

남편이나 아내에게 그들이 언제 어떻게 상처를 주었는지 반드시 이야기해야만 한다. 매정하게 혹은 판단하듯이 할 필요는 없다. 사실 아주 부드럽게, 가능한 한 쉽게 사과할 수 있어야 한다. 6과의 '나' 진술법을 연습해 보는 것도 좋다. 이는 포괄적인 비난이나 배우자의 인격을 공격하는 것이 아니라, 우리가 어느 구체적인 사건에서 어떤 기분이었는지를 남편이나 아내에게 알리려는 것이다. 데보라가 마일즈에게 그가 앤과 점심 식사했던 이야기를 듣는 것이 그녀에게 얼마나 고통스러운 일이었는지를 이야기했듯이 말이다(8과).

예를 들자면, "당신이 며칠 전 밤에 침대에서 내게서 몸을 멀리 떼었을 때 나는 거부당한 것 같아서 상처를 받았어요"라고 말하는 것이 "당신은 나에게 육체적인 애정은 조금도 보여 주지 않아"라고 말하는 것보다 훨씬 도움이 된다.

"크리스마스를 위해 집안 장식하느라 내가 얼마나 열심히 일했는지 당신이 몰라주니까, 나는 당신이 나를 도와주지도, 고마워하지도 않는 것같이 느꼈어" 하고 말하는 것이 "당신은 내가 하는 일에 조금도 고마워하지 않아"보다 훨씬 좋다.

"당신이 그 편지에 대해서 나에게 정직하지 않았다는 사실을 아직 극복하지 못했어요"라고 말하는 것이 "당신은 거짓말쟁이야. 난 당신을 믿을 수 없어"라고 말하는 것보다 대답하기가 쉽다.

"우리가 신혼여행 갔다가 돌아온 첫날 당신이 바로 술집으로 나가 버렸을 때 난 정말 화가 났었어"라고 말하는 것이 "당신한텐 나보다 친구들이 더 중요하지"라고 말하는 것보다 훨씬 도움이 된다.

"오늘 저녁에 당신이 친구들 앞에서 내가 '느려터졌다' 고 말했을 때 난 정말 모욕을 당한 것 같았고 상처를 받았어"라고 말하는 것이 "당신은 오늘밤 나에게 칼을 쑤셔 넣었어"라고 말하는 것보다 훨씬 부드럽다.

어쩌면 우리는 우리 배우자가 코뿔소 같다고 느낄지도 모른다. 마치 두꺼운 피부와 근시로 여기저기 돌격하면서 많은 것들을 망가뜨리고, 그러면서도 나에게 상처를 줬다는 사실을 까맣게 모르는 코뿔소 말이다. 상처를 밝혀내는 데 있어서 중요한 것은 남편이나 아내가 고의적으로 우리를 아프게 했는가, 그렇지 않은가가 아니다. 한 결혼생활 상담가가 말했듯이 말이다. "우리는 '이 결혼을 어떻게 망칠 것인가?' 를 미리 계획한 사람들은 거의 만나지 못했다."

'해가 지도록' 분을 품지 않기 위해서는, 크건 작건 간에 서로에게 준 상처를 해결할 정기적인 두 사람만의 기회가 필요하다. 결혼 초기에는 그럴 필요가 자주 발생하지는 않을 것이다. 그러나 아픈 일들을 다룰 수 있는 적절한 구조를 가지는 것은 중요하다. 머지않아 그것이 필요하게 될 것이기 때문이다. 아무리 조화로운 관계라도 말이다.

미안하다고 말하기

1970년대 영화 '러브 스토리' 는 '사랑은 결코 미안하다고 말하지 않는 것' 이라는 문구로 광고가 되었다. 이것보다 더 틀린 말은 없을 것이다. 진정으로 사랑하는 결혼 관계에서 우리는 자주 서로에게 사과해야 한다. 심지어 매일매일 사과해야 할 수도 있다.

우리 대부분은 자신의 실수를 책임지고 싶어 하지 않는다. 부모들은 그저 불쾌한 결과를 피하기 위해서 이를 악다물고 잘 들리지도 않게 잘못했다고 말하는 어린아이들에게서 이것을 볼 수 있을 것이다. 우리가 한 일을 합리화하고 자기 외의 모든 사람들 탓을 하는 것이 훨씬 더 쉽다. 어떤 사람들은 부모님들의 교육 방식을 탓하면서 자신들의 행동에 핑계를 댄다. 다른 이들은 "우리가 돈이 조금만 더 있었더라도…" 혹은 "내가 그렇게 많은 부담을 안고 살지만 않았더라도…"라고 말하며 환경을 탓한다.

니키 이야기

몇 년 전 병원에서 폐암을 앓고 있는 한 여인을 만났다. 그녀는 자기와 함께 기도해 달라고 나에게 부탁했다. 나는 기도 속에 회개 부분을 포함시켜, 하나님께 우리가 저지른 잘못들을 용서해 달라고 부탁했다.

그녀는 즉시 기도를 멈추고 눈을 뜨더니 나에게 말했다. "내가 저지른 잘못들을 용서해 달라는 말을 전 할 수 없어요. 아시겠지만 저는 나쁜 일은 절대 하지 않았어요. 모든 사람에게 친절하려고 노력했어요. 물론 가끔은 사람들에 대해서 좋지 않은 생각을 하곤 하지만, 가능한 한 빨리 마음속에서 그런 생각들을 몰아내거든요. 하지만 제 남편을 위해서 기도해 주실 수 있을까요? 왜냐하면 그이는 정말 성격이 나쁘거든요. 저를 종 다루듯 한다니까요."

나중에 비번을 서고 있는 간호사들과 이야기를 나누었는데 그들의 말에 의하면 그녀는 이제껏 다루어 본 환자 중 가장 까다로운 환자라고 했다.

우리 때문에 상대방이 어떻게 상처를 받았는지를 듣는 것은 결코 쉬운 일이 아니다. 그러나 우리는 상대의 입장에서 사물을 보기 위해 노력해야 한다. 우리의 남편이나 아내가 그들이 어느만큼 상처를 받았는지를 우리가 이해한다는 것을 알 수 있을 때 우리의 사과에 무게가 실릴 것이다. 그러나 우리가 얼마만큼 큰 상처를 주었는지 이해하지 못한다고 느낀다면, 그들은 우리가 아무렇지도 않게 또 그런 일을 할까봐 두려워할 것이다. 마일즈와 데보라의 이야기에서처럼 어떤 일들은 우리에게는 사소하게, 심지어는 우습게 보일 수도 있다. 그러나 그 사소한 일들이 배우자에게 깊은 고통을 주었다는 것을 알게 될지도 모른다.

효과적인 사과는 무조건적인 사과이다. "당신이 좀 더 이성적이었다면, 나도 그렇게 화를 내지는 않았을 거야" 혹은 "당신 때문에 우리가 늦지만 않았어도 편지 보내는 걸 잊어버리지 않았을 거야"라고 말하기보다는 자존심을 누르고 단순하게 이렇게 말해야 한다. "화를 내서 미안해" 혹은 "편지 보내는 걸 잊어버려서 미안해"라고 말이다.

마찬가지로 우리의 목소리와 몸짓이 말의 내용과 상충되어서는 안 된다. "미안해"라고 말은 하지만 사실은 이런 의미일 수도 있기 때문이다. "미안해. 하지만…" 혹은 "사실은 당신 잘못이었어."

순수하고 무조건적인 사과는 결혼에서 큰 힘을 발휘한다. 왜냐하면 우리는 더 이상 적이 아니며, 받은 만큼 복수하고, '이에는 이로' 식의 전쟁에서 상처의 포탄을 일제히 퍼부을 필요가 없기 때문이다. 우리는 갑자기 다시 한 편이 된다. 이것은 분노를 사라지게 하고 상처가 치유되게 한다.

용서하기

이것은 이 과정의 세 번째이자 대부분의 사람들에게 가장 힘든 부분이다. 용서는 필수적이며 결혼생활에서 치유하는 데 있어서 이보다 더 큰 힘을 가진 것도 없다. 3과에 나오는 제임스와 안나 사이의 화해 이야기는 용서 없이는 불가능했을 것이다. 우리는 그들에게 어떻게 서로를 용서하게 됐는지 상세하게 들려달라고 부탁했다.

제임스 이야기

안나는 1987년 1월 초에 나를 떠났다. 나는 직장 동료들에게 무슨 일이 일어났는지 그리고 왜 그렇게 됐는지를 이야기하려고 애썼던 것을 잘 기억하고 있다. 사실은 의사소통의 부족이 큰 원인이었다. 하지만 13년 가량이 지난 지금도 왜 우리의 결혼이 파탄에 이르렀는지 아직도 잘 알 수 없다. 내 친구들은 친절하고 동정심이 많았지만, 그들이 해 준 가장 희망적인 말이라고는 "시간이 가면 나아질 거야"가 고작이었다. 그러나 하루하루가 지나고 몇 달이 되어도 조금도 치유의 기미는 보이지 않았다. 정말이지 고통은 분노와 후회가 섞인 폭탄주가 되어가기 시작했으며 거기에는 더 큰 고통이 동반되었다.

아침에 일어나면 마치 내가 끝을 알 수 없는 깊고 어두운 구덩이에 빠져 있는 듯한 느낌이 들었던 것을 기억한다. 마치 정신이 마음 뒷편에서 조각조각나 있는 것 같아서 몇 분이 지나고 나서야 이전에 일어났던 일들을 기억할 수 있었다. 2년 전 아버지가 돌아가시고 난 후 몇 달 동안도 비슷한 느낌을 경험했었다.

마음에서 떠나지 않는 한 가지 일이 있다. 나를 떠난 지 몇 달 후, 안나는 우리 집으로 다시 와서 남아 있는 자기 물건들을 가져가고 싶어했다. 나는 현관문 자물쇠를 바꾸었다. 그녀를 믿지 못해서가 아니라 순전히 그녀에게 상처를 주고 싶었기 때문이었다. 정말 끔찍한 순간이었다. 내 행동이 옳지 못하다는 것을 알았지만 그런 내 행동을 멈출 수가 없었다. 이틀 후 나는 런던 상공을 날고 있었다. 휴가차 인도로 가는 길이었다. 그때 아래에 펼쳐진 런던을 보면서 내가 한 짓을 기억하고 주체할 수 없이 울었다.

1987년, 직장 동료의 초대로 홀리 트리니티 브롬프튼(HTB) 교회에 갔을 때 마음에 떠오른 것이 바로 이 일이었다. 나는 현관문 자물쇠를 바꾼 내 행동을 진심으로 후회하면서, 이젠 내 삶이 되어버린 길고 긴 그림자로부터 자유로워지기를 바랐다. 다시 한번 나는 울었다. 그러나 이 눈물은 다른 것이었다. 그 눈물은 안나를 용서하도록 도와달라는 부탁의 것이 아니라, 나 자신을 용서하게 해 달라는 눈물이었다. 나는 나를 위해 울고 있었다. 파탄을 가져온 나의 책임에 대해, 나의 무감각함에 대해, 우리의 관계가 지불해야 할 대가가 무엇이든지 간에 성공만을 좇았던 것에 대해. 예배를 마치고 떠나면서 행복해진 것은 아니었다. 바뀐 것은 아무것도 없었다. 안나는 여전히 다른 사람과 살고 있었고 이혼을 원했다. 하지만 나는 거의 1년 만에 처음으로 살아 있는 기분이 들었다.

어떻게 변화가 일어났는지는 사실 말할 수가 없다. 그저 나는 안나를 용서할 수 있는 나 자신을 발견했고, 내 몸속에 독과 같던 분노가 사라진 듯했다고밖에는 달리 표현할 수 없다. 그 한순간 하나님은 내 인생의 방향을 바꾸어 놓으셨다. 지금 나는 안나와 우리의 예쁜 두 딸들을 보면서 그분께 감사한다.

안나 이야기

제임스가 나를 완전히 용서했기 때문에 처음에는 마음이 한없이 편하기도 했지만, 동시에 혼란스럽기도 했다. 내가 했던 일을 한 번도 나에게 상기시키지도 않고, 그 일들을 가지고 어떤 방법으로든 나를 곤란하게 하지도 않은 채 모든 일들, 모든 상처들을 어떻게 진심으로 용서할 수 있단 말인가? 예수님을 알게 되고, 그분께서 나를 용서하셨다는 것을 알게 되면서 나는 하나님께서 제임스의 마음속에 놀라운 일을 행하셨다는 것과 "그 일에 대해서 날 정말로 용서했나요?"라고 내가 몇 번을 묻더라도 대답은 언제나 "그럼, 다시는 생각하지 말아라"라는 것을 확신하게 되었다.

제임스 이야기

사람들은 때로 이 특별한 전환점이 어떤 다툼도, 긴장도, 상처도 오해도 없는 천국과 같은 로맨스의 결과라고 생각하는 것 같다. 용서라는 행동은 한순간에 일어났다. 그러나 처음에 우리를 갈라서게 했던 이유를 찾아내는 복잡한 문제가 남아 있었다. 우리는 두 사람 모두 용서를 실천하는 과정에 참여하고자 했다.

나는 우리가 함께하게 된 새로운 삶이 하나님과 상대방 앞에서 가능한 한 솔직하게 마음을 열고 살겠다는 끊임없는 선택의 과정이라고 생각한다. 실수로 말을 하게 되면 우리는 이전보다 훨씬 빨리 서로에게 달려가 미안하다고 사과하고 용서를 구한다. 바로 이것이 하나님께서 역사를 시작하실 수 있는 시점이 되는 것 같다. 또한 우리는 하나님께서 주실 수 있는 모든 도움들을 우리가 필요로 한다는 것을 알고 있다.

용서란?

C. S. 루이스는 이렇게 썼다. "용서는 인간적인 정의를 벗어나는 것이다. 절대 용서받을 수 없는 일들을 용서하는 것이기 때문이다."[1] 그렇기 때문에 용서에는 큰 대가가 따른다. 자존심과 자기 연민과 정의에 대한 소망을 포기해야 하기 때문이다. 우리의 문화는 자신의 권리를 지키기 위해 할 수 있는 모든 것을 다하라고 강하게 말한다. 용서하

는 것은 정의에 대한 권리와 복수하고자 하는 욕심을 내려놓는 것이다.

우리는 배우자에게 우리를 용서해 달라고 요구할 수도 없고, 배우자가 똑같은 일로 다시는 상처를 주지 않으리라고 확신할 수도 없다. 때로는 배우자가 아무리 최선을 다하더라도 똑같은 일을 반복할 것이라고 의심도 하게 된다. 예수님께서 필요하다면 '하루에 일곱 번씩' 이라도 서로 용서하라고 가르치신 것은(누가복음 17:4) 과장이 아닌 것이다.

그렇다고 해서 육체적인 폭력이나 잔인한 말, 성적인 가해, 부정(不貞)을 너그럽게 봐줘야 한다는 것은 아니다. 그런 종류의 결혼 서약 위반은 신뢰를 배반하는 것이며 반드시 대항해야만 한다. 그러한 파괴적인 행동이 습관이 되고, 더 심한 가해 행위가 야기되리라는 염려가 있다면 제삼자와 더불어 맞서는 것이 최선의 길이 될 것이다. 이러한 상황에 처해 있는 사람들에게 우리는 게리 채프먼의 「이혼한 이들에게 전하는 희망」(Hope for the Seperated)과 제임스 돕슨의 「사랑은 강해야만 합니다」(Love Must Be Though)를 읽어 보라고 권한다.

용서의 물결

기독교의 메시지는 우리가 하나님께 나아와 순수한 마음으로 우리의 실패를 고백하면 하나님께서는 선물로 우리에게 용서를 주신다는 것이다. 예수님은 우리를 대신해 죽으시면서 우리가 저지른 모든 일들, 내뱉은 모든 말들, 그릇된 생각들의 결과를 감당하셨다. 하나님은 아무런 대가 없이 우리를 용서하신다. 우리가 다시 실패하리라는 것을 아실 때도 말이다. 하나님은 우리에게 용서의 본보기가 되어 주신다. 사도 바울은 이렇게 쓰고 있다. "서로 인자하게 하며 불쌍히 여기며 서로 용서하기를 하나님이 그리스도 안에서 너희를 용서하심과 같이 하라"(에베소서 4:32).

하나님께서 우리의 실패를 끊임없이 용서해 주신다는 믿을 수 없는 진실을 받아들이기 시작할 때, 하나님은 우리의 본보기가 되어 주실 뿐만 아니라 서로를 용서하는 동기가 되어 주신다. 우리는 그분의 관대함을 서로의 관계 속에서 메아리치게 해야겠다고 고무된다.

그러나 아무리 본보기가 있고 고무되어도 용서는 불가능한 목표처럼 느껴질 수 있다. "어떻게 하면 용서를 할 수 있단 말인가?" 사방이 꽉 막힌 것처럼 느낄 수 있다. 우리 마음속에서는 도무지 용서라는 것을 찾을 수가 없다. 정의가 실현되기를 바라는 마음뿐이다. 성경은 결과는 하나님께 맡기라고 반복하여 우리를 격려한다. "원수 갚는 것이 내게 있으니 내가 갚으리라고 주께서 말씀하시니라"(로마서 12:19). 우리 사건의 판결은 하나님께 맡기는 것이다. 이런 말씀도 있다. "악을 악으로, 욕을 욕으로 갚지 말고 도리어 복을 빌라 이를 위하여 너희가 부르심을 입었으니 이는 복을 유업으로 받게 하려 하심이라"(베드로전서 3:9). 되갚아 주겠다는 자신의 바람을 포기할 때 하나님은 우리를 돌보아 주시고 우리 삶에 축복을 부어 주시겠다고 약속하신다.

호수가 썩지 않으려면 물이 끊임없이 흘러들어오고 흘러 나가야 한다. 모든 관계에는, 특히 결혼생활에 있어서는 이 역동적인 용서의 흐름이 절대적으로 필요하다. 용서는 하나님으로부터 시작하여 우리 삶 속으로 흘러들어와야 한다. 그러나 그 용서를 병에 담아 두고만 있는 것은 아무 소용이 없다. 하나님의 도우심으로 우리는 우리 주변 사람들의 삶 속으로 용서가 흘러들어가도록 해야 한다. 특히 우리에게 가장 가까운 사람들의 삶 속으로 말이다.

용서는 선택이지 감정이 아니다.

용서는 서로에 대해 지나간 일을 더 이상 품고 있지 않기로 선택하는 것을 뜻한다. "용서하고 싶은 기분인가?"가 중요한 것이 아니다. 가끔 우리들은 전혀 용서하고 싶은 기분이 아니다. 오히려 중요한 것은 "용서를 할 것인가, 아니면 상처를 잊어버릴 것인가?"이다. 물론 상처의 정도가 너무 크기 때문에 용서하기가 더 힘든 것들도 있다. 때로 사람들은 우리에게 이렇게 말한다. "그이(그녀)를 용서할 수가 없어요", "할 수 없어요"라고 말하는 것은 사실 "하지 않겠어요" 혹은 "하는 방법을 모르겠어요"라고 말하는 또 다른 방법이다. 자주 사람들은 적당한 기분이 들 때까지 혹은 자신들이 용서하기 전에 정의가 실현되기를 기다리고 있다.

우리는 용서가 얼마나 힘든 것인가를 과소평가하고자 하는 것이 아니다. 제임스가 앞부분에서 말했듯이, 자주 하나님께 도와달라고 부탁해야 한다는 것을 말하고자 함이다. 우리가 의지적인 행동으로 용서하기를 선택할 때 용서의 감정은 따라올 것이다. 어떤 사람들에게는 빨리 일어나지만, 어떤 사람들에게는 서서히 오랜 시간에 걸쳐 일어날 것이다.

용서는 우리를 자유롭게 한다.

용서를 하면 그 용서가 오직 남편이나 아내에게 득이 될 것 같지만, 궁극적으로는 자신에게 득이 된다. 자유롭게 되기 때문이다. 기독교 작가 필립 얀시는 말한다.

> "원한이라는 말은 악순환이 멈춰지지 않고 거듭되었을 때 일어나는 결과를 표현하는 말이다. 그 뜻은 말 그대로 '다시 느끼기'이다. 원한은 과거에 집착하며, 반복해서 과거를 되살리며, 딱지가 생기는 대로 떼어 내어 상처가 절대 낫지 못하도록 한다."[2)]

코리 텐 붐은 라벤스부르크 포로수용소의 전쟁 포로였다. 그녀는 그곳에서 자매인 베치가 보초병의 손에 죽는 것을 지켜보아야 했다. 그녀가 쓴 「그는 포로들을 해방시키신다」(He Sets the Captives Free)에서 그녀는 전쟁이 끝난 후 그때 보초병 중 하나였던 사람과 마주치게 된 순간을 회상하고 있다. 그는 그리스도인이 되어 그녀에게 용서를 구하려고 찾아온 것이었다. 증오하고 복수하고 싶은 모든 인간적인 본능과 싸우고, 불가능한 일을 할 수 있었던 것은 오로지 침묵 속에서 하나님의 도움을 구했기 때문이었다. 그녀는 편지를 썼다.

> "그 순간, 용서를 할 수 있게 되자 나의 증오는 사라졌어요. 얼마나 큰 해방감이었는지! 용서는 원한의 문과 증오의 수갑을 열 수 있는 열쇠예요. 묵은 감정의 사슬과 이기심을 깨뜨릴 수 있는 힘이지요. 용서할 수 있을 때 느끼는 그 해방감이란!"[3)]

오직 용서를 통해서만이 지나간 관계들로 인한 고통에서 해방될 수 있다. 아이린은 남아프리카 출신의 젊은 여인으로 막 대학을 졸업하고 런던에서 일과 삶을 즐기고 있었다. 곧 그녀는 로저라는 나이가 많은 남자를 만났고 완전히 그에게 반해 버렸다. 그는 그녀에게 직장을 그만두고 자기와 같이 살자고 설득했다. 그녀는 임신을 하게 되었다. 그들은 결혼했고 런던 교외의 작은 마을로 이사를 갔다. 몇 달 후 그들의 아들 티미가 태어났다.

가족, 친구, 직장과 떨어져서 새로 태어난 아기와 집에만 갇혀 있게 된 아이린은 곧 끔찍한 생각에 사로잡히게 되었다. 그녀는 남편이 바람을 피고 있는 것이 아닌지 의심을 했다. 로저는 점점 더 많이 집을 비우게 되고 공중전화를 사용해야 하는 이유가 국가 기밀과 관련된 일을 하고 있기 때문이라고 설명했다. 황당한 이야기였지만 그는 상당히 그럴 듯하게 이야기했다.

아이린의 두려움은 어느 날 저녁 현실이 되었다. 그 마을에 살고 있는 한 중년 여인이 그녀의 집 문앞에 나타났다. 중년 여인은 손에 연애편지 한 통을 들고 있었는데, 그것은 로저가 그녀의 열여섯 살짜리 딸에게 보낸 것이었다. 로저와 소녀는 연인 사이였다. 중년 여인이 더욱 화가 났던 것은 그녀 역시 로저와 사귀고 있었기 때문이었다.

그녀의 남편은 모녀와 동시에 잠자리를 하고 있었을 뿐만 아니라 런던에도 정부가 있다는 것이 곧 밝혀졌다. 그는 나중에 아이린에게 그의 혼외 연애사건들이 시작된 것은 결혼식 바로 다음 날부터였다고 고백했다. 로저는 섹스 중독자였고 구제불능의 거짓말쟁이였다. 아이린의 세계는 완전히 무너져내렸다.

아이린과 로저는 몇 달에 걸쳐 상담을 받았다. 서서히 그녀는 성경의 원칙들을 실천에 옮기기 시작했다. 즉, 그를 용서하고 심지어 다시 사랑하는 것을 배운 것이다. 그것은 자신이 결코 할 수 없으리라고 생각했던 것들이었다고 그녀는 인정하고 있다. 하지만 그녀는 아름다운 결혼을 가꾸어갈 기회를 다시 받게 된 것이라고 느꼈다. 그러나 1년 후 로저는 마침내 아이린과 티미를 떠나 자신의 비서와 같이 살기 시작했다. 비서는 로저의 아이를 임신하고 있었다. 버림받고 혼자 남은 아이린은 로저를 향한 분노와 증오심이 자신의 생각 속에서 끊임없이 자라나고 있는 것을 발견했다. 여러 번 그녀는 자살을 생각했다.

그러던 어느 날, 기도를 하던 중 그녀는 자신의 용서하지 못함이 곰팡이처럼 그녀 자신을 먹이로 하여 점점 더 강하게 자라나고 있으며, 그것은 그녀가 내버려 두기 때문이라는 것을 깨달았다. 그녀는 의지적으로 결심을 하고 용서하기로 했다. 로저가 어떻게 자신에게 상처 주고 모욕감을 주었는지 마음의 비디오를 재생시키게 될 때마다, 그녀는 하나님의 용서하심 속에서 그녀가 구했던 모든 것을 다시 생각하려고 노력했다. 그런 다음 그녀는 로저와 그의 새로운 가정을 위해 기도하기 시작했다. 처음에는 이를 악다물고 기도를 했지만 얼마 지난 후에는 진심으로 기도할 수 있게 되었다. 서서히 분노와 증오는 사라졌다. 그녀는 짐을 벗게 된 홀가분함과 평화를 느끼게 되었고, 마침내는 자유를, 완전히 새롭게 시작할 수 있는 자유를 느끼게 되었다.

용서하기를 선택하면 '묵은 감정의 사슬과 증오의 수갑'의 무게에 짓눌림 없이 앞으로 나아갈 수 있게 된다. 처음에는 여전히 찌르는 듯한 고통을 느끼겠지만, 용서는 치유가 시작되도록 한다. 벌에 쏘였을 때처럼 침을 빼더라도 살갗이 금방 낫지는 않지만, 치유가 시작되도록 길을 열어 주는 것이다. 용서하더라도 지난날 있었던 일이 기억날 수 있다. 그러나 끊임없이 용서하면 그 기억들이 우리에게 갖는 힘은 점점 더 약해질 것이다.

용서하지 못함은 우리에게 상처를 준 사람과의 관계에만 영향을 끼치는 것이 아니라 우리가 맺게 되는 모든 관계에 영향을 준다. 따라서 제삼자에 대한 악한 감정을 계속 품고 있으면 우리의 결혼이 망가질 수도 있다.

우리 친구 중에 일본인이 있는데 그는 이전의 전쟁 포로들과 일본인들과의 화해를 위해 많은 일을 해왔다. 전쟁 동안 끔찍하게 고통을 받은 남편들이 그들을 괴롭혔던 사람들에 대한 용서를 표현할 수 있게 되었을 때, 아내들은 그들의 결혼생활에 변화가 생겼다고 말하는 사례가 많이 있었다. 남편이 다시 잠을 잘 자게 되었고 일상의 사소한 일들에 대해 화를 내는 일도 줄었다는 것이다.

시간은 그 자체만으로 상처를 치유하지 않는다. 오직 용서만이 그 일을 할 수 있다. 하지만 거기에는 과정이 따른다. 마치 양파 껍질을 까는 것처럼 용서에도 층이 있다. 자유롭게 되기 위해서는 일상적인 수준에서 반복되는 상처를 용서하는 것을 계속해서 선택해야 한다. 덜 용서할수록 용서하기는 더 힘들어진다. 하지만 일단 한 번 용서하면 다음 번에는 훨씬 쉬워진다. 그렇게 용서함으로써 멍든 감정은 서서히 치유되며 우리의 결혼생활도 진전될 것이다.

4장 - 용서의 힘
결론

과거의 상처와 분노를 해결하는 이 과정이 당신에게 새로운 것이라면, 특히 결혼한 지 상당한 시간이 지난 경우라면, 서서히 민감하게 진전시킬 필요가 있다. 하나님과 보조를 맞추어 나갈 수 있도록 하나님께서 인도해 달라고 기도한다. 우리가 어떻게 상처를 받았는지를 밝힐 때는 스스로 마음을 열 필요가 있다. 서로에게 부드럽게 대하여 남편 혹은 아내가 자신에게 동감한다는 것을 알게 해 주어야 한다. 신뢰가 깨진 곳은 회복되기까지 시간이 걸릴 것이다. 상처를 입었던 사람이 그 즉시 용서하고 회복되리라는 기대는 버려야 한다.

사도 바울은 사랑에 대해 설명하면서 사랑은 "악한 것을 생각지 아니하며(기록해 두지 않으며)"라고 고린도전서 13장 5절에서 전했다. 한번 상상해 보자. 결혼생활의 매일매일이 스프링 노트의 새로운 페이지와 같다고 말이다. 매일 우리는 아내나 남편에게 때로는 가벼운, 때로는 깊은 상처를 주는 말이나 행동을 하고 있지 않은가?

그 목록이 다른 날에 비해 긴 날도 있겠고 짧은 날도 있을 것이지만, 어쨌거나 매일 무언가가 그 페이지에 씌어지게 될 것이다. 이 일들을 직면하지도, 용서하지도 않는다면 그 페이지는 넘어가 버리고 손대지 않은 채 남아 있게 될 것이다. 그것은 원한과 증오의 목록이 쌓이기 시작하는 것을 뜻한다. 각 목록을 상세하게 기억하지 못한다고 해도 상처 입었다는 기록은 남아 있으며, 이는 언젠가는 우리의 관계 위에 새겨지고 우리의 친밀감을 고사시켜 버릴 것이다.

매일 용서하는 것을 배우는 것은 하루가 끝날 때 그 페이지를 찢어 내어 던져버리는 것과 같다. 그렇게 할 때 우리의 결혼생활이 매일 새롭게 깨끗한 종이로 시작하게 될 것이다. 누가 공격하고 누가 방어하는가도 없을 것이다. 서로의 악함을 기록해 두지 않은 채, 사랑 속에서 움직이게 될 것이다.

결혼의 네 번째 황금률

매일 용서하는 것을 연습하자.

제5장 양가 부모님

어린 시절의 추억이 행복한 것이든 슬픈 것이든,
우리와 부모님 사이의 관계가
평온한 것이었든 힘든 것이었든
우리는 같은 과거를 공유하고 있다.
우리는 같은 가계의 특징을 가지고 있으며,
같은 피에서 나왔으며, 같은 추억을 나누고 있다.
서로가 현재의 일부가 되기를 원하는 것,
서로의 인생에 관심을 가지는 것,
서로의 실패와 성공을 함께 나누는 것,
서로의 연약함을 도와주고 서로의 장점을 소중히 여기는 것은
자연스러운 일이다.

10
부모님들과 잘 지내는 방법

내가 열네 살 소년이었을 때, 아버지가 너무나 무식해서 나는 그 노인네가 근처에 있는 것조차 견딜 수가 없었다. 그러나 내가 스물한 살이 되었을 때, 나는 그 노인네가 칠 년 사이에 얼마나 많은 것을 배웠는가에 깜짝 놀랐다.

마크 트웨인

"부모님들은 이상해." 에이미가 말했다. "나이에 어울리지 않아."

아만다 베일[1)]

우리는 결혼에 미치는 가족 관계의 깊은 영향력을 과소평가해서는 안 된다. 가족은 복잡한 것이다. 어떤 가족은 몇 년 혹은 몇 세대에 걸쳐 내려오는, 말로는 표현되지 않는 가슴의 상처와 고통을 주기도 한다. 또 어떤 가족은 기쁨과 행복의 커다란 원천이 되어 그 물결 같은 영향력이 인생에 축복과 선함을 가져다주기도 한다. 가족 관계가 각 세대에 유익을 가져다주도록 하고 싶다면, 우리가 성장하는 과정에서 부모님과의 관계가 어떠해야 하는가를 먼저 이해해야 한다.

성장 - 가족들과 좋은 관계 만들기

아이였을 때 부모에게 완전히 의지하던 것으로부터 서서히 독립하게 되는 과정은 결혼생활을 위해 매우 중요하다. 우리는 아이에서 십대로, 그리고 성인으로, 마지막으로는 결혼한 사람으로 각각 다른 단계를 거치게 된다. 이 네 단계의 적절한 부모-자녀 관계를 설명하기 위해 우리는 네 개의 그림을 고안했다. 물론 이 그림이 제시하는 바에 딱 맞아떨어지는 가족생활은 없을 것이다. 편모나 편부 슬하에서 자라난 사람도 있을 것이다. 아이가 성장하기에 건강하고 행복한 가정을 만들어내는 사랑이 많고 능력이 많은 독신 부모 가정도 많이 있다. 이혼, 사별, 재혼, 양부모와의 가정도 있을 것이다. 그러나 각각의 단계를 거쳐가는 일반적인 원칙은 우리 모두에게 적용된다.

부부가 함께 다음 그림들을 보면서, 당신도 한때는 평범한 어린아이였다는 것을 기억하자. 이렇게 하는 것은 자신과 상대방의 성장 과정에 대하여, 그리고 부모님과 우리의 관계가 각 단계마다 적절하게 변화되었는지를 이해하기 위해서이다.

부모님들 그리고 그분들의 결혼의 장점과 단점에 대하여 솔직하게 이야기할 필요가 있다. 부모님들과 성인으로서 관계를 맺기 위해서는 부모님들을 완벽한 사람들로 보았던 어린아이의 환상을 버려야 하고, 십대 시절의 부모님들은 아무것도 제대로 하는 것이 없다고 여기는 일반적인 환멸감도 버려야 하며, 오직 그분들을 있는 그대로 보아야 한다. 당신이 이 일을 하는 데 각 네 개의 단계를 살펴보는 것이 도움이 되기를 바란다.

어린 시절

어린 시절에는 부모님들이 먹을 것, 마실 것, 잠, 청결, 온도, 건강 등 우리의 육체적인 필요들을 채워 주신다. 부모님은 또한 그림의 화살표가 나타내는 것처럼 우리의 감정적인 필요에도 책임이 있다. 여기에는 애정, 수용, 안전, 격려, 위로 등이 포함되었다. 감정적인 필요들은 그 결과들이 즉각적으로 보여지지는 않지만, 육체적인 필요만큼이나 절대적으로 중요하다. 부모님의 사랑을 경험함으로써 아이는 자신감을 얻게 되며, 자신감은 이후에 인생에서 사람들과 관계를 맺는 데 필수적인 요소가 된다. 관계는 언제나 위험을 감수하기 마련이다. 만약 사랑을 거부당하더라도 자신감을 가질 수 있어야 하기 때문이다. 부모님의 무조건적인 사랑의 경험이 우리로 하여금 이 위험을 감수하고 사랑 안에서 서로에게 손을 내밀 수 있도록 도와준다.

도표의 원은 부모님들이 우리의 안전을 위해 정해야 하는 경계선을 상징한다. 어린아이의 활동은 엄격하게 통제되어야 한다. 위험한 것들은 치워져야 하고, 놀기에 안전하지 않은 장소는 금해야만 한다. 어린아이였을 때, 우리들은 그러한 일을 적절하게 판단할 수 있을 만큼 성숙하지 않았다.

십대

십대 시절 자신의 모습을 기억하는가? 이 시기에 부모님들은 우리에게 점점 더 많은 독립을 허락하면서, 가능한 한 많은 부분에서 스스로 결정을 내리도록 허락해야 했다. 여기에는 친구의 선택, 여가 사용, 옷, 머리 모양(그럴 용기가 있다면), 방 꾸미기 등이 포함되었다.

이렇게 서서히 놓아주는 것은 완전한 부모의 통제에서 궁극적인 독립으로 옮겨가기 위한 필수적인 부분이다. 그러나 어린 십대로서, 우리는 여전히 우리의 활동에 경계선이 필요했다. 원에서 타원으로 변한 것은 정해진 한계선 안에서 자유가 더 늘어났음을 상징한다. 모든 결정을 스스로 내릴 만큼 성숙하지는 않았으며, 또 어쩔 수 없는 상황이라면 이러한 경계선이 가져다주는 안전함을 감사한다고 대개는 인정했을 것이다. 사춘기 시절은 자신의 정체성을 확립해 가는 시기이므로 우리는 스스로에게 많은 질문을 하며, 부모님의 변함없는 감정적인 지지가 필요하다.

이때즈음, 우리가 어떻게 하면 부모님께 도움이 될 수 있는지를 깨닫기 시작했을 것이다. 점선은 바로 이것을 상징한다.

성인이 되어감 – 집을 떠남

열여덟 살에서 스물한 살 사이에 우리 중에는 여전히 부모님과 함께 살고 있는 사람도 있었다. 그럼에도 불구하고 우리는 독립과 앞으로의 공부에 대한 스스로의 결정, 직업 선택, 다른 인간관계들, 돈의 사용 등등에 대해 배워 가고 있었다.

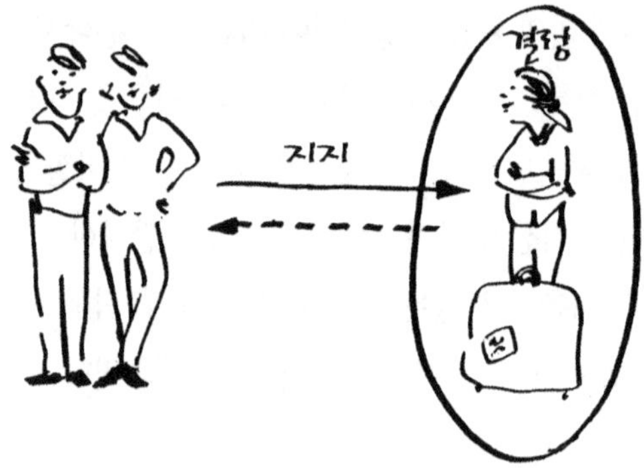

이 시기 우리 대부분은 계속해서 부모님께 충고와 재정적인 지원 (일이 잘 안 될 때), 위로 등을 기대했다. 그러나 이제는 훨씬 더 성인의 관계에 가까워졌다. 이상적으로는 우리는 덜 자기중심적이 되었으며 연락하기(집을 떠나 살고 있다면), 감사, 지지, 애정 혹은 격려와 같은 그분들의 필요를 깨닫는 등, 부모님들에 대한 우리의 책임을 인정하고 있었다.

결혼

많은 상황들이 다음의 그림보다 복잡해 보이겠지만, 우리의 특수한 상황이 무엇이건 간에 문제는 같다. 결혼한 부부인 우리를 둘러싼 원은 우리만의 가정을 꾸리고 우리 스스로 결정을 내리고 서로의 필요를 채워 주어야 할 필요를 상징한다. 우리의 가장 큰 성실함은 서로를 위한 것이어야 하며 부모님께 감정적으로 의지하는 것은 이제 그만두어야 한다.

이 성실함의 대상의 변화는 가족으로부터 우리 자신을 분리시키는 것을 의미하지는 않는다. 적절한 기초 위에 관계가 세워져 있을 때, 부모님들(그리고 형제자매들)은 결혼생활에 큰 버팀목이 되어 줄 것이다. 이것은 바로 우리의 경험이었다. 우리 부모님들은 사랑과 지지, 웃음과 친밀한 우정의 훌륭한 원천이 되어 주셨다. 우리는 또한 형제와 자매들 그리고 그 가족들과의 가깝고 특별한 관계를 소중하게 생각한다. 수백 마일 떨어진 곳에 살고 있지만 이 관계들은 우리와 우리 아이들의 삶에 중요한 역할을 하고 있다. 계속 연락을 하고 함께 시간을 보내기 위해서는 양쪽 모두의 노력이 필요했기 때문에, 이 관계는 수년에 걸쳐 가꾸어져야 했다.

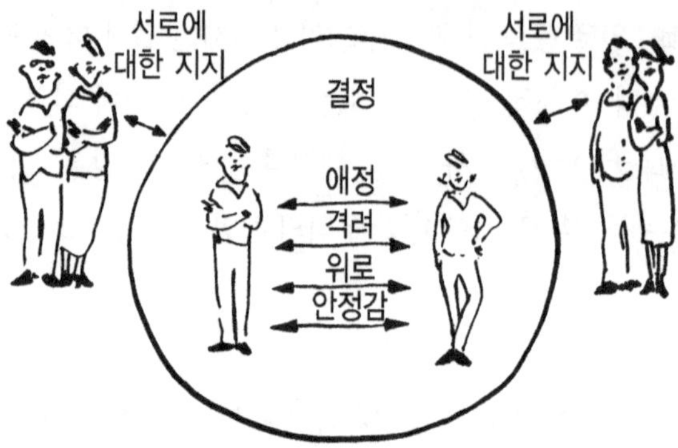

특별한 생일이나 기념일 외에도 크리스마스, 설날 그리고 학기 중간의 짧은 방학 때 확대 가족이 모이는 것은 서로 다른 세대가 만날 수 있는 소중한 시간이었다. 일상의 압박감과 요구 속에 이 특별한 관계가 쉽게 묻혀질 수도 있기 때문에, 이러한 기회들을 최대한 활용하는 것은 가치 있는 일이다.

다음 과에서 부부로서 우리의 독립성을 확립할 수 있는 방법을 살펴볼 것이다. 여기에서는 양가 부모님 그리고 확대 가족과 건강하고 상호 도움을 주는, 즐거운 관계를 만들어갈 수 있는 방법을 살펴보자.

합리적인 결혼 준비

미래를 계획하기 시작할 기회는 주로 결혼 준비와 더불어 찾아온다. 어떤 결혼식이든 준비 과정에서 감정이 예민해지기 마련이다. 여기저기서 고집스러운 주장들을 내세울 것이다. 어떤 부모님들은 마음속으로 오랫동안 이 날을 기대하고 준비해 오셨을 것이다.

"난 모든 것이 밝고 아름다웠으면 좋겠어-두 배로."

한편 신부와 신랑은 친구들로부터 이 날은 두 사람의 날이라는 말을 들을 것이다. 사실 이 날은 우선적으로는 부부의 것이다. 그러나 부모님들의 날이기도 하다. 왜냐하면 돈을 내는 것은 주로 부모님이고(인심을 후하게 쓰시면서), 또한 손님 중 다수가 나이 든 친척분들이거나 오래된 가족의 친구이며, 이 사람들의 생각이 부모님에게는 중요하기 때문이다.

계획과 준비 과정에 부모님이 참여하시는 것은 당연하다. 이것은 아들이나 딸이 결혼하기 전 마지막으로 베풀어 주는 것이며, 이렇게 함으로써 좀 더 쉽게 자녀들을 떠나보낼 수 있게 된다. 결혼식 준비는 여러 주 동안의 힘든 일이며, 약혼한 부부들은 결정해야 할 것들이 너무나 많은 것에 놀라곤 한다. 서로 다른 생각과 감정적인 상황, 피곤함이 한데 섞이면 갈등과 말다툼이 벌어진다. 참을성 있게 들어주고 가능한 한 타협을 해야 평화를 유지할 수 있다.

감사함을 보여 드리기

모든 부모님들은 자녀들이 감사함을 보여 주기를 간절히 바란다. 결혼식 전 몇 주는 좋은 기회이다. 행복하고 단란한 가정에서 자라지 못하고 부모님과 관계가 힘들더라도, 어렸을 때, 혹은 병이 났을 때처럼 그분들이 우리를 보살펴 주셨던 일을 얼마든지 기억해 낼 수 있을 것이다. 자식들을 위해 조금의 희생도 하지 않는 부모님들은 거의 없다. 어떤 부부는 부모님들에게 감사한 마음을 표현한 편지를 쓴다. 이것은 아들과 딸을 떠나보내는 부모님들의 기쁨과 자랑스러움을 몇 배로 크게 하며, 앞으로의 관계를 위한 바른 밑바탕을 만든다.

이미 결혼을 했다면 생일 카드나 어버이날 카드 등에 우리의 감사한 마음을 적어 보도록 기회를 찾아보자. 우리 친구 하나는 아버지의 60번째 생신에 자신이 자라오면서 그분께 사랑과 도움을 받았던 행복한 추억들을 담은 긴 편지를 썼다. 그녀는 이 책에 그 편지의 한 부분을 싣도록 허락해 주었다.

> 저는 우리가 함께 여행하는 걸 좋아했어요. 특히 둥근 양철통에 들어 있는 스카치 버터 사탕을 하나 받으면 최고였지요. 저는 또 아빠가 조금 우스웠다던가, 선생 티를 엄청 내는 선생님들에게 화가 나신 듯 학교 연극을 평하시는 것도 좋았어요. 그러면 저는 아빠가 선생님 편이 아닌 완전한 제 편이라고 느꼈죠. 전 한 번도 아빠가 선생님들보다는 저를 훨씬 더 믿어 주신다는 걸 의심한 적이 없어요. 그것이 흔하지 않은 일이었고, 정말 근사한 일이었다는 걸 이제는 알아요.
> 부모님 면담 날 저녁, 아빠가 제가 벌벌 떨었던 선생님에 대해 코웃음 치실 때도 마찬가지였어요. 전 기대에 가득 차서 복도에서 기다리곤 했어요. 언제나 축하를 받으려고요. 하지만 한 번도 지나친 적은 없었지요. 저는 언제나 아빠가 그 어떤 A학점보다도 더 높은 점수를 저에게 주신다는 걸 알고 있었어요. 어떤 강요도 없었죠. 그저 스스로 결정을 내릴 수 있는 넉넉한 자유뿐이었어요.

그녀의 아버지는 이러한 일들이 딸에게 어떤 의미였는지를 모르고 있었다. 그녀의 편지는 두 사람 사이의 친밀하고 특별한 관계가 유지되도록 도움을 주었고, 그것은 그녀뿐만 아니라 그녀의 남편과 자녀들에게도 유익한 것이었다.

연락하고 지내기

일단 결혼을 하면 부모님들과 어떻게 연락을 하고 지낼 것인가를 함께 계획해 보는 것이 중요하다. 정기적인 대화는 매우 소중하다. 그러나 매일 아침저녁으로 부모님과 전화 통화하는 습관은 배우자의 기분을 상하게 할 수도 있다. 특히 그러한 대화가 길어지거나 집에 돌아오자마자 이루어진다면 더욱 그럴 것이다. 서로 이야기하기에 가장 좋은 시간을 지키도록 신중한 결정을 내리자. 부모님을 위해서, 계속 연락을 하고 지내자. 그리고 결혼을 위해서 절제를 하자.

부모님을 얼마나 자주 만날 것인지는 함께 결정을 해야 한다. 둘 중 한 사람이 다시 부모님께 의존하려는 경향이 있다거나, 부담스러운 마음을 떨쳐버릴 수가 없다면, 자신들의 집에서 만나는 것이 더 좋을 것이다. 자연스럽고 편안한 분위기가 아니라면, 짧은 시간 자주 방문하는 것이 관계를 돈독하게 하기 위해 더 효과적이다. 짧은 시간 동안이라면 단란한 분위기를 유지하기가 더 쉬울 것이다. 반면 할 일도, 할 말도 없이 너무 오랫동안 있다 보면 긴장이 생길 수 있다.

한 여인은 자신이 시아버지를 싫어했으며 그와 함께 있는 것이 너무나 힘들었다는 이야기를 했다. 그러한 느낌이 하루아침에 바뀌어질 수는 없다. 그러나 자연스럽게 어울릴 수 없는 사람이라고 해도 그와 친해져야겠다고 마음을 먹는다면, 그 사람의 필요를 배려하고 그 사람의 관심사를 발견하다 보면, 시간과 더불어 그의 좋은 점을 더 많이 알게 될 것이며, 결과적으로 관계는 나아질 것이다. 남편이나 아내를 위하여 우리는 반드시 이렇게 하기를 결심해야 한다.

우리는 또한 어느 정도까지 부모님과의 관계를 유지할 것인가를 결정해야 한다. 많은 부모님들이 우리에게 큰 도움을 주신다. 특히 부부가 어린 자녀들 때문에 힘들어 할 때는 더욱 그러하다. 그러나 부모님들이 집 전체를 칠해 주시거나, 커튼을 전부 만들어 주시거나, 일주일에 두 번씩 아이들을 봐주시길 바란다면, 우리의 일상생활 속으로 지나치게 깊숙이 끌어들이는 것이다. 부모님들이 쓸모 있는 일을 해 주실 때만 관심을 보이는 것은 결코 사랑이 아니며 교묘한 조작일 뿐이다. 이러한 점을 함께 고민해 보면, 그분들이 매일매일 관여하지 않도록 우리의 생활을 이끌어나가는 것이 더 낫다는 결론을 내릴 수 있을 것이다. 우리는 부모님과의 친분을 유지해야만 하며, 그분들의 사랑을 이용해서는 안 된다.

갈등은 해결하도록 노력하기

부모님들과 관계가 좋다고 할지라도, 언제나 의견의 차이는 있기 마련이다. 긴장과 어려운 문제들은 9과에서 보았던 '대화하고, 사과하고, 용서하는' 것과 같은 원칙을 통해 반드시 해결되어야 한다.

우리는 한 부인을 만났는데, 그녀는 결혼한 7년 동안 내내 시어머니에게 무시당한다고 느끼며 살았다. 그들은 공통점이 거의 없었으며, 대화하기도 힘들었다. 반면 그녀의 남편은 어머니의 눈에 조금의 흠도 없었다. 아내의 상처는 다른 며느리들과 자주 부정적으로 비교당함으로 인해 더욱 쌓여만 갔다. 어떤 말들은 그녀의 마음속에 실제 크기보다 훨씬 강한 감정적인 반응을 불러일으켰다.

그러나 남편의 이해와 격려 그리고 하나님의 도우심으로 끊임없이 용서하고 사랑하겠다는 아내의 결심으로 인해 그 관계는 유지되었다. 그 결과 상황은 세월이 흐르면서 점차 나아져서, 요즘에는 함께 있을 때에 시어머니는 덜 비판적이 되었고, 아내는 더 자신감을 가지게 되었다.

이상적으로는 결혼을 하기 전에 과거로부터의 갈등을 모두 깨끗이 정리하는 것이 중요하다. 그렇지 않으면 분노, 적개심, 원한과 죄책감이 나중에 어떤 형태로든지 다시 표면으로 떠오르게 된다. 어떤 사람들은 자신은 절대로 부모님처럼 행동하지 않으리라 굳게 결심하며 결혼을 한다. 그들은 자주 이성을 잃거나, 서로에게 무관심하고 배려하지 않거나, 감정적으로 거리를 두거나, 아이들 중에 하나를 편애하는 부모님을 가졌을 것이다. 그러나 결혼 후 몇 달이 지나면, 그들은 점차 똑같은 방식으로 행동하기 시작한다. 이것은 그들이 부모님에 대한 분노와 원한의 감정을 해결하지 않았기 때문이다.

한 결혼 상담가의 분석에 따르면, 사람은 삶에서 생각을 집중하고 있는 것이 무엇이든 그것을 모방하는 경향이 있다고 한다. 부모님을 용서하고 앞으로 나아간다면, 그분들의 잘못과 단점에 집착하고 있던 것에서 벗어나 무의식적으로 그분들을 모방하던 것에서 해방될 것이다.

만약 관계가 깨어진 것에 우리의 책임이 조금이라도 있다면 부모님께 사과해야만 한다. 사과할 때 그분들을 원망하거나, 우리의 행동을 합리화하려고 해서는 안 된다. 그 결과는 오랜 경험을 쌓은 상담가인 메리 피치스가 들고 있는 예화에서처럼 놀라울 수 있다.

> 암으로 죽어가는 한 노부인의 감동적인 이야기를 들은 일이 있다. 그녀의 아들은 병원으로 그녀를 찾아온 후 집으로 돌아가 아내에게 어머니가 죽어가고 있으며 의사들도 이제는 어쩔 수 없다는 말을 했다. 이 말을 듣자 아내는 어머니가 돌아가시기 전에 그가 어머니와 해결해야 할 문제가 있다고 말했다. 그리고 그녀는 그가 훨씬 젊었을 때 집을 나와 1년 동안 어머니에게 전혀 연락도 하지 않고 지냈던 것을 상기시켰다. "어머니가 돌아가시기 전에 그 일을 바로잡아야 해요"라고 아내는 말했다. 남편은 그 말에 수긍했다. 그는 다시 병원을 찾아가 어머니에게 그

시절 자신의 행동을 용서해 달라고 했다.

그녀는 깊이 감동하여 기꺼이 아들을 용서해 주었고 집을 떠나야겠다고 느낄 만큼 그를 불행하게 했던 것을 용서해 달라고 했다. 두 사람은 완전히 화해를 했고 아들은 집으로 돌아왔다. 그 다음 주에 그의 어머니는 완전히 병이 나아 병원을 나왔다. 그녀는 그 후로도 몇 년을 건강하게 살다가 후에 노환으로 돌아가셨다.[2)]

부모님들의 필요를 배려하기

우리가 어렸을 때 부모님들(혹은 다른 보육자)은 우리의 필요를 보살피는 것을 우선으로 하셨다. 이제는 우리가 거기에 보답할 때이다. 자녀들은 부모님에게 완전히 의존하는 관계로부터 서로 도움을 주는 성인의 관계로 옮겨가며, 때로는 그 역할이 완전히 바뀌어서 부모가 자녀에게 완전히 의존하게 되기도 한다.

배우인 쉴라 핸콕은 딸인 멜라니 토우로부터 받았던 보살핌을 애정 어린 문체로 쓰고 있다. 그녀는 딸을 별명인 엘리 제인으로 부르고 있다.

몇 년 전 나는 암으로 병석에 눕게 되었고, 엘리 제인의 보살핌을 받았다. 내가 암에 걸린 것은 집착으로 인한 스트레스 때문이라고 절대적으로 확신한다. 나는 내가 모든 사람들을 구원할 수 있으리라 생각하면서 정신없이 뛰어다니곤 했었다. 그것은 나의 삶 속에서 내가 정말로 하고 있는 일을 보지 않기 위한 한 방법이었다. 나는 일반적인 치료를 받은 후 브리스톨 클리닉으로 갔고, 그때 엘리 제인도 함께 왔다. 그녀는 너무나 침착하고 헌신적이어서 우리의 역할은 완전히 바뀌어 있었다. 그녀는 흔들리지 않는 내적인 힘을 가지고 있었고, 그 모든 것이 나에게 얼마나 기절초풍할 만한 것이었는지 모른다. 만약 누군가가 그녀가 여자로서 이러한 모습이었다고 말해 주었다면, 나는 마구 웃었을 것이다. 나는 그애를 너무나 사랑한다.[3]

우리가 부모님에 대해 사회적인 책임을 지지 않게 되더라도, 우리는 여전히 그분들에게 인간적인 책임을 가지고 있다. 다섯 번째 율법, "네 부모를 공경하라"는 나이가 들거나 결혼을 하게 된다 해도 여전히 우리에게 해당된다. 부모님들은 나이가 점점 들어감에 따라 더욱 우리에게 의존하게 될 것이며, 우리는 그분들이 보여 주신 사랑과 희생의 일부만이라도 갚을 수 있는 기회를 가지게 된다. 여기에는 집안일을 보살펴 드린다든가, 재정적인 도움을 드린다든가, 미래의 계획을 세워 드리는 것 등이 포함될 것이다. 작가이자 방송인인 빅토리아 글렌디닝은 그녀가 다 자란 아들 매튜에게서 얼마나 많은 보살핌을 받고 있으며 그가 그녀에게 얼마나 소중한지를 다음과 같이 묘사한다.

그애는 언제나 주의 깊게 들으며, 내가 하는 말을 이해하며, 깊이 있고 재치 있는 대답을 해 주며, 헌신적으로 문제를 해결하려 하며, 자신은 결코 그 어떤 일에도 나를 채근하지 않는다.
한번은 얼마 전, 그애가 출근하려고 막 나서려는 찰나 내가 무슨 문제가 있다는 말을 했다. "문제요? 무슨 문제요?" 그러더니 그애는 부엌 식탁에 다시 앉았다. 마치 이 세상 모든 시간이 다 자기 것인 양.[4]

부모님이 혼자 살고 계시다면, 이야기를 나누고 같이 있어 드리는 것이 가장 필요하다. 십대 자녀들이 있는 우리 친구는 유일하게 살아 계신 조부모님을 자신들의 집에 모시고 있다. 이것은 부부와 할머니 모두에게 충분한 독립을 허락했을 뿐 아니라, 삼 대가 특별한 우정을 가지도록 해 주었다.

확대 가족의 소중함

> 신혼 부부들은 종종 어리석고 매정하게 그러나 한편으로는 용감하게도 그들을 키워 준 가족을 버린다. 내가 생각컨대 그들은 단순히 생각이 모자라기 때문에 그렇게 한다. 멀리 이사를 가고, 더 넓은 세계로 뛰어들고, 새로운 시작을 하는 것이다.
> 그러나 아이들이 태어나면 다시 그 가족이 슬금슬금 기어들어와 새 가족을 그 익숙한 메아리로 감싸게 허락하는 것이 유익하고 심지어는 즐겁기까지 한 때가 온다. 다시 말하면, 가족 관계가 당신에게 아무리 낡고 너덜너덜해 보일지라도, 당신이 앉아 있는 가지를 잘라낼 만큼 거만해지지는 말라는 것이다. 당신이 가족을 이루기 시작하면 이미 있는 가족은 기대하지 못했던 모든 종류의 새로운 모습을 보여 주게 될 것이다. 물론 뻔히 예상할 수 있는 문제점들도 있겠지만.[5]

물론 완벽한 확대 가족은 없다. 완벽하기는커녕 나이, 인격, 인생관

등이 각기 다르기 때문에 각자 다른 색깔을 가질 수 있다. 우리는 단출한 핵가족 시대에 살고 있으며, 같은 성과 족보를 가진 다른 사람에게 현관문을 닫아버리곤 한다. 그러나 그렇게 하면 쉽게 단편적이고 심지어는 폐쇄적인 사람이 되고 만다. 특별한 일이 있을 때 함께 모이면 어떨까? 리비 퍼브스는 그것을 권유하고 있다.

> 가족의 1년에는 달력에 표시해 두고 손꼽아 기다릴 수 있는 무엇, 즉 이정표가 필요하다. 그 날이 문화적인 유산이나 종교적인 신앙을 상징한다거나 아니면 1년 중 특히 지루한 시기에 그저 재미를 보기 위해서라고 말하며, 그 날에 의미를 부여할 수도 있다. 우리는 네 번의 생일날과 크리스마스뿐만 아니라 설날, 주현절(Epiphany), 팬케이크데이, 부활절, 추수 만찬(Harvest Supper), 가이포크스(Guy Fawkes), 노동절, 성 니콜라스 축일, 푸딩 목요일(요크셔 푸딩을 먹는 것밖에는 아무것도 없으니 좀 애매하긴 하지만) 등을 축하했다. 나에게 시간을 주면 셰익스피어 생일, 마이클마스, 미드서머 전야, 성 앤드류 축일, 성 패트릭 축일(스코틀랜드와 아일랜드 출신들을 위해서)을 기념할 수 있는 방법을 고안해 주겠다. 그리고 만약 미국 사람이 나를 찾아온다면, 기꺼이 추수감사절과 성촉절(Groundhog Day)을 첨가해 주겠다. 축하하는 데 돈이 많이 들 필요는 없다. 종이 깃발 한두 개에 그림을 그리고 식탁에 둘러앉아 식사를 하고, 할 수 있으면 게임을 하면 충분하다.[6]

친척들의 모임에는 유익한 점이 많다. 어른들은 나이 많고 지혜로운 분들로부터 보살핌과 사랑을 받을 수 있고, 우리 아이들이 앞으로 변하게 될 모습에 대한 살아 있는 예를 얻을 수 있다. 아이들은 사촌과 함께 있는 것을 좋아한다. 특히 고약하게 구는 사촌들을. 그리고 우리 모두는 오락가락하는 할머니와 고집 센 삼촌을 사랑한다. 이것은 진정한 삶의 즐거운 소동이며, 이것이 우리들을 만든다. 확대 가족이 없다면 비슷한 분위기를 만들 수 있는 다른 방법들이 있다. 우리 친구 중 하나는(독신 엄마인데) 올해 '참회 화요일'(Shrove Tuesday, 재의 수요일의 전날)에 팬케이크데이를 열어 각 세대를 다양하게 대표할 수 있는 20명을 초대했다.

대가족 이벤트가 그 역할이 있듯이, 세대를 건너뛴 특별한 관계를 키워 나가는 것 역시 그 역할이 있다. 부모님들과의 친밀한 관계는 우리에게만 유익한 것이 아니다. 할아버지, 할머니는 아이의 인생에 아주 특별한 역할을 할 수 있다.

니키 이야기

어렸을 때 나는 자주 토요일 오전에 어머니와 함께 할머니 집을 방문하곤 했다. 이 시간들은 나의 어린 시절 추억 중 특별한 부분이 되었다. 그리고 당시에는 생각하지 못했지만, 그것은 할머니의 필요도 충족시켜 주었다.

부모님들과의 관계를 유지하는 것을 통해, 아이들은 할아버지, 할머니와 친해질 수 있게 되며, 우리 자신은 아마도 부모님의 새로운 모습을 발견하게 될 것이다.

니키 이야기

나는 아버지가 우리 아이들과 놀아 주시는 모습을 보면서 그분의 친절함과 유머 감각이 얼마나 훌륭한지를 훨씬 더 잘 알게 되었다. 어렸을 때는 그분의 재능을 잊고 있었거나, 아니면 당연하게 생각했던 것 같다. 은퇴하신 후 아버지는 여가 시간이 많아졌고, 손자 손녀들이야말로 그 혜택을 듬뿍 받았다.

어떤 조부모들은 손자들의 인생에 아주 특별한 위치를 차지하게 된다. 또한 가족 중에 새로 태어난 아기는 가족 관계를 치유하거나 더욱 단단히 연결되게 해 준다. 바디 숍의 창시자 아니타 로딕의 딸 저스틴은 이렇게 쓰고 있다.

> 마이야가 태어나자마자 엄마가 내 아기를 그토록 예뻐하는 모습을 보고 나는 정말로 놀랐다. 엄마는 다시 한번 새롭게 모성애에 푹 빠지신 것 같았다. 나는 심각한 산후 우울증을 앓았기 때문에 엄마에게 갔다. 엄마는 밤새도록 한잠도 자지 않고 아기를 돌보아 주셨다. 새미(저스틴의 자매)와 내가 집에서 멀리 이사를 온 지금, 마이야가 가족을 이어 주고 있다고 생각한다. 마이야는 엄마와 아빠에게 새로운 연결 고리를 주었으니, 그분들의 관계도 도와드린 셈이다.[7]

많은 조부모들이 손자들을 곁에 두는 즐거움을 이야기한다. 궁극적인 책임도 없으며 하루가 끝날 무렵에는 돌려보낼 수 있으니 말이다. 그러나 조부모들도 모두 다르다. 어떤 분들은 손자들과 함께 시간을 보내기 위해 기꺼이 그 어떤 것도 포기하실 것이다. 그런 분들은 자주 아이들을 돌보아 주실 것이며, 아이들의 성장에 더 많은 영향을 끼치게 될 것이다. 어떤 분들은 아이들을 긴 시간 돌보는 것을 그다지 좋아하지 않을 수도 있다. 우리는 부모님께 너무 많은 것을 기대해서는 안 된다. 결국 그분들이 손자를 가져야겠다고 선택하신 것도 아니며, 부모들처럼 책임이 있는 것은 아니기 때문이다.

부모님이 돌아가셨거나 멀리 사신다면, 아이들이 다른 노인 분들과 친해질 수 있도록 도와주는 것이 좋다. 교회 공동체 안에서 이런 일들이 일어나고, 두 세대가 모두 즐거워하는 것을 볼 때 정말 흐뭇해진다.

서로를 이해하기

우리와 양가 부모님들과의 사이가 건강하고 즐거운 것이라고 해도, 갈등은 언제나 일어날 수 있다. 우리도 세대가 다르지만, 조부모와 손자 사이의 두 세대는 더욱 거리가 있다. 우리의 삶이 가장 치열한 시기에 접어들 때, 부모님의 삶은 천천히 내리막길을 걷게 된다. 서로를 이해하기 위해서는 많은 노력이 필요할지도 모른다. 고통스러운 병뿐만 아니라, 자녀와 부모에 대한 책임 중 어느 것을 우선순위에 놓을 것인가를 정하는 복잡한 결정과도 직면해야 한다.

때로 부모님들의 태도와 생각을 이해할 수 없어서 그만두는 것이 낫겠다는 생각이 들 것이다. 그러나 그럴 때에는 잠시 긴장을 풀고 그분들에게 없는 것을 판단하기보다는 그분들이 가진 것을 감사히 여겨보자. 부모님은 영원히 우리 곁에 계시지 않는다.

어머니를 알게 되는 과정에서 쉴라 핸콕이 했던 생각은 많은 사람들이 경험하는 감정의 다양한 모습을 보여 준다.

> 아버지가 돌아가신 후, 나는 어머니를 런던으로 모시고 왔고 어머니는 우리 집 근처의 작은 아파트에 사시게 되었다. 그때 나에게는 엘리 제인이 있었기 때문에 우리 사이에 어머니가 끼어들게 된 것이 싫었다. 내가 없으면 어머니는 당신의 작은 아파트에 완전히 혼자 계셨지만, 나는 나만의 삶이 있었으므로 어머니가 나와 항상 같이 있는 것은 원하지 않았다. 어머니는 너무나 불행했을 것이다. 그리고 나는 어머니에게 훨

씬 더 잘해드릴 수도 있었다. 그러나 어머니는 자신이 고통스러워하고 있다는 것을 나에게 알리지 않으셨다.

이제는 아이가 자라고 그들의 세계 바깥으로 밀려난 느낌이 어떤 것인지를 안다. 어머니에게 좀 더 손을 내밀지 않았던 것을 진심으로 후회한다. 어머니를 한 여자로서 더욱 잘 알지 못했던 것이 가슴이 아프다.

어머니의 생이 거의 마지막에 다가왔을 때, 나는 어머니를 돌봐드리고 있었다. 어머니를 씻겨드리다가 나는 말했다. "엄마는 코가 참 예뻐요." 그녀가 말했다. "나는 평생 동안 내 코가 싫었어. 너무 미운 것 같아서." 나는 내 어머니가 외모에 신경을 썼다는 사실에 충격을 받았다. 나는 말했다. "말도 안 돼요. 예쁜 코인데요. 내 코는 웃기게 생겼죠? 그러나 엄마는 정말 아름다워요." 어머니는 당신이 아름답다는 것을 전혀 몰랐다. 그러나 나 역시 한 번도 어머니에게 그런 말을 하지 않았던 것이다. 내가 한 말이라곤 "발표회 날 그 옷은 절대 입지 마세요" 뿐이었다.

그 단단한 껍질 밑에는 연약한 여인이 있었던 것이다. 더욱이 자신의 콧대 높은 딸이 공립중학교에 들어가고 당신보다 더 많은 교육을 받게 되었으니 말이다. 어머니는 나를 엄청나게 자랑스러워하셨지만 동시에 나를 두려워하셨다. 나는 때로 몹시 매정했고, 꼭 경멸 어린 방식은 아니었지만 대단히 기분을 상하게 하는 방식으로 나의 새로운 지식을 뽐냈었다. 지적으로 나는 부모님들을 앞질러가기 시작했고, 그때는 부모님들이 가지신 지혜의 소중함을 몰랐다. 그러나 지금은 분명히 안다.

RADA 기록 보관소에는 아버지가 교장 선생님에게 보낸 편지가 있다. 아버지는 "우리 딸이 재능을 가졌다고 확신하십니까?"라고 묻고 있었다. 부모님들은 나에 대해 몹시 두려워하셨고, 한편으로는 커다란 야망도 가지셨다. 내가 성공하기 시작한 것을 부모님들이 보시는 것이 나는 정말 기뻤다. 하지만 그분들은 그 세계에 몹시 주눅이 드셨다. 꼭 나처

> 럼. 내가 이사직에 있을 때 어머니는 "남편을 잘 보살펴 주어라"라며, 요즘 같은 시대에 딸에게 절대 하지 않을 말들을 편지에 써 보내셨다. 내 딸들은 다른 방식으로 나 때문에 창피해하고, 당황스러워한다. 나는 운전할 때 소리를 지르고, 험악한 말을 쓴다. 아이들이 학교에 다닐 때, 나는 엉뚱한 옷을 입고 나타나곤 했다. 꼭 우리 엄마처럼! 이제 나는 부모님들이 얼마나 특별한 분이셨는지 내가 좀 더 잘 알았더라면 하는 생각을 한다. 마찬가지로, 부모님들이 출발하셨던 곳과 그분들이 이루어 내신 것을 커다란 존경심을 가지고 바라보게 되었다.[8)]

어린 시절의 추억이 행복한 것이든 슬픈 것이든, 우리와 부모님 사이의 관계가 평온한 것이었든 힘든 것이었든 우리는 같은 과거를 공유하고 있다. 우리는 같은 가계의 특징을 가지고 있으며, 같은 피에서 나왔으며, 같은 추억을 나누고 있다. 서로의 현재의 일부가 되기를 원하는 것, 서로의 인생에 관심을 가지는 것, 서로의 실패와 성공을 함께 나누는 것, 서로의 연약함을 도와주고 서로의 장점을 소중히 여기는 것은 자연스러운 일이다.

11

부모님의 통제에서 벗어나기

부모가 우리에게 무언가를 더 주시기를 기다리면서 서성대지 않는다는 의미에서 우리는 부모를 떠나야 한다.

로빈 스키너와 존 크리즈[1]

웃음과 눈물, 목구멍에 울컥하고 걸리는 덩어리, 기대, 불안함, 흥분은 모두 결혼식 날의 일부분이다. 이것은 신랑과 신부에게도 해당되지만, 대개는 부모님도 마찬가지이다. 창세기에서 결혼식 날의 의미는 아주 간단히 설명되고 있다. "이러므로 남자가 부모를 떠나 그 아내와 연합하여 둘이 한 몸을 이룰찌로다"(창세기 2:24).

얼마 전 우리는 아들을 그 전날 결혼시킨 한 아버지와 이야기를 나누었다. 그들은 매우 단란한 가족이었고, 그는 새 며느리를 좋아했다. 우리는 결혼식 날이 즐거웠는지 그에게 물었다. 그는 대답을 하기 전 잠시 망설였다. "내가 느낀 것을 말로 표현하기가 힘드네요. 생각했던 것보다 훨씬 복잡했어요."

아들은 이미 여러 해 동안 집을 떠나서 살고 있는 상황이었지만, 결혼의 가장 중요한 부분은 아버지와 어머니를 떠나는 것임을 이 아버지는 잘 알고 있었다. 따라서 그날 그는 기쁨과 상실, 자랑스러운 마음으로 앞날을 기대하는 것과 향수에 젖어 옛날을 그리워하는 마음을 복합적으로 느낀 것이다.

니키 이야기

결혼식 예배를 인도할 때 특별히 가슴이 저며오는 순간이 있다. 신부의 아버지가 나에게 딸의 손을 건네주어 신랑에게로 인도하는 순간이다. 이 행동은 양가 부모 모두가 당신들의 아들과 딸을 떠나보내어, 부모의 손에서 서로의 보호 속으로 옮겨 보내 준다는 사실을 상징한다. 이것은 임신한 순간부터 결혼시키기까지 아이를 책임져왔던 세월의 최고 정점이다. 새로운 가족이 만들어진 것이다. 신랑과 신부의 부모님들은 한때 아이들의 삶에 가장 중요한 사람들이었지만 이제는 그 결혼을 위하여 한 발짝 물러나 새로운 방법으로 사랑하고 격려해야만 한다.

어떤 부모들에게는 아이들을 떠나보내는 것이 부모의 역할 중 가장 어려운 부분이다. 빅토리아 글렌디닝은 다음과 같이 회상한다.

막내인 시몬이 집을 떠났을 때 이것이 너무나 고통스러운 과정임을 깨달았다. 처음으로 집에 '아이'가 없었다. 나는 나 자신에게 아주 엄격한 메모를 써야 했다. 나는 기차에 타고 있었고, 얼굴이 눈물로 범벅이 되어 있었다. 요지는 나는 그 아이들에게 아무런 권리가 없으며, 아이들은 단지 나에게 맡겨진 것뿐이었으며, 아이들 모두가 매일같이 나에게 전화를 해 주기를 기대한다면 나는 괴물이고 바보라는 것이었다. 어떤 이들은 다른 이들보다 더 많은 교제를 바란다. 어떤 이들은 타고나기를 대화를 남보다 더 잘한다. 그러나 이것은 누가 누구를 가장 사랑하느냐와는 절대적으로 아무런 관계가 없다.[2)]

결혼의 필수적인 한 면이 부모를 떠나야 한다는 것임이 오늘날에는 간과되기 쉬운데, 적어도 서구 사회에서는 대부분의 결혼하는 사람들이 이미 몇 년 전에 부모님의 집에서 나와서 살고 있기 때문이다. 그러나 떠남의 의미는 육체적인 떠남이기보다는 심리적이고 영적인 것이다. 여러 해 동안 우리가 태어났던 집은 독립과 탐험이라는 점점 더 넓어져 가는 원 안에서 우리가 움직여 다닐 때, 중력의 중심이 되어 주었다.

그러나 그 중심은 언제나 그 자리에 있었고, 우리는 집으로 가장 먼저 돌아가야 했다. 나중에는 위로를 구할 때, 충고가 필요할 때, 돈이 떨어지거나 빨랫감이 잔뜩 쌓였을 때 집으로 돌아가기를 선택했다. 가족의 집은 권위와 공급과 안전이 있는 장소였다. 결혼 후에는 새로운 중심, 결정을 내리는 새로운 구조, 새로운 가정이 생긴다. 우리의 가장 큰 헌신과 성실함은 서로를 위한 것이어야 한다. 엄마의 치맛자락을 붙잡고 있던 손을 놓아야 한다.

이미 결혼한 지 오래 되었다 해도 우리가 부모님을 완전히 떠났는지 스스로에게 물어볼 필요가 있다. 다음의 질문에 대해 함께 생각해 보

자. 부모님 중 한 분이 나에게 내 배우자보다 더 중요한가? 나는 아직도 부모님에게 감정적으로 의존하고 있는가? 부모님들이 우리 인생을 조절하려고 하고 있지는 않은가? 나는 나의 결혼생활이 그분들의 결혼생활을 닮기를 기대하는가?

이 장에서는 우리 자신의 결혼을 지키고 키워나가기 위해 부모님의 옳지 못한 통제를 벗어날 수 있도록 도움을 줄 몇 가지 전략을 살펴보겠다.

부모님으로부터 정서적인 독립을 한다

결혼을 앞둔 한 여인이 자신의 어머니를 '나의 가장 좋은 친구'라고 우리에게 소개했다. 그녀는 어머니가 자신을 키워 주신 것에 대해 마땅히 해야 할 감사를 하고 있었지만, 이제는 남편을 신뢰할 수 있고 감정적인 지지를 받을 수 있는 가장 좋은 친구로서 보는 것이 그녀에게 필요한 성숙의 과정이었다.

이제는 새로운 가정과 서로의 관계가 중력의 새로운 중심이 되어야 한다. 부모님들이 어려움을 겪고 계시다고 해도, 우리의 성실함의 대상은 바뀌어야 한다. 작가이자 기자인 줄리 마이어슨은 자신의 경험에 대해 이렇게 썼다.

> 나의 어머니는 사랑하던 남자에게 버림을 받으셨었다. 그리고 나는 내 평생의 사랑을 만났다. 조나단은 어머니 대신 나에게 가장 중요한 사람의 자리를 차지했었을까? 아마도 그랬을 것이다. 조나단은 내가 엄마로부터 감정적으로 분리되지 않았다고 지적했다. 나는 엄마에게 모든 것을 말하는 열네 살 소녀였었고, 엄마에게 모든 것을 말하는 스물한 살

이 되어 있었다. 하지만 어느 정도 시간이 흐른 후에는 그렇게 해서는 안 되는 것이다.[3]

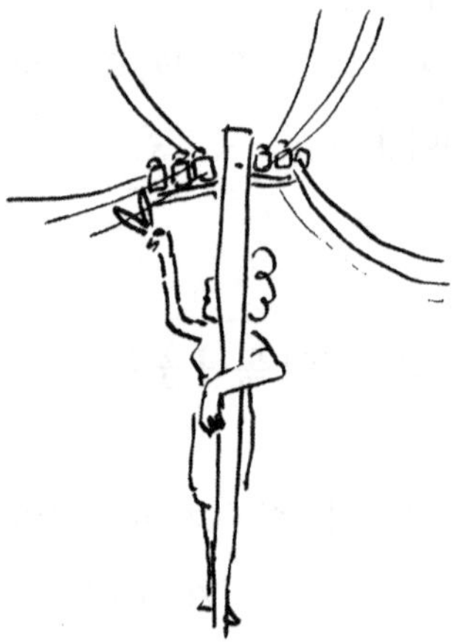

많은 결혼생활 속에서, 성실함의 대상이 바뀌어야 한다는 이 필요성이 한 번도 언급되지 않고 있다. 어떤 경우에는 부모가 자녀에게 건강하지 못하고 유익하지 않은 영향력을 계속해서 가진다. 이것은 배우자에게 서운한 마음을 품게 하고, 결혼생활에 긴장을 가져온다. 다른 경우 이것은 부모와 자녀가 스스로 결정을 해야 할 필요가 있다는 것을 깨닫지 못했기 때문일 수도 있다. 부모님 편에서 느끼는 불안과 두려움이 과도한 통제를 가져왔을 것이다. 어떤 부모들은 자신에게 필요한 애정과 지지를 충족하기 위하여 자녀에게 집착해 왔을 것이다.

부모가 자녀들의 결혼을 깨놓으려고 한다는 것은 상식적이지 않다. 만약 부모님들이 부탁받지도 않은 충고와 비난으로 부적절하게 참견을 한다면, 대부분의 경우 자기가 도움을 주고 있다고 생각하기 때문이다. 우리 공동의 책임은 그러한 방해를 친절하게 그러나 단호하게 거부하는 것이다.

만약 우리가 평생 동안 순종적이었거나 부모님이 자녀를 조정하고 강하게 통제해 왔다면, 이는 더욱 힘들 것이다. 우리가 무례하다거나 감사할 줄 모른다고 감정적인 부담감을 주실 수도 있다. 부모님의 요구를 들어드리지 않는 것이 불효처럼 느껴질 수도 있다. 스스로에게 나의 첫 번째 성실함의 대상이 어디에 있는가를 상기시켜야만 한다.

스스로 의사 결정을 한다

부부로서 함께 문제를 의논하고 결정하는 것은 결혼에 있어서 무엇보다 중요하다. 휴가, 돈의 사용, 집을 어떻게 꾸미고 어떤 가구를 들여놓을 것인가, 직업 선택, 자녀 양육, 방문 횟수 등등을 우리가 스스로 결정해야 한다.

1년 전 톰과 크리스틴이 결혼했을 때 두 사람은 그녀의 집에서 신혼살림을 시작했다. 병이 있어 몸이 약한 톰은 일주일에 나흘밖에 일을 할 수가 없었고, 게다가 그의 부모님들이 근처로 이사를 오게 되었다. 우리는 크리스틴에게 결혼생활이 어떤지를 물었고, 그녀는 두 사람 사이에 마찰을 빚었던 이야기를 들려주었다. 남편이 일하러 가지 않는 어느 날, 그녀가 집에 돌아와 보니 남편과 시어머니가 집안의 가구 위치를 바꾸어 놓았다. 다시 제자리로 돌려놓는 것은 어려운 일이 아니니, 그런 의미에서는 별로 중요한 일도 아니었다. 그러나 그녀는 그 일로 매우 기분이 상했고, 실제 일어난 일에 비해 다소 지나칠 정도였다. 톰이 왜 그토록 그녀가 그 일을 싫어했는지 이해하기까지는 시간이 걸렸다.

우리는 집이 결혼 전부터 그녀의 것이었기 때문에 더욱 거세게 반응했던 것이 아니냐고 물었다. 그녀는 어느 정도 상관이 있다는 것을 깨달았다. 그러나 진짜 문제는 가구에 대한 결정이 톰과 그녀 자신에 의해서가 아닌, 톰과 그의 어머니에 의해 내려졌다는 점이었다. 이것은 작은 일이었지만, 그것이 불러일으킨 감정은 무척 강한 것이었다. 이런 일이 계속된다면, 부부 사이에 심각한 분열을 가져올 수도 있다.

부모님들은 종종 자신들의 경험에서 나온 소중한 충고를 해 주시며, 부부가 그것에 귀 기울이는 것은 현명한 일이다. 그러나 주어진 충고를 취할 수도 버릴 수도 있는 자유가 두 사람에게 있다는 것이 가장 중요하다. 먼저 배우자와 상의하지 않고 부모님 중 한 분과 중요한 결정을 내려서는 안 된다. 또한 남편이나 아내에게 그들의 의견보다 부모님의 의견을 더 중요하게 여긴다는 인상을 주어서도 안 된다. 이렇게 하면 배우자는 자신감을 잃게 되며, 긴장과 갈등을 불러일으킨다.

부모님께 재정적으로 지원을 받고 있는 부부라 할지라도, 그 도움을 어떻게 사용할 것인가를 결정하는 것은 두 사람의 자유에 맡겨져야 한다. 우리는 남편은 미국인이고 아내는 영국인인 한 부부를 알고 있다. 그들은 지금 미국에서 부모님이 두 사람을 위해 지어 주신 집에 살고 있으며 부모님도 가까운 곳에 살고 있다. 아내는 특별히 집을 꾸미는 것에 대해 조심스러워했다. 시부모님들이 그녀의 취향을 다소 마음에 들어하지 않는다는 것을 알기 때문이었다. 그 결과 바깥으로부터 통제받고 있다고 느끼는 한, 자기 집이 진정으로 자기 집으로 느껴지는 것이 어렵다는 것을 이 부부는 알게 되었다.

이렇게 결정을 내리는 데 참견하는 것은 특히 아이가 태어났을 때 종종 더욱 심각해지곤 한다. 대부분의 부부들은 자기 자녀를 낳기 전까지 아이들을 돌본 경험이 전혀 없거나 거의 없다. 특히 부부가 자신들의 새로운 역할에 자신이 없을 때는, 부모님들의 충고는 비난이나 참견으로 여겨지기 쉽다. 게다가 우리가 부모님에 의해 자란 것과는 다른 방식으로 아이들을 키우겠다고 결정을 내릴 수 있는 어떤 부분들이 있을 것이다.

니키 이야기

우리 부모님들은 우리 식으로 가족의 삶을 발전시키도록 필요한 격려와 자유를 모두 주셨다. 그러나 문제가 될 뻔했던 의견 차가 생기기도 했다. 비교적 사소한 예이지만 이해에 도움이 될 것이다.

어렸을 때 내 머리카락은 한쪽에 정확하게 가르마를 타서 왼쪽에서 오른쪽으로 단단하게 빗어 넘겨져 있었다(지난 20년 동안 내 가르마는 너무나 넓어져서 지금은 어느 쪽인지 분간이 되지 않지만). 그와는 반대로 실라와 나는 아이들의 머리 모양에 훨씬 관대한 태도를 취했다. 아이들은 머리를 앞으로 빗기도 하고, 뒤로 빗기도 하고, 위로 빗기도 하고, 가운데 가르마를 타기도 하고, 염색을 하기도 했다. 때로는 머리의 두피에서 1밀리미터만 남겨놓고 머리카락을 자르기도 했다.

우리에게 이것은 아이들이 스스로 개인적인 선택을 하고 자신의 개성을 표현하도록 허락하는 한 방법이었다. 우리 부모님들은 훨씬 전통적인 입장에서, 이 머리 모양들을 항상 좋아하시는 것은 아니었고 그때마다 말씀을 하시곤 했다. 누구의 부모님이 말을 꺼내느냐에 따라 우리 중 한 사람은 마음 깊이 새겨진 부모님에 대한 효심으로 그분들의 말씀이 옳다고 말하고 싶은 유혹을 느끼게 된다. 그럴 때면 우리는 우리의 가족생활을 위해 그리고 우리가 동의한 것을 함께 지키기 위해 의식적으로 결정을 내려야 했다.

얼마 전 우리는 30년간의 결혼생활이 깨어진 이야기를 들었다. 그 이유는 아내가 매우 지배적인 자신의 어머니로부터 절대 벗어나지 못했다는 것이다. 오랜 시간 후에도, 부모의 참견은 여전히 문제가 될 수 있다.

서로 돕는다

우리 친구 중에는 첫째 아이를 낳은 직후 부모님과 의견이 달라 서로 얼굴을 붉히게 된 부부가 있다. 그 부부는 아이의 울음을 그치게 하기 위한 방법으로 고무젖꼭지를 쓰기로 했었다. 아내는 시어머니가 그 방법을 대단히 싫어할 것임을 알고 그것이 몹시 신경이 쓰였다. 더욱이 남편이 출장으로 여행을 가는 동안 시부모님과 함께 지내기로 되어 있었던 것이다. 일주일 동안이나 그것을 숨길 수는 없으리라는 것을 그녀는 잘 알고 있었다. 그녀 자신의 말을 빌자면, "시어머니 얼굴을 보기가 겁이 났어요" 할 정도였다.

그녀가 남편에게 자신의 느낌을 말하자 그는 말했다. "걱정하지마.

내가 전화 걸어서 해결해 놓을게." 그의 어머니는 전화에 대고 화를 버럭 냈다. "내 아이들은 한 번도 고무젖꼭지를 쓴 적이 없었어. 내 손자도 절대 그걸 입에 물고 있을 수는 없어." 언성을 높인 대화가 오가고, 남편은 어머니에게 이렇게 말하며 통화를 끝냈다. "됐어요. 내가 할 말은 다 했으니까, 다시는 이런 얘기 하고 싶지 않아요."

시부모님 댁에 가기도 전이지만 남편의 중재가 아내에게는 커다란 영향력을 가졌다. 그녀는 말했다. "나는 우리가 함께 이 결정을 내렸고, 남편이 제 편을 들어주었다는 걸 느꼈어요. 저에게 필요한 건 바로 그거였죠. 그 후로는 시어머니가 무슨 말씀을 하시더라도 신경 쓰지 않았어요." 사실 시어머니는 일주일 내내 고무젖꼭지에 대해 한마디도 하지 않았고, 그 후로도 다시는 그 이야기를 꺼내지 않았다.

결혼과 가정생활 상담 미국협회의 이사장이었던 데이빗 메이스는 이러한 충고를 한다.

> 남편과 아내가 동의한 사항을 확고히 지키고 함께 실행에 옮길 때, 이용하거나 조정하려는 시도는 예외 없이 실패한다. 그러나 조금의 약점, 남편과 아내의 화합에 조금의 금이라도 있으면 부모님들은 두 사람 사이를 갈라놓을 수 있다.[4]

우리는 연합 전선을 형성해야 한다. 그러기 위해서는 부모님 편들기를 거부하고 비난에 대항하여 남편이나 아내의 편에 서야 할 때도 있을 것이다. 서로를 오랫동안 변함없이 돕는 것은 강력한 효과를 가지고 있으며, 우리를 부부로 묶어 줄 뿐 아니라 부모님들에게는 분명하지만 부드러운 메시지를 보내는 것이다.

필요하다면, 경계선을 정하기

한 부부는 우리에게 남편의 아버지가 수년 동안 혼자 살아왔다는 이야기를 들려주었다. 그는 하루에도 몇 번씩 전화를 걸어왔다. 저녁 때 식사를 하려고 막 앉으려는 찰나나 막 잠자리에 들려는 순간에도 자주 말이다. 남편의 어머니는 그가 열다섯 살 때 돌아가셨고, 맏아들로서 그는 아버지와 매우 특별하고 가까운 관계를 가져왔다. 이것은 결혼하기 전까지는 아무런 문제가 되지 않았다.

그러나 일단 결혼을 하자 이것은 아내에게는 큰 문제였으며 그녀는 점점 더 기분이 상했다. 시아버지가 혼자 살고 있고 아들과의 관계가 당신에게는 너무나 중요했기 때문에, 아내는 남편에게 그런 얘기를 하는 것에 죄책감을 느꼈다.

결국 그녀는 이 상황을 어떻게든 해결해야 한다는 것을 알게 되었고 이렇게 말했다. "당신이 아버지랑 전화 통화하는 것 때문에 나는 점점 더 기분이 상해요. 전화가 오는 시간도 우리한테 좋지 않아요. 당신한테 일어난 일을 당신 아버지가 제일 먼저 들을 때는 난 소외된 기분이에요. 그리고 나서 나하고 얘기할 땐 당신은 똑같은 얘기를 전부 다 다시 할 수는 없잖아요." 그들은 이 상황에 대해 이야기를 나누었고 결론을 내렸다. 즉, 남편이 하루에 한 번 사무실에서 아버지와 통화를 하기로 했다.

처음에는 아버지가 여전히 매일 저녁 전화를 해오는 바람에 잘 되지 않았다. 그래서 남편은 아버지에게 말했다. "아침에 일어나시면 사무실로 저한테 전화를 주세요. 그때는 아버지와 즐겁게 통화할 수 있어요. 그렇지 않으면 문제는 해결되지 않아요."

아버지는 그 다음 며칠 동안 여러 번 전화를 걸어 왔다. 그가 저녁에 전화를 할 때마다 남편은 이렇게 말했다. "죄송해요, 아버지. 지금은 얘기할 수가 없어요. 아침에 저한테 전화해 주시겠어요? 그때 재미있게 이야기하자구요." 그렇게 2주가 지난 후 남편 말을 빌자면, 아버지는 두 손을 들었다. 아내는 그 후 두 사람의 결혼생활이 크게 변화되었다고 말했다. "남편은 우리의 결혼생활을 더욱 중요하게 생각하고, 우리가 함께하는 시간에 우선순위를 두고 있었어요. 그것이 저를 너무나 행복하게 했죠." 그녀는 또한 자신과 남편 모두가 아버지와 더 좋은 사이가 되었다고 말했다.

이러한 경우에, 첫 번째 해야 할 일은 곤혹스러움을 함께 이야기하고 서로의 감정을 이해하려고 노력하는 것이다. 이것은 쉬운 일은 아니다. 우리는 본능적으로 자기 부모님을 변명하고 그분들의 바람을 들어드리고 싶어 한다. 특히 부모님이 자신의 이상형이었거나 아프시거나 혼자 계실 때에는 더욱 그럴 것이다. 그러나 그 결과는 우리가 방어적이 되게 하거나 상대방의 입장을 무시하게 만든다. 어쩌면 문제를 인식조차 하지 않을 수도 있다. 우리는 남편이나 아내의 말을 주의 깊게 들어야 하며(4과에서 설명한 것처럼), 그것이 그들에게는 문제가 될 수 있다는 것을 인정해야 한다. 동감하며 듣는 것은 때로 상황 해결에 반은 다가간 것이다. 또한 배우자가 자신의 부모나 가족을 공격하고 있는 것이 아니라 정당하게 결혼 관계를 지키고자 한다는 것을 알아야 한다. 그래야만 어떤 행동을 취할 것인지 함께 생각하고, 필요하다면 외부의 충고와 도움을 구할 수 있게 된다.

한 신혼 부부는 아내의 부모님으로 인해 겪고 있는 어려움을 1시간 동안이나 설명했다. 부모님들은 딸의 인생을 계속해서 조정하기를 원했으며, 사위와의 관계를 키워가기 위한 아무런 노력도 하지 않았다. 이야기를 듣고 서로가 느꼈을 감정을 이해한 후, 그들은 앞으로 나아가기 위한 최선의 방법은 아내의 부모님들과 만날 약속을 정하는 것이라는 결론을 내렸다. 우리는 그들이 정확히 무슨 말을 할 계획이었는지 모르지만, 다음의 내용들을 포함할 것을 권유했다.

- 아내의 부모님들이 두 사람을 돕고 지원해 주신 방법들에 대해 감사하고 있다는 것.
- 아내의 부모님과 친밀한 관계를 계속 유지하기를 바란다는 것.
- 왜 남편이 소외감을 느끼고, 왜 이것이 두 사람의 결혼에 긴장을 가져오는지를(실제 예를 가지고) 설명할 것.
- 상황을 개선하기 위해 함께 노력할 수 있는 몇 가지 구체적인 제안을 할 것.

어느 토요일, 두 사람은 아내의 부모님을 만나러 갔고, 떠나기 1시간 전쯤 용감하게 이 다루기 힘든 문제를 꺼냈다. 분위기는 긴장으로 딱딱해졌다. 부모님들은 두 사람이 해야 하는 말을 듣고 싶어 하지 않았다. 그러나 그 다음 주에도 부부는 자신들의 방식으로 대화를 계속해 갔으며, 상황은 점차 나아졌다. 정면으로 맞서기는 고통스러운 일이지만, 길게 볼 때 대단히 가치가 있는 일이다.

서로를 가장 소중히 여기기

> 지금은 이혼한 에릭은 자신의 젊은 아내가 낯선 동네에서 네 살 된 아이와 갓난아기, 시간제 직장과 크고 썰렁한 집과 씨름을 하고 있는 동안, 그는 가끔씩 직장 근처에 있는 부모님의 집에 들러서 술 한잔과 수다를 즐겼다는 것을 인정한다.
> 발 밑에는 폭신한 카펫이 있고 팔꿈치 옆에는 집에서 만든 치즈 스트로가 한 그릇 가득 있는 그곳에서, 그는 그날의 승리와 노고를 자신의 어머니에게 장황하게 늘어놓곤 했다. 그녀는 관심을 가지고, 지적인 태도로, 그에게 자극을 주어가며 열심히 들어주었다. 언젠가 충분히 잠을 잘 수 있고 자기 양말 외에 다른 누구의 양말도 책임질 필요가 없게 되면, 우리 모두 그렇게 될 수 있듯이 말이다.
> 그가 집에 돌아와 보면 아내는 아이들을 목욕시키느라 완전히 녹초가 되어, 가망 없는 눈빛으로 냉장고에 든 음식들을 바라보고만 있었다. 그는 두 집과 두 여자들을 비교하지 않을 수가 없었다. 그것도 소리내서. 어머니와의 저녁 시간 중에 끼어들어 휘파람을 분 것은 결국 그의 아버지였다. 아버지는(당신 세대로서는 놀랍게) 며느리가 아이들을 재우려면 도움이 필요할 거라고 주의를 주었다. 그러나 그때는 이미 너무 늦었다. 에일린과 아이들은 그녀의 어머니 집으로 가버렸다.[5]

그러나 우리가 우선순위를 바로 가지고 있다면 꼭 그렇게 되지는 않을 것이다. 멜라니 토우는 자신의 어머니 쉴라 핸콕과의 관계가 지금

달라지긴 했지만, 더욱 강해진 과정을 설명하고 있다.

> 내가 어머니가 되었다는 것은 우리를 더욱 가깝게 해 주었지만, 한편으로는 우리의 관계를 바꾸어 놓았다. 이제는 책임의 방향이 바뀌었기 때문이었다. 나는 이제 나의 배우자와 아이에게 책임이 있었다. 엄마를 밀어내는 것처럼 보이기는 싫었지만, 아마도 그런 느낌이었을 것이다. 어머니는 이제 더 이상 내 삶에서 중요한 단 한 사람이 아니었던 것이다. 그녀의 역할은 바뀌었다. 그리고 엄마는 멋진 할머니이다.[6)]

12

어린 시절의 상처 치유하기

사랑은 상황을 바꾸는 힘이 있다.

앨런 스토키[1)]

과거는 현재에 영향을 주며, 마찬가지로 현재는 미래에 영향을 준다. 이것은 가족 관계 속에서 분명히 드러난다. 좋은 것이든 나쁜 것이든. 이 과는 어린 시절과 성장 과정이 결혼에 그림자를 드리우고 있는 이들을 위해 쓰여졌다. 그들은 상처투성이인 과거와 맞서기 위해 투쟁하고 있거나, 그때의 경험과 지금의 행동 사이의 관계를 인식하지 못하고 있을 수도 있다.

테드의 어머니는 활동적이고 강한 여자였다. 그녀는 넘치는 에너지를 소유하고 있었고, 그 에너지는 세 자녀들이 모든 일에 성공을 거두도록 몰아붙이는 데 쏟아부어졌다. 그녀는 자신의 인생에서는 채우지 못했던 야망에 사로잡혀 있었다. 테드의 형은 운동에 뛰어난 소질을 보였고, 누나는 두 가지 악기를 훌륭한 수준으로 연주했다.

어머니는 테드도 두 사람처럼 되리라고 언제나 기대했다. "테드, 넌 선발 팀에 들어가게 될 거야. 로버트 형처럼" 하고 어머니는 말했다. "방학에 두 주 동안 코치를 받을 수 있도록 해두었다." "안 돼. 필 집에 놀러 가면 안 돼. 일주일 동안 요트 강습에 등록해 두었거든. 그래야 내년에는 제인하고 같이 탈 수 있지." 테드의 인생은 그가 태어난 순간부터 계획되고 준비되어졌다. 그는 한 번도 싫다고 말할 수 없었고, 자신의 감정을 표현하도록 허락받지도 못했다.

그의 아내 줄리아가 주말에 호수지구로 자전거를 타러 가자고 했을 때, "왜 당신은 언제나 내 인생을 마음대로 조정하려고 하는 거야?"라는 그의 매정하고 날카로운 대답은 열띤 말다툼으로 이어졌다. 서로를 비난하는 말이 오고가고, 주말의 자전거 여행은 불꽃이 오고가는 동안 잊혀져 버렸다. 테드는 이제 신랄한 말로 전쟁을 끝내는 기술이 완벽의 경지에 다다라 있었고, 그 말은 대개 줄리아를 울리고 말았다.

자신의 인생을 조정하려는 어머니에 대한 분노와 억제되어 온 노여움은 세월이 흐른 뒤에도 남아 있었다. 그러나 그것은 어머니에게가 아닌 아내 줄리아에게 폭발되었다. 결혼생활에서 그토록 많은 갈등이 있게 된 원인에 대해 혼란스러울 뿐인 두 사람은 결국 도움을 구하게 되었다.

완벽한 부모님은 없으며, 우리 중 누구도 완벽하게 양육된 사람은 없다. 때로는 부모님의 잘못이 아니었으며, 때로는 부모님의 잘못이었다. 해결되지 않은 고통 혹은 분노는 그 원인이 죽음이나 오랫동안의 부재일 수도 있다. 혹은 부모님의 이혼이나 폭행(육체적인 것이든 감정적인 것이든), 과도한 통제 혹은 감정의 억압으로 인한 것일 수도 있다.

어떤 이들은 지능, 외모, 능력, 학교에서 얼마나 잘했는가, 혹은 집에서 얼마나 얌전하게 행동했는가 등의 조건에 따라 사랑을 받는 가정에서 자라났을 것이다. 무조건적인 사랑을 보여 주지 못한 부모님은 깊은 상처를 남긴다. 열쇠는 우리의 어린 시절 기억이 행복한 것이냐 고통스러운 것이냐 하는 것이다. 어떤 이들에게 이 기억은 너무나 고통스럽기 때문에 기억에서 지워버리는 것이 습관이 되어 성장 과정에서 그들이 느낀 것을 기억해내는 것이 쉽지 않다.

어린 시절 경험의 결과로, 때때로 배우자나 다른 제삼자에게 지나친 반응을 보이곤 한다. 이러한 반응은 남편이나 아내에게는 무척 당황스러운 것이다.

미란다는 결혼을 하자마자 시아버지와의 관계에서 큰 불편을 느끼기 시작했다. 아들밖에 없는 시아버지는 그녀 세대의 여자들과 이야기하는 것이 익숙하지 않았다. 그녀가 무력하게 느낄수록 그는 더욱 독단적이 되어갔다. 패트릭의 부모님을 방문하러 갈 때 여러 번 미란다는 눈물을 흘리고 말았고, 패트릭은 몹시 곤혹스러웠다. 상황은 너무나 나빠져서 크리스마스에 부모님 집을 방문해야 할 날이 다가오면, 그녀는 몸이 아파 오고 겁에 질리게 되었다. 패트릭은 이것이 문제임을 깨닫고 함께 도움을 구했다.

미란다가 어린 시절 많은 상처를 받았음이 드러났다. 그녀의 동생만이 언제나 귀여움을 독차지했다. 열여덟 살 때 미란다는 아버지에게 매를 맞고 집과 식구들을 떠나서 다시는 돌아오지 말라는 말을 들었다. 그녀의 부모님은 후에 이혼을 했다. 패트릭과 함께 이야기를 나누면서 미란다는 시아버지와의 관계가 어려운 것은 과거에 입은 깊은 상처의 결과로 인한 지나친 반응이라는 것을 깨달았다.

사랑이 있는 결혼생활과 하나님의 도움이 있다면, 이러한 상처는 치유될 수 있다. 빠른 치유법을 찾는 것은 도움이 되지 않는다. 하지만 시간과 더불어 감정은 변화될 수 있으며, 친밀한 관계를 맺는 능력은 회복될 수 있다.

어린 시절의 고통에 관해 두 가지 위험이 있다는 것을 알아야만 한다. 하나는 상처를 받은 사람이 가지는 절망감이다. 그들은 이렇게 말할 것이다. "내가 이렇게 행동하고 반응하는 건 나도 어쩔 수 없어요. 나는 희생자예요. 나는 원래부터 그래요. 그리고 그건 부모님 잘못이죠." 이런 식으로 책임을 회피해서는 안 된다. 어느 때라도, 혹 과거의 상처를 안고 있다 하더라도, 남편이나 아내를 포함한 다른 사람들에게 도움을 청해야겠다고 선택해야 한다.

두 번째 위험은 도움을 구하기보다는 그들을 비난하는 배우자의 이해 부족이다. 그들의 배우자는 치유가 가능하기는 하지만, 시간이 걸린다는 것을 이해할 필요가 있다. 깊은 상처를 입은 사람들은 경험이 많은 카운셀러의 도움이 필요할 수도 있다. 치유의 과정에서 그들은 배우자의 사랑과 격려, 기도로부터 많은 도움을 받을 것이다.

결혼에 영향을 미치는 특별히 고통스러운 어린 시절의 기억이 있다면, 다음의 사항들을 함께 이야기해 보라고 격려하고 싶다. 어느 단계에 걸리거나 자제할 수 없고 위험스러울 만큼 속상한 느낌을 발견하게 된다면, 목회자나 카운셀러의 도움을 구하는 것이 현명하다.

고통의 원인을 알자

앞의 시작 부분에서 우리는 자녀의 육체적, 감정적 필요를 채워 주는 부모의 역할을 살펴보았다. '어린 시절'과 '십대'의 그림을 다시 참고하여 스스로에게 물어보자. 나의 부모님, 혹은 나를 키워 준 사람은 어린 시절 이러한 필요를 충족시켜 주었는가?

상황을 정직하게 직면하는 것은 어려운 일일 수 있다. 대부분의 사람들은 부모님에 대한 깊은 효심을 가지고 있으며 그분들에게 감사할 줄 모르는 것처럼 보여지기를 원하지 않는다. 어린 시절 이러한 필요를 충족하지 못한 사람들은 쉽게 자신들이 사랑을 받지 못한 것은 자기 잘못이라고 생각한다. 그들은 자신이 사랑스럽지 않았거나 신경을 쓸 만한 가치가 없었기 때문에 부모님들이 자신을 긍정해 주지 않은 거라고 짐작한다. 중요한 것은 무엇이 부족했는가 그리고 이것이 지금 우리의 관계에 어떤 영향을 미치고 있는가를 정직하게 보는 것이다.

이렇게 하는 과정에서 분노와 같은 강한 느낌이나 슬픔, 거부당함, 공포, 부끄러움과 같은 다른 감정들과 부딪치게 되어도 놀라서는 안 된다. 이러한 감정들은 오랫동안 눌려져 온 것들이다. 결혼코스에 참석했던 한 젊은 여인은 자신의 어머니와의 관계에서 어려움을 겪어왔는데, 어느 날 저녁 내내 자기 방에서 신발들을 마구 집어 던졌던 일을 이야기해 주었다. 그녀는 이전에는 이 감추어진 분노를 깨닫지 못했었다.

만약 이러한 감정을 경험한다면, 언제든지 하나님에게 우리가 느낀 것을 말씀드리고 도움을 구할 수 있다. 정직하게 기도할수록 더욱 좋다. 성경은 하나님을, 우리를 지극히 사랑하시며, 모든 필요를 그분께 가지고 나오라고 격려하는 아버지이자 어머니로 그리고 있다. 시편 기자는 인간의 모든 다양한 감정들, 감사와 기쁨뿐만 아니라 분노, 갈등, 고통, 후회까지도 모두 하나님께 표현할 수 있었다. 우리도 마찬가지이다. 사도 베드로도 이렇게 말했다. "너희 염려를 다 주께 맡겨 버리라 이는 저가 너희를 권고하심이니라"(베드로전서 5:7).

함께 슬퍼하자

충족되지 않은 어린 시절의 욕구들은 일종의 상실감을 만들어 낸다. 남편이나 아내가 과거에 무엇이 부족했는가를 이야기할 수 있다면, 배우자는 그 감정들을 설명해내려 하거나 그 결과를 축소시키려고 하지 말고, 기꺼이 들어줌을 통해서 감정적인 도움을 줄 수 있다. 성경은 이렇게 말한다. "우는 자들로 함께 울라"(로마서 12:15). 애정을 가진 누군가에게 상실감을 솔직하게 말하는 이 과정 자체가 치유를 가져다주며, 슬퍼하는 과정을 도와준다.

남편이나 아내가 어린 시절 애정이나 확신, 도움이 부족했던 것을 기억한다면, 결혼생활 안에서도 이러한 감정적인 욕구들이 여전히 존재한다는 것을 무시함으로 인해 고통을 가중시키지 않도록 특별히 조심해야 한다. 어린 시절의 고통을 솔직히 드러내놓은 사람들은 배우자로부터 (요구해서는 안 되지만) 위로를 받을 필요가 있다.

상처를 준 사람들을 용서하자

9과에서 용서의 과정에 대해 썼다. 다시 요점을 짚어 보자. 첫째로, 용서는 의지적인 행동이다. 용서하고 싶지 않다 하더라도 우리는 우리에게 상처 준 사람들을 용서해야만 한다. 어떤 이들에게는 어린 시절의 경험이 '출입 금지 구역'이 되었을 것이다. 우리는 얼마 전 제니퍼라는 이름의 여인에게 편지를 받았다. 그녀는 결혼코스에 참가했었으며 자신의 양아버지를 용서해야 한다는 것을 깨달았다. 그녀는 이렇게 썼다.

> 양아버지의 이름은 존입니다. 엄마는 제가 일곱 살 때 그와 결혼해서 열다섯 살 때 이혼했습니다. 이혼 사유는 '정신적인 잔인성'이었습니다. 저의 어린 시절은 악몽과 같았습니다. 저의 가장 큰 소원은 어서 빨리 어른이 되어서 그 상황에서 벗어나는 것이었습니다.
>
> 저는 지금 서른세 살입니다. 2년 전 그리스도인이 되었지만 저는 이 기억의 짐들과 증오심을 지금까지 18년 동안 지고 살아왔습니다. 그것은 제 삶에서 '출입 금지 구역'인 한 부분이었습니다. 저는 괴로웠습니다. 어떻게 존이 한 행동을 '용서'할 수 있단 말인가요? 그렇다면 정의는 어디에 있는 거죠? 저는 어린아이였고, 희생자였습니다. 열다섯 살 이후로는 그를 만나지 않았고, 그는 용서를 구한 적조차(구걸한 적조차라고 말하고 싶습니다) 없었습니다.
>
> 결혼코스와 필립 얀시의 책 「놀라운 하나님의 은혜」(What's so Amazing about Grace?)와 하나님께서 제 삶 속에 이루신 일들을 통해 저는 이 일을 확실히 짚고 넘어가야만 한다는 것을 분명히 알게 되었습니다. 18년이 28년, 38년, 48년 그리고 끝도 없이 이어지기를 바라는 것이 아니라면 말입니다.
>
> 저는 며칠 밤을 잠도 자지 않고 기도하고, 울고, 또 기도했습니다. 그런 다음 저는 존에게 편지를 썼습니다. 그의 보호 하에 있는 동안 제가 겪었던 모든 상처와 고통을 용서한다고 했습니다. 편지를 쓰면서 저는 존이 자신의 삶의 일부가 제 삶에 끼친 결과를 알고나 있는지 의심스러웠

지만 그 부분은 하나님께 맡기기로 결심했습니다. 그러나 편지를 보내면서 저는 제가 자유를 얻었다는 것을 알았습니다.

우리는 나중에 제니퍼의 양아버지가 그녀에게 연락을 해왔다는 이야기를 들었다. 그는 자기가 준 피해가 무엇인지, 왜 자신이 그녀의 용서가 필요한지 이해하지 못했다. 그의 대답에도 불구하고 제니퍼는 그가 그녀에게 준 고통으로부터 완전히 자유로워졌음을 경험했다.

용서는 첫 번째, 의지적인 행동이다. 두 번째로, 끊임없는 결심이다. 깊은 상처를 입은 부분에 대해 우리는 매일 똑같은 상처를 입게 되더라도, 계속해서 용서할 것을 결심해야 한다. 의식적인 행동으로 용서를 하면 제니퍼처럼 감정이 따라올 것이다.

세 번째로, 제니퍼의 이야기에서 보았듯이 용서는 부모님(혹은 양부모님)이 우리에게 어떤 상처를 주었는지 이해하는가, 혹은 그분들의 태도가 변화하는가에 따른 조건적인 것이 되어서는 안 된다. 용서는 되갚아 주고 싶은 마음과 이제는 부모님이 나의 필요를 채워 주시겠지 하는 기대 두 가지 모두를 포기하는 것을 뜻한다. 이것은 그분들에 대한 의존에서 벗어나는 것에 포함된다.

우리에게 상처를 준 사람들에게 직접적으로 용서한다고 표현하는 것이 항상 권할 만한 일은 아니며, 실제로 항상 가능한 것도 아니다. 만약 부모님이 모두 돌아가셨거나 연락이 완전히 끊어졌다 해도 우리는 마찬가지로 그분들을 향한 분노를 내려 놓아야 한다. 다음에 그러한 감정들을 하나님께 맡기도록 도움을 주는 기도의 개략을 적어 보았다.

하나님의 사랑을 구하자

하나님은 그분의 가족의 일원이 되어 아버지이신 그분을 경험하도록 우리를 초대하신다. "영접하는 자 곧 그 이름을 믿는 자들에게는 하나님의 자녀가 되는 권세를 주셨으니"(요한복음 1:12). 우리의 삶을 하나님의 손에 맡길 때, 하나님은 우리에게 성령을 보내 주시며, 성령은 우리에게 그분의 사랑에 대한 확신을 주신다. "우리에게 주신 성령으로 말미암아 하나님의 사랑이 우리 마음에 부은바 됨이니"(로마서 5:5).

완벽한 부모로서 우리가 부모님에게 받지 못한 안정감을 달라고 하나님을 내 삶에 초대하고, 상실감을 치유해 달라고 부탁할 수 있다. 하나님은 우리에게 이렇게 약속하신다. "내가 무궁한 사랑으로 너를 사랑해 왔고 지금도 너를 사랑함은 변함이 없다"(예레미야 31:3, 개역 한글 성경에는 "내가 무궁한 사랑으로 너를 사랑하는고로"). 그러므로 그분의 사랑은 받아들여짐, 안전함, 관심, 격려 등과 같은 우리의 가장 깊은 욕구를 채워 준다. 부모의 사랑은 아무리 훌륭하다 해도 하나님이 우리에게 가지고 계신 강하고 변함없는 무조건적인 사랑의 희미한 그림자에 불과할 수밖에 없다.

다음과 같이 기도해 보자.

> "주님, 저를 아무런 조건 없이 사랑해 주시고, 아무 대가 없이 기꺼이 저를 용서해 주셔서 감사합니다. 부모님이 저에게 주신 좋은 것들로 인해 감사드립니다. (여기에 좋은 기억들을 말로 표현해 보자.) 이제 당신 앞에 부모님이 제게 주신 상처를 가지고 나옵니다. 그분들을 용서할 수 있도록 도와주십시오."
>
> (그런 다음 말한다.) "아버지 / 어머니(혹은 당신이 보통 쓰는 호칭)가 … (채워지

지 않은 어린 시절의 필요를 말한다)를 해 주지 않으셨기 때문에 저는 이렇게 느끼게 되었습니다. 그러나 저는 그분들을 용서하겠습니다.
주님, 완벽한 아버지가 되어 주셔서 감사합니다. 지금 저를 성령으로 채워 주셔서 당신의 사랑을 제가 경험함으로 알게 해 주십시오. 구하는 모든 사람에게 사랑의 성령을 주시겠다는 약속에 감사드립니다. 아멘."

이 장의 끝부분에 하나님의 약속 몇 가지를 실어 두었다. 이 말씀을 묵상해 보자. 하나님이 당신을 무조건적으로 사랑하신다는 것을 과감하게 믿어보자. 그렇게 하면 하나님은 채워지지 않았던 어린 시절의 필요들을 안정과 위로의 느낌으로 서서히 바꾸어 주실 것이다.

앞으로 나아가자

부모님을 용서하면 어린 시절의 욕구를 만족시키기 위한 보이지 않는 동기로 인해 내가 비이성적으로 행동해 왔고 다른 사람들의 기분을, 특히 내가 가장 사랑하는 사람의 기분을 상하게 했다는 것을 알게 될지도 모른다. 특별한 이유 없이 남편이나 아내에게 분노를 폭발시켰을 수도 있고, 거부하고, 스스로를 미워하고, 나를 사랑하고 나에게 가까이 다가오려고 노력하는 사람들을 밀어내었을 수도 있다. 지나치게 자주 부모님을 방문하거나 전화를 걸어 나의 성공을 이야기했을 수도 있다. 어린 시절 그토록 듣고 싶었던 "잘했다"는 말을 듣기 위해. 때로 불가능할 정도로 어려워 보일 수도 있지만, 하나님의 도우심과 남편이나 아내 그리고 (필요하다면) 다른 사람들의 격려가 있다면 우리는 이러한 행동을 버릴 수 있다.

변화는 우리를 불안하게 한다. 빅터 프란켈은 전쟁이 끝날 무렵 수

용소에서 살아남은 유대인들이 맞이한 해방을 이렇게 묘사했다.

> 죄수들은 태양 아래로 걸어나왔지만 그 빛이 너무나 눈이 부셔서 다시 자신의 감방으로 들어갔다.[2]

때로 우리들은 불완전함이 명백한 관계와 이전의 행동 패턴이라는 익숙함과 안전함 속으로 차라리 돌아가기를 바란다. 앞으로 나아가다 보면 폭로되는 듯한 느낌이 들고, 다시금 확신이 필요하게 되는 것은 당연하다. 그러나 이것에 놀라거나 뒤로 물러서서는 안 된다.

한 사람이 배우자의 비이성적인 행동을 참아 왔다면, 그의 변화가 즉각적이기를 기대해서는 안 된다. 오래된 반응 양식이 새로운 것으로 바뀌려면 시간이 필요하다. 그러므로 부드럽게, 인내를 가지고 격려해 주자.

희망을 갖자

이 장은 모든 사람을 위해 쓰여진 게 아니라, 어린 시절의 해결되지 않은 분노와 고통이 관계에 큰 장애가 되는 사람들을 위한 것이다. 이 장이 당신의 삶과 연관이 있다면 우리는 당신의 결혼생활을 위해 많은 감정적인 에너지가 소모되겠지만, 이 고통스러운 문제들을 함께, 그리고 필요하다면 다른 사람의 도움도 받아서 해결하라고 격려해 주고 싶다. 확대 가족과의 관계를 회복시키려는 시도는 보상을 받을 수도 있지만 받지 못할 수도 있다. 그러나 여전히 우리 자신의 결혼을 위해서는 그럴 만한 가치가 있다.

우리는 하나님 안에서 완벽한 아버지를 갖게 되었다. 그분은 “노하기를 더디하시며 인애가 크신"(요나 4:2) 분이시다. 언제나 기꺼이 우리의 이야기를 들어주시며, 위로하시고, 도와주신다. 만약 부모님이 우리를 사랑해 주지 않으셨다면, 처음에는 이것을 받아들이기가 힘들 것이다. 이 과정을 끝까지 해나가기 위해서는 고린도전서 13장의 유명한 말씀인 사랑은 "언제나 모든 것을 참으며 모든 것을 믿으며 모든 것을 바라며 모든 것을 견디느니라"의 영감과 격려가 항상 필요할 것이다.

여기에 많은 이들에게 확신을 주는 하나님의 사랑의 약속을 모아 보았다.

> "여호와께서 그를 황무지에서, 짐승의 부르짖는 광야에서 만나시고 호위하시며 보호하시며 자기 눈동자 같이 지키셨도다 마치 독수리가 그 보금자리를 어지럽게 하며 그 새끼 위에 너풀거리며 그 날개를 펴서 새끼를 받으며 그 날개 위에 그것을 업는 것 같이"(신명기 32:10–11).

> "아비가 자식을 불쌍히 여김 같이 여호와께서 자기를 경외하는 자를 불쌍히 여기시나니"(시편 103:13).

"두려워 말라 내가 너와 함께 함이니라 놀라지 말라 나는 네 하나님이 됨이니라 내가 너를 굳세게 하리라 참으로 너를 도와 주리라 참으로 나의 의로운 오른손으로 너를 붙들리라"(이사야 41:10).

"아직도 상거가 먼데 아버지가 저를 보고 측은히 여겨 달려가 목을 안고 입을 맞추니"(누가복음 15:20).

"너희가 아들인고로 하나님이 그 아들의 영을 우리 마음 가운데 보내사 아바 아버지라 부르게 하셨느니라"(갈라디아서 4:6).

"하나님이 우리를 사랑하시는 사랑을 우리가 알고 믿었노니"(요한일서 4:16).

5장 - 양가 부모님
결론

이것은 한 기혼 여성이 그녀의 확대 가족과의 관계에서 경험한 것이다.

> 매사 조정하려고 드는 어머니, 냉정하고 멀게 느껴지는 아버지, 참견하는 할머니와 집착하는 할아버지와 싸우고 있는 친구들의 이야기를 들으면, 나는 내 성장 과정은 너무 단순해서 지루할 정도가 아니었나 생각하게 된다. 그러나 분명히, 때로는 마음이 심란해질 정도로 복잡했었다는 것을 지금은 알고 있다.
>
> 엄마와 아빠는 나와 오빠에게 아주 평범하고 현실적인 가정을 주셨다. 우리 모두 물론 때로 다투기도 했고, (엄마 말에 따르면) 오빠와 나는 걸음마를 배우기 시작해서 운전을 배우기까지 1시간마다 싸웠다.
>
> 그러나 가족의 생활이 좋을 때나 나쁠 때나(그리고 우리 모두의 불완전함에도 불구하고) 우리는 언제나 대화를 했다. 그리고 여전히 대화를 한다. 우리는 정말로 매일 저녁 식사를 하기 위해 둘러앉아, 각자의 하루에 대해 이야기를 나누면서 조언을 구하기도 하고 각자가 겪고 있는 힘든 일들을 염려해 주었다.
>
> 내 첫 번째 남자 친구가 어느 날 저녁 가죽으로 쫙 빼입고 오토바이를 타고 도착했다. 속삭이거나 팔꿈치로 찌르거나 그 어떤 소동도 없이 그는 그 자리에서 저녁 식사에 초대받았다. 모든 것이 평소와 똑같았다.

단지 아버지가 "자네, 자켓을 벗지 그러나? 장식술이 부추에 얹은 크림에 끌리니까"라고 말한 것을 빼고는 그렇게 시간이 흘렀다.

그리고 나는 결혼을 했고, 남편 팀과 오빠 그리고 물론 부모님과의 관계도 성장해갔다. 나 자신과 그들과의 관계는 팀을 포함하기 위해 더욱 폭이 넓어졌으며, 분명 변화했을 것이다. 그러나 어떻게 변화했는지는 모르겠다.

곰곰이 생각해 보지 않더라도 우리는 스스로를 재편성하고 재정리하면서 새로운 역할에 익숙해져 갔던 것 같다. 그리고 우리는 아이들을 갖게 되었고, 아마도 또다시 재정리를 했을 것이다.

우리는 전화로 수다를 떤다. 다진 고기를 몇 번이나 다시 데울 수 있는지 물어보려고 전화를 하고, 아빠에게 혹시 아빠가 만들어 주시지 않을까 기대하면서 선반 만드는 법을 물으려고 전화를 한다. 우리는 점심과 저녁을 같이 먹기 위해 만난다. 가끔 부모님이 아이들을 봐주시면 우리는 외출을 한다. 부모님들은 믿을 수 없을 만큼 바쁘시다. 우리도 그렇다. 이사를 가기 전 빈 기간에 취미가 찬장 비우기와 새벽에 일어나기인 18개월 된 아들과 함께 그분들 집에 잠시 신세를 져야 하기도 했다. 그러나 그것은 또 다른 이야기이다. 그리고 나는 그 모든 것을 사랑한다. 절대적으로.

이 가족의 구성원들은 완벽함과는 거리가 멀긴 하지만(사실 자신들의 불완전함을 강조하려고 했지만) 그들은 어린 시절에 자신들의 결혼을 세울 든든한 토대를 경험했다.

모든 사람들이 이러한 경험을 갖지는 않는다. 이 장에서 우리는 어렵고 때로는 너무나 고통스러운 가족 상황의 예들을 보았다.

우리의 과거가 고통을 겪었던 부분에서, 자신의 결혼도 위기를 맞게 되는 것은 아니다. 사실 결혼은 아픔을 치유해 주는 관계가 될 수 있다. 우리 친구 한 사람은 며칠 전, 어렸을 때 자신이 입양되었음을 알고 몹시 괴로워했었다는 이야기를 했다. 그녀는 자신에게 혈육이 아무도 없다는 것을 받아들일 수가 없었다. 임신을 하고 자신의 가족이 생기면서, 그녀는 고통이 치유되었음을 알게 되었다. 치유는 그녀의 결혼과 가족생활의 경험으로부터 시작되었다.

또 다른 남자는 아버지와는 어려운 관계에 있었는데, 장인과는 건강하고 사랑이 넘치는 관계를 만들어가는 기쁨에 대해 이야기했다. 그는 결국 자신에게는 잘못된 것이 없다는 확신을 가지게 되었다. 그는 사랑할 만한 사람이었던 것이다.

무관심한 혹은 잔인한 부모님들 밑에 자란 사람들은 자신이 좋은 부모가 될 수 있을지를 때로 의심한다. 그러나 아이를 갖고 사랑하는 기쁨을 발견하게 되면, 마찬가지로 과거는 치유될 수 있다. 빅토리아 글렌디닝은 이렇게 쓴다.

> 나는 힘든 어린 시절을 보냈다. 나는 내 아이의 어린 시절을 통하여, 행복 속에서 그것을 다시 쓰게 되었다.[3]

우리 모두에게 결혼은 아픔을 치유하는 관계가 될 수 있다. 과거로부터 지녀온 불안과 자신에 대한 의심이 드러나고 변화할 수 있는 장소이다. 하나님의 사랑을 통해 그리고 남편이나 아내의 사랑을 통해 그 빈 곳은 채워질 수 있으며, 상처 주었던 말들은 그 힘을 잃게 되고, 내가 누구인가에 대한 확신은 새롭게 세워질 것이다.

결혼의 다섯 번째 황금률

부모님들을 공경하자.
그러나 그분들에게 조종을 받아서는 안 된다.

제6장 즐거운 성

섹스를 통해서 준다는 개념이
이해하기 어려울 수도 있다.
우리는 너무나도 쉽게 주기보다는
얻어내기에 급급하게 된다.
많은 사람들이 섹스는 취하는 것, 얻는 것 혹은
조종하는 것이라고 생각하며 자라왔다.
따라서 나 자신을 다른 사람에게 주는 기술은
처음에는 낯설게 느껴질 수도 있다.
그러나 이 기술은
결혼의 모든 영역에서 개발되어야 한다.
흔히 섹스라는 영역에서.

13 성을 어떻게 볼 것인가?

섹스의 목적은 소외감을 없애기 위해서이다. 어떤 사람들은 소외감을 선택하기도 한다. 그들이 그렇게 하는 것은 소외되는 것을 진심으로 좋아해서가 아니라 거부와 거리감을 두려워하기 때문이다. 그러나 만약 내가 나 자신을 드러내지 않는다면 상대방에게 안기고 그 안에서 나를 잃어버리는 그 신비함을 어떻게 발견할 수 있단 말인가?

존 화이트[1)]

섹스는 자연이 준 친밀감의 가장 위대한 건축가이다. 우리가 이 문제를 지금까지 남겨놓은 것은 섹스가 결혼에서 중요하지 않은 부분이기 때문이 아니라 결혼의 다른 모든 부분들이 성에 영향을 미치며, 성이 결혼의 다른 모든 부분에 영향을 미치기 때문이다. 성 관계를 통해 서로에 대한 사랑을 생생하게 표현할 때, 우리 존재의 모든 부분에 파고 들어가는 경험을 함께할 수 있다.

하나님은 섹스를 사랑하신다. 우리는 남편이나 아내에게 느끼는 매력을 즐거워하도록 디자인되었다. 몸을 섞음으로써 사랑을 표현하는 능력은 순수한 사랑 자체이신 그분이 주신 선물이다. 서로에게 아무것도, 숨길 것도 감출 것도 없는 결혼이라는 사랑 어린 헌신 속에서 섹스를 온전히 즐기는 것은 그분의 의도이다. 마이크 메이슨은 이 '완전한 벌거벗음'의 행동을 이렇게 설명한다.

> 다른 사람과 함께 벌거벗는다는 것은 완전한 솔직함, 완전한 신뢰, 완전한 헌신과 자신을 내어 줌의 그림 혹은 상징적인 표시이다. 만약 몸과 함께 마음이 벌거벗고 있지 않다면 그 모든 행동은 거짓말과 기만이 된다. 몸은 주면서 자기는 붙잡고 있는, 부조리하고 비극적인 모순에 휩싸이게 되는 것이다. 개인적인 만남 속에 몸을 드러내는 것은 자신의 가장 깊은 비밀을 말해 주는 것과 같다. 이후에는 되돌아갈 수도 없으며 그 비밀이 여전히 자신만의 것이라거나 상대방은 모르고 있다고 꾸밀 수도 없다. 사실, 그것은 인간관계의 가장 마지막 단계이며 따라서 결코 가볍게 여겨져서는 안 된다. 그것은 깊은 친밀감을 쌓아 주는 단계가 아니라 그것을 바탕으로 한 단계인 것이다.[2]

섹스에 대한 우리 자신의 생각과 경험은 매우 다를 수도 있다. 20세기 중반에 섹스는 과용되고, 부풀려지고, 지나치게 강조되어 왔다. 어디에서나 섹스를 볼 수 있으며, 때로는 값싸게, 때로는 감상적으로, 때로는 우상화되어 있었지만, 거의 대부분은 결혼이라는 환경 바깥이었다. 어떤 이들은 섹스에 중독되기도 했다. 어떤 이들은 섹스에 물려서인지 최근 한 광고의 머리글은 이런 선언을 했다. "왜 섹스는 더 이상 섹시하지 않은가?"

많은 사람들은(우리를 포함하여) 매우 어린 나이에도 불구하고 그 분야에 대해 엄청난 지식을 가진 것처럼 보이는 동류집단에서 섹스에 대해 배운다. 그리고 나중에야 그들은 자신이 똑같이 무식했고 잘못 알고 있었다는 것을 알게 된다.

교육도 우리의 섹스에 대한 시각에 일정 부분을 담당한다. 리비 퍼브스는 학교에서 그녀가 접하게 된 태도에 대해 글을 썼다. "한두 분, 극도로 조심스러워하는 분(선생)들이 있었다. 사감 선생님은 아침에 욕실에서 라디오 듣는 것을 금지하셨는데, 이는 어린 소녀가 옷을 벗고 있는 방에서 남성의 깊은 목소리가 들린다는 것이 점잖지 못하기 때문이라고 하셨다."[3] 가능하다면 섹스는 안전해야 한다는 것 외에 아무런 경계선도 가르치지 않고 있는 오늘날 많은 학교들이 취하고 있는 태도와 참으로 대조가 되는 얘기다.

역사적으로 교회는 잘못된 이해에 대한 책임을 져야만 한다. 성경은 결혼 안에서의 섹스는 좋은 것이라고 분명히 하고 있지만, 교회가 언제나 이 가르침을 정확하게 반영한 것은 아니었다. 4세기에 아우구스티누스는 '모든 성행위에 동반되는 부끄러움'에 대해 말했다. 다른 신학자들은 그보다 더 심했다. 어떤 이들은 결혼한 부부들에게 성행위를 할 때 성령이 침실에서 떠나간다고 경고했다. 따라서 섹스는 적게 할수록 좋은 것이었다.

그러나 우리의 태도를 형성하는 데 가장 큰 영향을 주는 것은 부모들의 섹스에 대한 시각일 것이다. 어떤 가정에서는 이 문제가 솔직하게 토론되지 않거나 부적절하게 이야기된다. 즉, 저질스런 농담이나 욕설처럼 말이다. 또 어떤 부모들은 두려움과 과잉보호로 잘못된 죄책감을 야기시켜 모든 섹스는 더럽다는 느낌을 남겨 놓는다. 슬프게도 어떤 사람들은 성적인 학대의 공포를 겪고 왜곡된 성에 대한 시각과 싸우거나, 과거에 있었던 성 관계의 고통스런 결과들을 결혼 속으로 끌고 들어오기도 한다.

오늘날은 섹스와 성적인 것들에 대해 상당히 많이 개방적이긴 하지만 여전히 많은 사람들이 결혼생활 속에서 상대와 섹스에 대해 솔직하게 말하는 것을 당황스러워한다. 이것은 이상한 모순이다. 섹스가 사회에는 널리 퍼져 있지만, 개인적으로는 언급조차 되지 않고 있다. 특히 문제가 있을 때는 더욱 그러하다.

구체적인 수준에서 섹스를 이야기하기 전에 사랑하며 평생 지속되는 결혼 안에서 만족스러운 성 관계가 이루어지기 위한 환경을 제공하는 네 가지 성경의 원칙을 제시하겠다.

섹스 - 강력한 힘

> "아담이 가로되 이는 내 뼈 중의 뼈요 살 중의 살이라 이것을 남자에게서 취하였은즉 여자라 칭하리라 하니라 이러므로 남자가 부모를 떠나 그 아내와 연합하여 둘이 한 몸을 이룰찌로다"(창세기 2:23-24).

하와를 처음 보았을 때 아담의 말을 요즘 말로 옮기면 입을 다물지 못해 내뱉는 감탄사 "와!"로 시작될 것이다. 결혼에 대한 하나님의 계획은 남편과 아내의 함께 있고자 하는 바람이 성적인 연합 속에서 절정을 이루는 것이다. 사랑으로 행해졌을 때 섹스는 하나 됨을 표현하고 또한 창조한다.

바로 이 때문에 결혼 바깥의 섹스는 상처를 남기는 것이다. 남자와 여자의 성적인 하나 됨은 언제나 일시적으로 육체가 묶이는 것 이상인 것이다. 의도하건 의도하지 않건 그것은 감정적으로, 심리적으로 그리고 영적으로 깊은 영향을 미친다. 1장에서 말했듯이 풀로 붙여서 하나가 된 두 장의 종이를 찢으면 양쪽 다 손상된다.

섹스는 한 남자와 한 여자 사이의 배타적이고 헌신된 관계의 표현이 되도록 하나님께서 디자인하셨다. 서로에 대한 사랑을 이 육체적인 몸의 하나 됨을 통해 표현할 때마다 두 사람 사이의 유대감은 더욱 깊어지고 강해진다.

섹스 - 평생 동안의 발견

두 번째 참고 구절은 아가서이다. 성경 가운데에는 연인과 그의 새 신부 사이의 열정적인 관계를 노래한 에로틱하고 아름다운 사랑의 시가 있다. 기자는 부끄러움 없이 하나님의 사랑인 성애의 신비로운 힘을 찬양하고 있다. 시적인 이미지들은 처음 읽을 때는 모호하지만 하나님은 우리가 서로의 몸을 탐닉하고 서로에게 이끌리고 자극을 받고 절정에 오르는 것을 즐기도록 하셨다는 것을 분명히 말해 준다. 부끄러움, 죄책감, 당황스러움은 조금도 없다.

> "나의 친구들아 먹으라 나의 사랑하는 사람들아 마시고 많이 마시라" (아가 5:1).

아가서 속의 성애 행위는 부부 관계가 발전해감에 따라 시의 진행 과정 속에서 점점 더 성숙해간다. 아마도 이것은 왜 하나님께서 섹스를 결혼 안에 두시기를 목적하셨는지 더욱 깊이 알 수 있게 해 줄 것이다.

반대로 오늘날 수많은 영화는 관계가 새롭거나 불륜일 때 섹스가 가장 흥미 있다는 인상을 준다. 이 신화는 많은 사람들로 하여금 남편과 아내가 서로 친숙해질수록 흥분은 서서히 사라질 것이라고 생각하게 한다. 오직 모험과 비밀스러운 연애만이 성적인 극치감을 다시 가져다 줄 것이라고 말이다.

그러나 하나님은 우리의 몸을 그렇게 디자인하지 않으셨다. 오히려 서로를 어떻게 하면 흥분시키고 즐겁게 해 줄 수 있는지 더욱 잘 이해하게 될수록 우리의 성 관계는 발전하고, 해를 더해 갈수록 즐거움이 커지면서, 사랑을 표현하고 받는 가운데 결혼생활 전체를 윤택하게 하신다. 이러한 확신은 잠언 기자로 하여금 진심으로 이렇게 말하게 했다. "네가 젊어서 취한 아내를 즐거워하라 … 너는 그 품을 항상 족하게 여기며 그 사랑을 항상 연모하라"(잠언 5:18-19).

60대의 한 부부가 30년간의 결혼생활 경험을 이렇게 썼다.

> "섹스는 부부의 사랑을 깊게 하는 데 으뜸이다. 그렇지 않다면 하나님은 우리의 존재 중 이 부분을 아이를 낳고도 수년이 흐른 50대, 60대, 70대까지 정력과 열정을 유지하게 하지 않으셨을 것이다(그래서 우리는 무척이나 기쁘다!)."[4)]

남편과 아내가 긴 시각을 가지고 본다면 그들은 충분한 보상을 받게 될 것이다. 기독교 작가이자 정신과 의사인 존 화이트는 이렇게 설명한다.

> 섹스는 고독을 끝내기 위한 것이었다. 교감(가까움, 친밀함, 알고 알려지는 것, 사랑하고 사랑받는 것)은 자라나는 데 오랜 시간이 걸리는 복잡하고 살아 있는 구조물이다. 그것은 생명력으로 설레는 민감하고 아름다운 식물처럼 시작한다. 그것은 가뭄과 태풍을 견뎌내게 해 줄 깊은 뿌리를 가진 튼튼한 나무로 자라난다.[5)]

즐거움과 친밀함을 창조하는 섹스의 힘 때문에 아가서의 열정적인 성적 이미지들은 하나님께서 우리와 가지기 원하시는 가깝고 개인적인 관계의 비유로 쓰이기도 한다.

섹스 - 빠져서는 안 될 재료

세 번째 참고 구절은 고린도 교회에 보내는 바울의 편지이다. 고린도는 홍등가와 매춘 허가로 잘 알려진 도시였다.

> "남편은 그 아내에게 대한 의무를 다하고 아내도 그 남편에게 그렇게 할찌라 아내가 자기 몸을 주장하지 못하고 오직 그 남편이 하며 남편도 이와 같이 자기 몸을 주장하지 못하고 오직 그 아내가 하나니 서로 분방하지 말라 다만 기도할 틈을 얻기 위하여 합의상 얼마 동안은 하되 다시 합하라 이는 너희의 절제 못함을 인하여 사단으로 너희를 시험하지 못하게 하려 함이라"(고린도전서 7:3-5).

이 구절은 때로 오용되어왔다. 특히 자신들의 변덕스런 성욕을 만족시키기 위해 아내에게 요구하는 데 잘못 쓰이곤 했다. 이것은 남편과 아내에게 서로에 대한 권리보다는 의무를 상기시키고자 하는 이 구절의 요점과 어긋난다. 남편도 아내도 정해진 시간 동안 상호 합의에 의해서가 아니면 육체적인 사랑을 삼가서는 안 된다. 두 사람 모두 그들의 성 관계가 결혼이라는 케이크 위의 장식이 아니라 케이크 그 자체에 빠져서는 안 될 재료라는 것을 깨달을 필요가 있다.

앞에서 보았듯이 로마의 법은 남편에게 아내에 대한 절대적인 권리를 주었다. 이렇듯 남편과 아내가 서로에게 몸을 주는 것이 상호적으로 이루어져야 한다는 바울의 가르침은 1세기에는 혁신적인 가르침이었던 것이다. 하지만 이 말은 오늘날에도 마찬가지로 적용이 되는 가르침이다.

「선데이 타임즈」의 한 기사는 성에 대한 태도와 생활방식에 대한 영국의 국가 보고서를 다루면서 "혼외의 섹스는 관계의 당연한 한 부분으로 간주하는 것이 일반적인 데 반해 결혼 안에서는 수천 쌍의 부부들이 정숙함을 위하여 섹스를 내쫓아버렸다"고 전하면서 그들 조사에 따르면 전체 부부들 중 30쌍 중 한 쌍이 그들의 관계 속에서 독신을 선택하고 있다고 보도했는데, 그 이유는 섹스를 할 시간도 욕구도 없기

때문이라고 했다.[6]

성 관계에는 자연적인 수명이 있다는 것이 널리 알려진 견해이다. 「섹스는 의무가 아니다」(Sex Is Not Compulsory)의 저자 리즈 호지킨슨은 이렇게 썼다. "어떤 이들에게는 일주일일 수도 있고, 다른 이에게는 20년일 수도 있다. 그러나 성 관계를 그 자연스런 수명 이상으로 늘리려고 노력한다면 문제를 자초하는 것이다. 그렇게 되면 섹스는 더 이상 자발적인 것도, 즐거운 것도 아니게 되어버리기 때문이다."[7]

이것은 섹스가 어떻게 작용하는지를 잘못 이해한 슬픈 경우의 하나이다. 하나님은 평생 가는 결혼 관계를 위하여 섹스를 디자인하셨으며, 이것이 우리의 전 생애를 통하여 만족스러운 것이(변하기는 하지만) 되도록 의도하셨다. 세월과 함께 서로를 더욱 깊이 알게 되면서 성적인 유대를 통한 친밀함과 기쁨의 잠재력은 더욱더 커져가는 것이지 결코 줄어들지 않는다. 성욕이 잠시 감소하더라도 포기하기보다는 부부가 서로를 흥분시키고 만족시킬 수 있는 새로운 방법을 발견할 필요가 있다.

성경의 명령을 무시하고 사랑을 나누는 정기적인 시간을 회피한다면(건강이 좋지 않다거나 아이를 낳고 회복 중이라든가 하는 이유를 제외하고) 모든 면에서 우리는 서로 멀어지게 된다. 결혼에서 성행위가 부족하다는 것은 심각하게 생각해야 할 문제이다. 그것은 소외감과 고독으로 이어질 수 있다. 그리고 외롭다고 느낄 때 우리는 다른 곳으로부터 오는 유혹에 약해지게 된다.

섹스 - 나를 주는 행동

네 번째 참고 구절은 신약성경 안의 결혼에 대한 가장 완벽한 가르침 속에 있다. 반드시 성 관계에만 제한된 것은 아니지만 분명히 그것을 포함하고 있다.

> "그리스도를 경외함으로 피차 복종하라 아내들이여 자기 남편에게 복종하기를 주께 하듯하라 … 남편들아 아내 사랑하기를 그리스도께서 교회를 사랑하시고 위하여 자신을 주심 같이 하라 … 이와 같이 남편들도 자기 아내 사랑하기를 제몸 같이 할찌니 자기 아내를 사랑하는 자는 자기를 사랑하는 것이라 누구든지 언제든지 제 육체를 미워하지 않고 오직 양육하여 보호하기를 그리스도께서 교회를 보양함과 같이 하나니 우리는 그 몸의 지체임이니라 이러므로 사람이 부모를 떠나 그 아내와 합하여 그 둘이 한 육체가 될찌니 이 비밀이 크도다 내가 그리스도와 교회에 대하여 말하노라 그러나 너희도 각각 자기의 아내 사랑하기를 자기 같이 하고 아내도 그 남편을 경외하라"(에베소서 5:21-22, 25, 28-33).

좋은 섹스를 하려면 남편과 아내 모두가 어떻게 하면 사랑의 행위를 통해 서로에게 최고의 기쁨을 줄 수 있을까를 생각해야 한다. 오늘날 성적인 욕구의 자극과 만족 대부분이 자기중심적이다. 내가 선택하는 방법으로 나의 욕구를 만족시킬 나의 권리만 강조한다. 그러나 섹스는 자기만족을 위한 선물이 아니다. 섹스는 서로의 필요와 욕구에 순종하면서 나 자신을 상대방에게 주는 방법이다.

섹스는 남편이나 아내에게 사랑을 보여 주는 가장 친밀한 방법이며 서로를 위해 희생하는 것을 포함한다. 부부는 서로에게 어떻게 주어야 하는지를 배워야 한다. 다양한 시기에 다양한 이유로 우리는 각기 다른 성적인 욕구를 가지게 된다. 특히 스트레스를 심하게 받고 있을 때든지, 곧 아기가 태어난다든지 등등의 경우가 이에 해당한다. 어떤 이에게는 희생적인 사랑이란 절제를 보여 주는 것을 의미할 수 있다. 또 다른 이에겐 피곤하더라도 사랑을 하는 것을 의미할 수도 있다.

섹스를 통해서 준다는 개념이 이해하기 어려울 수도 있다. 우리는 너무나도 쉽게 주기보다는 얻어내기에 급급하게 된다. 많은 사람들이 섹스는 취하는 것, 얻는 것 혹은 조종하는 것이라고 생각하며 자라왔다. 따라서 나 자신을 다른 사람에게 주는 기술은 처음에는 낯설게 느껴질 수도 있다. 그러나 이 기술은 결혼의 모든 영역에서 개발되어야 한다. 특히 섹스라는 영역에서.

> 교합을 위해서 결혼을 하지는 않는다. 우리는 서로 돕고 섬기겠다는 맹세를 하기 위해, 또한 사랑을 표현하기 위해 결혼한다. 그런 의미에서 성적인 친밀함은 헌신에 봉인을 찍는 것이며 또한 남자와 여자가 서로를 더욱 깊이 알게 되는 섬세한 사랑과 신뢰의 소통인 것이다.[8)]

14

위대한 연인이 되기 위한 여섯 가지 자질

'섹스'는 부부의 나머지 삶에서 일어나는 일들을 경축한다.

앨런 스토키[1)]

우리의 성에 대해 이해하기 위해 알아야 할 가장 기본적이고 또한 가장 중요한 사실은 남자와 여자는 다르게 만들어졌다는 것이다. 누군가 그 차이를 이렇게 설명했다.

남자에게 섹스는 아무리 해도 넘치지 않고, 여자에게 로맨스는 아무리 많아도 넘치지 않는다. 남자는 목적지를 생각하고 여자는 길을 생각한다. 남자는 가스레인지 같아서 즉시 뜨거워지고 빨리 식는다. 여자는 전기 조리기 같아서 뜨거워지는 데 시간이 걸리지만 뜨거운 상태가 훨씬 오래 지속된다.

하나님은 남자와 여자가 서로 다른 방법으로 흥분되도록 디자인하셨다. 길고 만족스러운 성 관계를 만드는 것은 이 두 방법의 조화이다. 만약 여자가 남자와 똑같이 만들어졌다면 섹스는 30초 만에 끝날 것이며 하나님이 의도하신 대로 위대한 친밀감의 건축가가 되지 못할 것이다.

남편과 아내 모두 이 차이를 이해하고 즐겨야 한다. 그렇지 않으면 그 차이는 극복할 수 없는 문제로 보일 것이다. 남편은 부드럽고 느리게 인내심을 갖고 아내가 흥분되도록 시간을 주는 방법을 배워야 한다. 한편 아내는 남편의 성뿐만 아니라 자신의 성을 이해할 필요가 있다. 그녀에게 있어서 전희의 과정은 일반적으로 남편보다 훨씬 복잡하며 남은 인생에서 섹스는 쉽게 떼어낼 수 없기 때문이다. 우리의 성적인 반응의 차이는 때로 오해와 갈등을 불러일으키기도 하며, 그것은 결혼 전반에 악영향을 끼치게 된다. 다음의 내용은 사랑의 행위가 발전될 수 있도록 하는 여섯 개의 중요한 자질 중 첫 번째이다.

대화

성적인 친밀감이라는 문제 전반은 많은 사람들에게 있어서 매우 사적인 것이다. 그러나 서로에게 마음을 열고 솔직할 수 있다면 서로의 신뢰와 친밀함을 더욱 돈독하게 해 줄 것이다.

결혼코스에 참가했던 한 부부가 마음을 열고 대화한 결과를 이야기 했다.

캐롤 이야기

저는 결혼코스에 참가하기 전에는 우리의 성생활이 좋다고 생각했어요. 모든 게 남편의 몫이고 저는 아무 문제없다고 생각했죠. 저는 있는 그대로 행복했어요.

리차드 이야기

누가 "성생활에 문제가 있습니까?" 하고 물었다면 저는 아마도 "없습니다"라고 대답했을 겁니다. 그러나 저에겐 문제가 있었어요. 제가 언제나 "하고 싶어?" 하고 물어야만 하는 것 같았어요. 저는 무기력하게 느꼈습니다. 제가 캐롤의 반응에 영향을 줄 수 있는 방법이 전혀 없는 것 같았어요.

캐롤 이야기

코스 중에 우리 결혼생활의 우정과 영적인 친밀감, 육체적인 친밀감을 평가하는 점수를 써 보는 시간이 있었어요. 남편이 자기가 적은 것을 저에게 보여 주었을 때 저는 충격을 받았습니다. 20점 만점에 우정은 18, 영적인 관계는 19, 육체 관계는 2점이었요. 정말 그랬다니까요!

그리고 나서 같이 이야기를 했을 때 처음으로 저는 리차드의 말에 귀를 기울였고 그이가 어떤 문제를 가지고 있는지를 이해하려고 열심히 노력했습니다. 저는 그 문제를 심각하게 받아들였죠. 그때까지 저는 그가 항상 요구만 하고 저를 이해해 주지 않는다고 생각했습니다. 하지만 지금은 우리 결혼에 있어서 이 부분이 그에게 얼마나 중요한지를 깨닫기 시작했습니다.

결혼코스에 참가하기 전에는 저는 한 번도 섹스에 대해 진정한 기독교적인 관점을 가지지 못했습니다. 그것이 얼마나 결정적인 중요성을 갖는지도 몰랐습니다. 우리는 좋은 친구이며 영적인 동반자이기 때문에 섹스가 별로 만족스럽지 않아도 문제가 되지 않는다고 생각했습니다. 코스를 하는 동안에 저에게 어떤 장애가 있으며 그것이 우리가 성적으로 서로에게 자유로워지는 것을 막고 있음을 깨달았습니다.

제가 열두 살이었을 때 부모님이 사랑을 나누고 있는 방으로 들어간 적이 있었습니다. 아무도, 우리 부모님조차도 저에게 섹스에 대해 이야기해 준 적이 없었습니다. 부모님들이 뭘 하고 있는지 저는 전혀 이해하지 못했습니다. 사랑하는 사이에서 나는 듯한 소리는 분명 아니었습니다. 저는 그 일로 너무나 당황했기 때문에 그날 부모님들이 일어나기도 전에 학교로 갔습니다. 그날 저녁 부모님들은 저를 앉혀놓고 아주 거북스런 표정으로 설명을 하려고 애썼습니다. 그날부터 섹스는 저에게 있어서 몹시도 당황스러운 문제가 되고 말았죠. 몇 년 후 저는 아버지가 엄마를 두고 다른 여자를 만나고 있었다는 것을 알게 되었고, 마음 깊은 곳에서 저는 남자를 성적인 면에서 신뢰하는 것은 불가능하다고 믿게 되었습니다.

결혼코스를 하기 전에는 리차드에게 이런 이야기를 한 번도 하지 않았습니다. 하지만 결론적으로 아무것도 모르는 그이는 저의 과거가 드리워놓은 그늘 속에서 살고 있었던 거죠. 어느 날 밤 어둠 속에서 부끄러움과 당혹스러움이 뒤섞인 감정으로 그이에게 이 이야기를 했습니다. 그이는 너무나 부드럽고 다정했어요. 그리고 나서 저는 코스의 리더 한 분과 함께 이 문제에 대해 이야기하고 기도했지요. 그리고 리차드의 사랑과 격려로 문제를 해결할 수 있었습니다.

리차드 이야기

솔직하게 우리의 성 관계에 2점이 나왔다는 것이 저에게는 좋았습니다. 가장 좋았던 것은 변덕스러운 짐승처럼 느끼기보다는(전에는 아내가 절 그렇게 생각한다고 느꼈지만 말입니다) 아내가 제 말에 귀 기울여 주고, 심각하게 받아 준다는 것이었죠. 두 번째로는 저는 좀 더 자제하기로 하고 서로 합의를 하는 여러 가지 방법을 시도하기 시작한 것입니다. 우리는 일주일에 한 번 관계를 갖기로 했습니다.

기독교적인 관점을 지키는 것은 정말 좋은 일입니다. 왜냐하면 섹스가 본능적인 육체적 과정 이상이라는 것을 의미하기 때문입니다. 섹스는 우리의 친밀한 관계의 일부분이 되었습니다. 또 저는 제가 희생자가 된 것처럼 행동했을 뿐 솔직하게 제가 원하는 것을 이야기하지 못했다는 것을 깨달았습니다.

캐롤 이야기

결혼코스를 마친 후 저는 섹스가 얼마나 멋진 것이 될 수 있는지를 알게 되었습니다. 이제 우리의 육체 관계는 더 이상 따로 떨어진 무언가가 아니기 때문에 함께 성장해 간다는 것이 한순간에 현실이 되었지요. 저는 한때 우리가 모든 것을 함께 이야기한다면 결혼은 잘될 거라고 생각했었어요. 지금은 성 관계가 결혼에 있어서 우리가 하는 말만큼이나 중요한 의사소통의 한 방법임을 알게 되었습니다.

대부분의 남편들은 아내보다 강한 성욕을 가지고 있다. 그러나 의사소통이 잘 이루어지지 않으면, 대부분의 여성들은 성에 있어서 부적절하다거나 위협을 받는 느낌을 가지게 된다. 우리는 서로 솔직하게 사랑을 나누고 싶은 욕구를 표현하고, 배우자에게 우리가 좋아하는 것과 좋아하지 않는 것을 이야기하는 것을 배워야 한다. 서로에 대해 막연하게 추측하거나 성을 일반화시키는 것은 도움이 되지 않는다. 어떤 아내들은 남편보다 더 강한 성욕을 가지고 있으며, 어떤 남편들은 우리 문화가 그들에게 지우는 기대를 충족시키지 못한다는 느낌 때문에 자신을 부적절하게 느끼고 있다. 어떤 부부도 정형화시킬 수는 없다. 모든 사람은 성욕에 있어서 그 올라감과 내려감이 다른 것이다. 서로에게 귀 기울이고 섹스에 대한 자신의 느낌을 표현하는 것은 우리 결혼생활의 다른 의사소통의 영역만큼이나 중요하다.

사랑을 나누는 동안 아내들은 남편에게 그들을 흥분하게 하는 것이 무엇인지, 언제 삽입의 준비가 되는지를 말해 주어야 하며, 남편들은 그들이 오르가슴을 늦추려고 애쓰는 동안 아내들이 하지 말아야 할 것이 무엇인지를 말해 주어야 한다. 서로에 대해 발견해 갈수록 사랑을 나누는 것은 더욱 즐거워진다. 이런 종류의 의사소통이 일단 시작되면 당혹감은 순식간에 사라져 버린다.

과거의 성 경험은 우리에게 큰 영향을 미친다. 다시 상처받는 것이 두려워 자신을 온전히 주는 것을 망설일 수도 있고, 나쁜 기억들이 우리의 자유를 방해할 수도 있다. 우리는 이 복잡한 영역 속에서 우리가 가지고 있는 가장 깊은 두려움을 서로에게 드러내는 것이 중요하다. 남편이나 아내가 우리를 위로하고 격려할 수 있고, 우리가 가진 거부나 소외의 감정이 따스함과 포용으로 자리바꿈하게 되는 것은 바로 우리가 말로써 소통을 (종종 약점을 드러낸다는 고통스러운 감정으로) 할 수 있기 때문이다. 그리고 이러한 받아들여짐은 사랑이 담긴 성 관계를 통해 표현되어질 수 있다. 문제가 이렇게 아름다운 순환이 될 수 있다는 것이다. 사랑을 나누면서 나쁜 기억들이 치유되고, 그런 다음에는 두려움이 줄어들고 욕망은 더욱 커지게 된다.

부드러움

성적인 친밀함은 부드러움에서 나온다. 그들은 같은 동전의 양면이다. 부드러움은 우리 관계에 있어서 매우 중요한 면이며, 그것이 없다면 사랑을 나누는 것은 허무하고 일차원적인 것이 될 것이다. 부드러움에는 사랑을 나눌 때 시간을 충분히 갖는 것이 포함된다. 하루의 압박감으로부터 풀려나는 시간, 로맨스와 욕망을 만들어가는 시간, 몸을 가깝게 붙이고 있는 즐거움을 느낄 시간, 말로써(친절하고 부드럽고 북돋워 주는 말) 서로를 사랑할 시간. 우리가 진심으로 하는 부드러운 말이라면 똑같은 말을 하고 또 해도 상관없다.

오케스트라에서 오보에가 시작하면 오케스트라의 다른 악기들이 그것에 음을 맞추듯이, 부드러움은 서로의 감정적인 필요에 맞추는 것을 의미한다. 시간을 충분히 갖지 않고 오르가슴을 성취하는 것만 바란다면 섹스는 기계적인 것이 된다.

어떤 남편들은 자기가 섹스를 원할 때만 아내를 애무한다. 이것은 아내에게 끔찍한 신호로 느껴진다. 이때 아내가 남편의 태도와 의도에 분노하면서 몸을 빼게 되면 육체적인 접촉이 전혀 없는 결혼에 이르게 되기도 한다. 만약 아내가 어떤 면으로든 이용당한다고 느끼면 그녀의 몸은 차갑게 굳어진다. 여성이 남편에게 자신을 줄 수 있으려면 그녀는 우선 안전함을 느껴야 한다. 사랑받고 있다고 느껴야 한다. 자신이 특별한 존재라고 느껴야 한다. 부드러움과 열정이 서로 배타적이라는 말을 하고 있는 것이 아니다. 하지만 특히 여성에게는 정서적인 충만함이 오르가슴에 도달하는 것만큼이나 만족스러울 수 있다는 것이다.

BBC 6시 뉴스는 최근 아내 세 명 중 한 명이 인생의 어느 단계에서 가정 폭력을 경험한다는 보고를 했다. 이는 앞 장에서 인용한 "남편들아 아내 사랑하기를 그리스도께서 교회를 사랑하시고…"(에베소서 5:25)라는 말씀에 엄청나게 어긋나는 것이다. 전통적인 유대교 결혼식에서는 아내의 손가락에 반지를 끼워 주는 대신 남자가 자기 코트를 벗어 아내에게 둘러 준다. 이는 그녀를 보호해 주겠다는 약속의 상징인 것이다.

여성들에게 남자를 좋은 연인이 되게 하는 것이 무엇이냐고 물었다. 그들의 대답은 운동선수 같은 용기도 아니고, 근육의 크기도 아니었다. 그것은 그 무엇의 크기도 아닌, 부드러움이라는 것을 알 수 있었다. 이것이 육체적인 테크닉보다 우선하는 것이다. 성적인 사랑은 이기심이나 착취, 비난이나 혹독함을 배경으로 하기에 성공할 수 없다.

여성이 안전하고, 특별하고, 아름답다고 느낄 수 있을 때 그녀의 마음과 몸은 남편을 향해 성적으로 반응을 하게 된다. 그리고 이것은 두 사람 모두의 만족을 증대시킨다. 침실은 아내가 '나는 보호받고 있고, 사랑받고 있고, 소중하게 다루어지고 있어. 이 세상은 나를 깎아내리고, 경멸하고, 조롱할지 모르지만 나를 너무나 잘 알고 나에게 부드러운 한 남자가 있어' 라고 생각할 수 있는 곳이 되어야 한다.

반응하기

리차드처럼 대부분의 남편들은 성생활에 대해 질문을 받으면 아내가 별로 반응을 보이지 않는다고 대답하곤 한다. 성경은 여자를 비밀의 동산이라고 말한다. "… 잠근 동산이요 덮은 우물이요 봉한 샘이로구나"(아가 4:12).

실라 이야기

내가 잘 알고 사랑하는 오래되고 아름다운 영국식 정원이 있다. 집 앞에는 풀이 한 줄로 심어져 있다. 코너를 돌면 긴 잔디밭 옆으로 주목 울타리가 있고 아치가 그 울타리를 끊어놓고 있다. 아치를 통과해 몇 발짝 걸어가면 움푹 들어가 숨겨져 있는 정원이 나온다. 저 멀리 오래된 벽에 입구가 하나 있는데 한가운데 동그란 연못이 있는 작고 아담한 장미 정원으로 통한다. 그 뒤로 등나무와 장미, 클레마티스를 지나 넓은 벽으로 둘러 있는 채소 정원이 있다. 여름에는 분홍색, 주황색, 빨간색이 어우러진 양귀비 꽃 화단이 있다. 정원은 사과나무, 오얏나무, 자두나무가 빽빽이 들어선 과수원으로 이어지는데 과수원 끝에는 들판으로 나가는 문이 있다.

날씨에 상관없이, 계절에 상관없이 이 정원은 호기심을 자극하며, 탐험심을 불러일으킨다. 언제나 이제껏 보지 못했던 코너를 돌아서면 새로운 발견을 선물로 받는다. 아가서가 아내의 성을 정원에 비유하는 것은 바로 이런 의미에서이다. 아내의 성에는 평생에 걸쳐 발견하고 즐거워할 충분한 것이 있다.

아가서의 이미지는 두 연인 모두를 위한 기쁨과 쾌락을 노래한다. 이 여인은 자신의 성을 잘 알고 있으며 자의식이나 억제에 조금도 때묻어 있지 않다. 그녀는 스스로 먼저 남편을 정원으로 초대한다. "북풍아 일어나라 남풍아 오라 나의 동산에 불어서 향기를 날리라 나의 사랑하는 자가 그 동산에 들어가서 그 아름다운 실과 먹기를 원하노라" (아가 4:16).

아내의 반응은 남편의 쾌락에 이르는 비밀이다. 남편은 자기 아내가 자신을 매력적으로 느낀다는 것을 알고 싶어 한다. 그는 아내에게 자신이 그녀에게 얼마나 특별한지(다른 면뿐만 아니라 육체적으로도) 듣고 싶어 한다. 남편은 아내가 가지는 욕구의 흥분됨과 기대, 그녀가 그와 나누고 싶어 하는 모든 즐거움들을 감지할 수 있어야 한다.

알게 모르게 아내는 정원의 문을 여는 열쇠를 가지고 있다. 그녀는 반드시 남편과 함께 그 정원을 탐험하는 것을 선택해야 한다. 그러나 어떤 여성들은 그 열쇠가 혹은 그 정원이 존재하는 것조차 모르고 있다. 또 어떤 여성들은 그 문 뒤에 무엇이 있는지를 두려워한다. 또 어떤 이들에게는 그 정원에서의 과거의 경험들이 부정적이고 아픈 것이다.

결혼이라는 안전함과 헌신 속에서 이러한 문제들은 해결될 수 있다. 아내는 성행위라는 행동을 통한 즐거움과 충만감의 가능성을 믿어야만 한다. 어떤 경우에는 큰 용기가 필요하다. 그녀가 남편에게 자유롭게 자신을 줄 수 있기 위해서는 기다릴 줄 알고, 다정하며, 민감한 남편의 도움과 지지가 필요하다. 이상적인 것은 남편과 아내가 손에 손을 잡고 정원으로 들어가 함께 그 정원을 탐험하고 즐기기 시작하는 것이다.

아가서 뒷부분에서 신부는 이렇게 말한다. "우리가 일찌기 일어나서 포도원으로 가서 … 거기서 내가 나의 사랑을 네게 주리라 … 우리의 문 앞에는 각양 귀한 실과가 새것, 묵은 것이 구비하였구나"(아가 7:12-13). 아내로부터 이런 제안을 듣는다면 남편들은 집에 가는 것을 손꼽아 기다리게 될 것이다.

로맨스

로맨스는 우리를 우리 둘만의 세계(우리의 상상력이 깨어나고 감각이 되살아나는 세계)로 끌어들이는 잠재력을 가지고 있다. 로맨스는 섹스가 기계적이고 일상적인 것이 되지 않도록 한다. 로맨스는 우리의 모든 존재가 연루되며, 우리를 한데 묶어 주는 성행위를 위한 환경을 창조하며, 성적인 흥분을 일으키는 데 있어서 남자보다는 여자에게 큰 역할을 한다.

니키 이야기

언젠가 '어머니 날'(Mother's Day)에 나는 실라를 위해 특별한 저녁 식사를 준비해야겠다고 생각했다. 그런 다음 그녀에게 나머지 저녁 시간에 무엇을 하면 좋겠냐고 물었다. 그녀는 아이들과 함께 텔레비전에서 제인 에어의 앞부분을 보고 나머지는 비디오로 녹화를 해 두었다며, 그것을 함께 보자고 했다. 영화 내내 목 밑으로 맨살이라고는 1인치도

드러나지 않았지만, 이 로맨틱한 사랑 이야기가 실라를 얼마나 흥분하게 하는지 나는 믿을 수가 없을 정도였다.

로맨스가 무시되고 결혼생활이 집안일을 하고 청구서를 지불하는 것으로만 이루어진다면, 연인이기보다는 한 팀의 동료가 되고 말 것이다. 두 사람 사이에 섹스가 어색해질 수도, 처음 시작할 때 그랬던 것처럼 생각조차 할 수 없는 것이 될 수도 있다.

남편과 아내는 서로를 위해 로맨틱한 분위기를 만들어야 한다. 비용을 많이 들일 필요는 없다. 평범한 일상과는 다른 무언가를 하기만 하면 된다. 강을 따라 산책을 한다든가, 공원으로 피크닉을 간다든가, 영화를 보러 간다든가 하는 일을 시도한다. 주말에 여행을 갈 수 있다면 환경의 변화가 로맨틱한 느낌을 만들어내기도 한다.

니키 이야기

나는 수년 동안 로맨스를 창조하기 위해 다양한 노력을 해왔는데, 그것들이 다 성공한 것은 아니었다. 특히 기억하고 싶지 않은 것 하나가 10번째 결혼 기념일에 뮤지컬 '레미제라블'(Les Miserables)을 보러 극장에 갔던 일이다. 나는 순진하게도 공연을 본 후 근처에 있는 공원에서 함께 피크닉을 즐기기를 바랐다. 근처에 공원이 없다는 것과 도저히 몸을 가눌 수 없을 정도로 짧고 좁은 공간 그리고 나의 로맨틱한 피크닉의 과장된 기대 때문에 저녁 내내 무릎을 짓누르는 커다란 바구니를 감당해야만 했다.

실라 이야기

니키는 자기 계획을 끝까지 실천해서 로맨틱한 피크닉 저녁 식사를 포기하지 않기로 단단히 결심한 듯했다. 우리는 결국 2층 뒷쪽 좌석과 3층 좌석 사이에 자리를 깔았다. 나는 비좁은 에드워드식 계단 한쪽에 앉고 니키는 그 맞은편에 앉아 나에게 샴페인과 장미 한 송이, 맛있었지만 차가워진 음식을 건네주었다. 사람들은 계단을 오르내리며 우리를 이상하게 쳐다보았다.

관객 중에 특히 계단에서 아는 사람과 마주치지 않았다는 게 무엇보다 다행이긴 했지만 그날은 기억할 만한 저녁이었다(사실 절대 잊지 못할 것이다!). 그리고 니키가 계획했던 대로 성공하지는 않았지만 니키의 노력은 나에게 무척 소중한 것이었다.

기대

좋은 섹스의 비밀 하나는 우리의 생각이 가장 중요한 성적인 원천이라는 것을 아는 것이다. 건강한 관계에서 기대는 욕망을 만들고, 욕망은 만족스런 성행위로 이어진다. 어떤 남편은 이렇게 말한다. “최고의 섹스는 아침 식사에서 시작한다.”

어떤 부부들은 기대를 만들어내는 비밀 암호를 개발한다. 어떤 부인이 두 사람만 함께 있기 위해 비워둔 어느 날 저녁 있었던 일에 대해 이야기를 해 주었다. 두 사람이 침실로 올라가려는데 한 친구가 전화를 걸어 내일 있을 파티 음식을 가지고 오겠다고 했다. 재빨리 생각한 끝에 아내는 친구에게 파스타를 현관에 두고 가 달라고 부탁했다. 그 날 저녁부터 '현관에 파스타' 라는 말은 두 사람에게 전혀 다른 의미를 가지게 되었다.

니키 이야기

성행위에 있어서 생각이 중요하기 때문에 남편은 아내를 위해 자신의 성적인 생각들을 지켜야 하며 이는 아내도 마찬가지이다. 많은 남자들이 인생의 어느 시기에, 특히 학창 시절에 포르노를 접하게 된다. 오늘날은 인터넷에서 손쉽게 포르노를 접할 수 있기 때문에 유혹은 그 어느 때보다 심하다. 포르노의 위험은 포르노가 불러일으키는 성욕은 사랑이 있는 관계보다는 육욕에 더 잘 이르게 한다는 것이다. 또한 쉽게 중독될 수도 있다는 것이다.

포르노는 우리의 인간성을 말살하며 우리에게서 진정한 성적인 충족감을 앗아갈 수 있다. 여자들은 성적인 흥분을 불러일으키고 남자들의 성욕을 만족시키는 대상으로 전락하게 한다. 오늘날 문화에서 남자들은 광고판이나 잡지 표지, 영화에서 보여 주는 것들을 통해 어느 정도 흥분을 느끼는 것을 피하기는 힘들다. 결혼을 위해서는 어떤 에로틱한 생각도 아내를 향하게 하는 것이 반드시 필요하다.

또한 스스로를 보호할 수 있는 방법을 찾아야 할 것이다. 혼자서 여행을 하고 호텔에 머물러야만 하는 사람들에게 텔레비전은 위험한 덫이 될 수 있다. 특히 포르노 채널을 볼 수 있는 곳에서는 더욱 그러하다. 피곤에 지치고 아내가 가까이 있었으면 하고 그리워하는 남자들에게는 유혹이 될 수 있다. 친구 하나는 호텔 측에 자기 방에서 텔레비전을 치워달라고 부탁하거나 텔레비전이 벽에 고정되어 있는 경우에는 텔레비전 리모컨을 호텔 프런트에 맡겨 버린다. 또 다른 친구는 웹 브라우저에서 포르노를 차단하는 프로그램을 자기 컴퓨터에 깔아 두었다. 이처럼 스스로 한계선을 정하는 것은 연약함의 증거가 아니라 지혜의 증거이며, 그로 인해 결혼 관계는 더욱 단단해질 것이다.

만약 남편이(혹은 아내가) 포르노 때문에 문제가 있다면 이 문제를 같이 토론해 볼 수 있는 같은 성의 다른 사람을 찾아볼 것을 강력히 권하고 싶다. 그러고나서 하나님께 용서를 구하고 그 중독으로부터 해방될 수 있도록 기도하는 것이다. 그 이후에도 계속 관심을 가지면서 어떻게 되어가고 있는지 때때로 확인하는 작업이 필요하다.

실라 이야기

많은 남자들이 포르노를 통해 가짜 쾌락을 얻는 반면, 많은 여자들은 환상에 빠지는 위험이 있다. 한 유명한 여배우는 한 일요잡지와의 인터뷰에서 솔직하게 자신의 성생활을 밝히면서, 남편과 사랑을 나눌 때 종종 다른 남자를 생각한다고 했다. 이것은 그녀의 성욕을 증대시키는 데 도움이 되었을지는 몰라도 결혼에는 도움이 되지 않았을 것이다.

여자는 자기가 읽고 보는 것을 통해 환상에 빠지는 것에 중독이 될 수 있다. 그녀가 갈망하는 사랑과 친밀함에 비교할 때 현실의 삶은 지루하고, 반복적이고, 허무한 것으로 보이게 된다. 많은 인기 소설들은 그러한 환상을 장려한다. 그러나 일반적으로 종종 아무런 해가 없는 즐거움으로 생각되어지는 것을 통해 현실에서 도피하고자 하는 것은 결혼을 위태롭게 할 수 있다.

신약성경은 생각을 훈련시킬 필요를 강조하고 있다. "종말로 형제들아 무엇에든지 참되며 무엇에든지 경건하며 무엇에든지 옳으며 무엇에든지 정결하며 무엇에든지 사랑할만하며 무엇에든지 칭찬할만하며 무슨 덕이 있든지 무슨 기림이 있든지 이것들을 생각하라"(빌립보서 4:8).

다양함

좋은 성행위를 위한 여섯 번째이자 마지막 필수 자질은 다양함을 창조하는 것이다. 우리 모두는 새로운 것을 소중히 다루는 경향이 있다. 약 8년 전 우리는 새 차를 샀는데 장갑을 끼고서야 새 차를 만졌다. 처음에는 아이들이 뒷좌석에서 무얼 먹는 것이 금지되었다. 그러나 요즘은 케첩과 음료수, 녹아 흐르는 아이스크림으로 완결되는 맥도날드 세트 메뉴를 세 개씩 먹어도 아무렇지 않게 생각한다. 우리의 태도는 완전히 바뀌었다. 더 이상 새 것이 아닐 때 우리는 관심을 덜 쏟게 된다. 친숙함은 안도감을 자아낸다.

바람을 피고 싶은 생각이 호소력을 가지게 되는 것은 우리의 성 관계가 익숙해질 무렵이다. 좋은 성생활은 창조성과 생각 그리고 다양성을 필요로 한다. 다음의 제안들은 실천 불가능해 보일 수도 있다. 하지만 사람들이 바람을 피기 위해 쏟아 붓는 노력에 비하면 놀라울 정도는 아니다. 우리는 비슷한 정도의 상상력 그리고 그 이상을 결혼 속에서 사용해야 한다.

사랑을 나누는 장소를 다양하게 하라.

항상 침실일 필요가 없다. 소파 위이면 어떻고, 샤워하는 곳이면 어떻고, 벽난로 앞이면 어떤가? 집에 다른 성인이 있다면 일주일에 하루는 두 사람만의 특별한 저녁 시간으로 하는 것이 어떨까? 두 사람만 보내고자 하는 시간이 언제인지 분명히 밝혀두고 말이다.

아이들이 있으면 선택에 제한이 많아진다. 침실 문을 신중하게 확실히 잠그는 것은, 자녀가 불쑥 들어올 수 있을 경우가 큰 만큼, 자녀를 위해서도 그리고 우리가 완전히 긴장을 풀 수 있기 위해서도 매우 중요하다. 긴장을 푸는 것은 좋은 섹스를 위해 반드시 필요하다.

다른 곳으로 하루나 이틀 정도 여행을 가는 것도 지루함이나 지나친 친숙함에 훌륭한 해독제가 될 수 있다. 돈을 많이 쓸 필요는 없다. 1년에 한두 번 친구에게 아이들을 부탁하거나 아니면 우리가 1장에서 제안했듯이 집을 서로 바꾸어 보는 것도 좋다.

사랑을 나누는 시간을 다양하게 하라.

서로 완전히 지쳐버린 밤의 맨 마지막 순서일 필요가 없다. 다시 말하지만 아이가 있으면 이것은 분명 더욱 어려운 일일 것이다. 아이들이 잠든 것이 확실해지자마자 사랑을 나누는 것도 좋은 제안이고, 아이들이 컸다면 친구 집에서 자고 와도 좋다고 자주 허락해 줄 수도 있다.

식사 전에 사랑을 나눠 보자. 잘 먹고 난 후에는 남자도 여자도 성적으로는 최상의 상태가 될 수 없다. 특히 늦은 시간 음식일 경우에는.

알코올 역시 좋지 않은 영향을 줄 수 있다. 두세 잔의 와인은 여성이 오르가슴에 도달하는 능력을 마비시키고, 남성이 발기 상태를 유지하지 못하게 할 수 있다. 먹고 마시는 습관을 변화시키면 우리의 성생활의 질을 개선시킬 수 있다. 사랑을 나눌 시간을 남겨놓는 것은 함께 외출할 시간을 만드는 것만큼 중요하다.

분위기를 다양하게 하라.

예를 들면, 음악을 틀어놓거나 조명을 다르게 해 보자. 100와트 전구 아래서 사랑을 나누는 것은 로맨틱한 분위기를 만들어내지 못한다. 촛불, 어둠, 달빛이나 장작불 사용을 시도해 보자.

아가서를 보면 사랑을 나누는 것에는 오감이 모두 자극을 받고 오감이 모두 즐긴다. 한 여성이 말했다. "사랑을 나누는 것은 적어도 75퍼센트의 감각과 많아야 25퍼센트의 성감이다."[2] 감각은 상상력을 자극하며 즐거움을 배가시킨다.

순서를 다양하게 하라.

항상 같은 방법으로 사랑을 나누는 패턴에 빠지기 쉽다. 왜냐하면 그것이 잘되기 때문이다. 우리는 우리가 알고 익숙한 것을 편안하게 느낀다. 그러나 서로의 즐거움에 민감해야 함과 동시에 창조적이 되어야 한다. 둘 중 누가 주도할 것인지를 다양하게 시도하자. 다양함과 로맨스는 서로의 마음에 적당히 에로틱한 생각과 욕망을 불러일으키도록 도와주며, 서로에 대한 열정을 증가시켜 준다.

그러나 너무 지나친 실험이 부적절한 때가 있다. 특히 여성은 산후 회복 중에 있을 때는 섹스에 대해 조금 낯설게 느낄 것이다.

사람들은 가끔 결혼의 성생활에 있어서 성경이 우리에게 허락하고 있는 것이 무엇이냐고 우리에게 묻는다. 상세한 것들에 대한 구체적인 지침은 없지만, 안전구역 설정과 같은 역할을 하는 분명한 원칙은 있다. 그중 가장 중요한 것은 우리가 무엇을 하든지 간에 상호간에 합의된 것이어야만 하며 서로의 존엄성을 존중해야 한다는 것이다. 이러이러한 사랑을 실천하는 것이 우리 두 사람 모두에게 즐거움과 만족을 주는가? 아니면 배우자를 불편하고 당황스럽게 혹은 이용당하는 것처럼 느끼게 만드는가? 이것이 우리 두 사람 모두를 오르가슴에 이르게 할 수 있는가? 이것이 우리로 하여금 우리의 생각을 오로지 남편이나 아내에게만 집중하게 하는가?

하나님은 결혼 안에서 섹스를 통해 서로를 사랑하도록 우리를 만드셨다. 우리가 섹스를 즐기는 것을 보고 놀라거나 충격을 받지 않으신다. 그것은 하나님의 아이디어였다. 하나님은 우리를 영적이며, 감정적이며, 성적인 존재로 만드셨다. 그분은 우리의 몸이 서로에게 욕망과 즐거움의 대상이 되도록 만드셨으며, 성적인 연합 속에서 평생에 걸친 탐구와 가능성들을 신중하게 창조하셨다.

15
결혼을 지키기

어리석게도 나는 한때 조류학자가 새들을 분류하듯 혼외 관계를 갖는 사람들을 분류하려고 했다. 그러나 나는 그 시도를 포기했다. 간통을 하는 사람들은 분류될 수가 없다. 그들은 나이가 많을 수도 젊을 수도 있으며, 또 교양 있는 사람일 수도 투박한 사람일 수도 있으며, 정력이 넘치는 사람일 수도 덜한 사람일 수도 있으며, 이기적인 사람일 수도 관대한 사람일 수도 있으며, 친절한 사람일 수도 잔인한 사람일 수도 있다는 것을 알았다.
심지어, 만약 좀 더 유연성을 가지고 단어를 고른다면 영적인 사람일 수도 육체적인 사람일 수도 있다는 것을 알았다. 결혼한 사람 누구든지 간통을 저지를 수 있다. 유대인, 가톨릭 교인, 퀘이커 교인 모두 간통을 저지를 수 있다. 사업상의 회의나 종교적인 부흥회 모두 간통의 계기가 될 수 있으며 자동차, 의사의 진료실, 집과 교회 사무실 모두 간통이 가능한 장소가 될 수 있다.

존 화이트[1)]

우리 중 누구도 간통의 위험에서 제외되지 않는다. 우리는 모두 다른 사람에게 매력을 느낄 수 있다. 때로는 조금도 기대하지 않은 순간에 그렇게 될 수 있다. 구약의 왕 중 가장 유명한 다윗 왕은 어느 날 저녁 궁전 옥상을 거닐다가 굴복하고 말았다. "그곳에서 보니 한 여인이 목욕을 하는데 심히 아름다와 보이는지라 다윗이 보내어 그 여인을 알아보게 하였더니…"(사무엘하 11:2-3).

그 여인의 이름은 밧세바였으며 다윗 군대의 충실한 군인의 아내였다. 그러나 이미 너무 늦었다. 다윗은 그녀를 자기 침대로 불러들이기도 전에 이미 너무 멀리 가버렸다. 간통이라는 생각으로 스스로를 즐겁게 할 때즈음 그는 이미 행동의 계획을 모두 세워놓고 있었으며, 그것은 장차 다가올 긴 시간 동안 그의 가족에게 끔찍한 결과를 안겨 주었다.

오늘날 혼외 연애가 유행하고 있고 널리 받아들여지고는 있지만, 그것이 각 개인에게 가져오는 고통은 조금도 줄어들지 않았다. 주디라는 한 십대 소녀의 이야기는 한 신문에 실린 것이다.

> 주디는 부모의 23년의 결혼생활이 결코 흔들리지 않으리라 생각했지만 18개월 전 어느 지루한 오후, 그녀의 아버지는 그녀에게 가족의 친구 한 사람과 2년간 연애를 했다는 이야기를 털어놓았다. 그녀는 아버지의 부정에 대해 배신감과 분노를 느꼈으며 깊이 상처를 입었다고 말했다. "아빠를 용서할 수 있을지 모르겠어요. 친구들은 이렇게 말해요. '그분은 너의 아빠야. 이제까지 너를 위해서 하신 일들을 생각해 봐.' 그럼 전 이렇게 생각하죠. '그래, 물론 아빠는 침대에서 동화책을 읽어 주셨지. 하지만 그렇다고 아빠가 하신 일이 용서되는 건

아니야.'"

그녀는 말했다. "그건 너무나도 이기적인 행동이에요. 우리는 전형적인 행복한 가정이었어요. 아이 셋, 고양이 두 마리, 개 한 마리. 우리 아빠가 그런 일을 하고도 모든 게 다 잘될 거라고 생각했다는 게 전 슬퍼요. 정말 슬퍼요. 지금은 아빠와 유일하게 연결되는 거라곤 아빠가 매달 제 통장으로 보내 주시는 돈이 전부예요."[2)]

혼외 연애는 쉽게 시작되지만 그에 따른 상처와 손실은 쉽게 치유되지 않는다. 결혼은 신뢰를 기초로 세워지는 것이다. 그러나 한 번 무너지면 신뢰를 다시 쌓는 것은 더디고 고통스러운 과정을 겪게 된다. 혼외 연애는 짧은 시간에 마음을 사로잡고, 감정적인 밀착과 친밀한 대화, 흥미진진한 섹스를 약속한다. 그러나 길게 보면 많은 후회를 낳게 된다. 결혼이 깨어지고 가족의 생활이 파괴되기 때문이다.

기독교 결혼 서약에서 우리는 성경을 따른다. 가족과 친구들 앞에서 그리고 하나님이 지켜보는 가운데 우리는 "충실하고 … 다른 모든 것을 버리겠다"고 서약한다. 남편이나 아내가 그 서약을 깨뜨릴 때 그 배우자는(그리고 자녀가 있다면 그 자녀들도) 끔찍한 배신감에 직면하게 된다.

서약을 배반하는 것은 사람을 배반하는 것이다. 배신이 '사악한' 이유는 교합 때문이 아니다. 교합은 좋은 것이다. 간통이 나쁜 이유는 교합 때문이 아니라 도둑질과 사기 때문이다. 훔친 사과는 달콤하며 그것을 먹는 것은 말할 수 없이 건강한 체험일 수 있다. 스카이 섬에서 몰래 낚아올렸던 연어만큼 맛있는 것을 나는 내 생애에 아직껏 먹어보지 못했다. 우리는 태양이 내리쬐고 푸른 파도가 넘실거리며, 돌이 많은 바닷가에서 부목(浮木)으로 불을 피워 그것을 구워 먹었다. 내 마음은 가볍고 즐겁기만 했다. 몰래 낚시를 하는 것에 대해 나는 조금도 나쁘게 느끼지 않았다. 그러나 밀어한 연어로 인한 우리의 즐거움이 밀어를 정당한 것이 되게 하지는 않는다.[3)]

요즘 사람들은 규칙보다는 감정에 따라 삶을 살고 싶어 한다. 그러나 우리의 감정은 가변적인 것이며 우리를 속이기 쉽다. 하나님께서 간통을 금지하는 율법을 우리에게 주신 것은 우리의 재미를 망치게 하기 위해서가 아니라, 가정생활을 보호하고 우리가 서로에게 그리고 스스로에게 상처 주는 것을 막기 위해서이다. 신약성경에서 우리는 이런 말씀을 듣는다. "모든 사람은 혼인을 귀히 여기고 침소를 더럽히지 않게 하라"(히브리서 13:4).

그러나 여러분 중에는 이미 남편이나 아내에게는 비밀인 관계를 가지고 있는 사람도 있을 것이며, 혹은 배우자가 그런 관계를 가지고 있음을 아는 사람도 있을 것이며, 또 혹은 그런 관계에 유혹을 느끼고 있는 사람도 있을 것이며, 결혼에 충실하고자 하는 소원과 매혹의 위력 사이에서 갈등하고 있는 사람도 있을 것이다.

지혜

대개의 경우 미리 계획하고 혼외 연애를 하는 것은 아니다. 결혼한 여자인 캐서린은 다른 남자와 관계를 가지고 싶은 유혹을 느꼈다. 그녀는 자신의 경험을 우리에게 이야기해 주었다. 그녀는 갑작스럽고 강한 그녀의 감정에 스스로도 놀랐다. 그 매혹이 성적인 것이 아니었기 때문에 그녀에게는 '순수하고 좋은 것' 으로 느껴졌다. 적어도 처음에는 그랬다. 7년간 결혼생활을 한 그녀는 직장 동료인 롭에게 강하게 끌리고 있는 자신을 발견했다. 그녀는 6주 동안 자신의 감정과 혼자서 싸웠다.

그러던 어느 날 저녁, 그녀는 롭을 포함한 직장 동료들 한 무리와 외출을 했다. 술을 몇 잔 마신 후 그녀는 자신도 모르게 그에게 자신의 감정을 이야기하고 있었다. 그는 두 사람의 관계를 발전시키기를 열망했다. 캐서린에게 있어 그 끌림의 감정은 자신에게 귀 기울여 주고 그녀를 이해해 주는 듯한 사람과의 친밀함을 느끼고 싶기 때문이었다. 하지만 그의 욕망은 매력적인 여자와 성 관계를 가지고 싶은 것이었다.

캐서린은 두 가지 깨달음이 그 관계를 시작하는 것으로부터 그녀를 구해 주었다고 말했다. 첫 번째는 결혼에 관한 기독교 서적이었는데, 그 책은 그녀가 처음의 이끌림(그녀의 잘못이 아닌)과 그 생각을 좇고자 하는 선택(그녀의 잘못이 되는)을 구분할 수 있도록 도와주었다.

두 번째 깨달음은 자기 혼자서는 그 유혹을 감당할 수 있을 만큼 자신이 강하지 않다는 것이었다. 그녀는 하나님께 울부짖었고, 용서와 도움을 구했다. 그 결과로 믿을 수 있는 한 나이 많은 여인에게 이야기를 털어놓고 그녀의 도움과 조언을 구했다. 자기 안의 소용돌이를 다 쏟아내고 나니 그녀는 더 이상 자기 혼자서 싸우고 있지 않다고 느꼈고, 그 문제를 훨씬 더 분명히 볼 수 있게 되었다. 캐서린은 그 후 불성실하게 되는 것을 피하기 위해 경계선을 정해 두기로 결심했다. 일 때문에 롭과 함께 있는 것을 피할 수 없었으므로 그녀는 필요하다면 직장을 바꿀 준비까지 해두었다. 그러나 다행스럽게도 롭이 다른 사무실로 발령이 났다.

한편 그녀는 남편 시몬에게 이러한 생각들을 비밀로 했기 때문에 두 사람 사이에는 거리감이 생겨났다. 그는 그녀가 마음을 굳게 닫아버렸다고 느꼈지만 그 이유를 알 수가 없었다. 관계를 예방하기 위해 행동을 취하기 시작한 후 캐서린은 남편에게 그녀에게 생긴 변화의 이유를 말할 수 있게 되었다. 그녀는 그 후 그에게 용서를 구했다.

문제를 밖으로 꺼내놓은 이후 캐서린은 남편과 그들 결혼의 모든 좋은 점들에 생각을 집중하기로 결심했다. 시몬은 좀 더 열심히 그녀에게 귀 기울여 주었고, 그녀를 격려하고 자신감을 불어넣어 주었다. 그들의 결혼이 지켜졌을 뿐만 아니라 거의 위험할 뻔한 이 일의 결과로 두 사람은 더욱 가까워졌다. 사실 이 일련의 사건들을 모르는 친구들은 두 사람이 이제 막 사랑에 빠진 커플처럼 보인다고 말한다.

결혼 관계를 위한 시간과 에너지의 투자

거의 언제나 혼외 연애의 근본 원인은 결혼생활 속에 친밀감이 부족하기 때문이다. 적어도 한동안은 그 관계가 남편이나 아내의 관심과 존중, 애정과 흥분을 그리워하는 마음을 채워 준다. 불성실함으로부터 결혼을 지키는 최선의 방법은 우리의 관계가 더욱 강하고 가깝고 깊어지도록 결혼을 보살피는 것이다. 두 아이의 어머니이며 런던에서 은행가로 활동하고 있는 샬롯트의 이야기이다.

> 그때는 깨닫지 못했지만 존과 결혼했을 때 그에 대한 나의 태도는 바뀌었으며 나는 그를 당연하게 여기기 시작했다. 그는 결혼으로 인한 함께함을 고대했지만 나는 여전히 자유로운 소녀이고 싶어 했다. 그래서 나는 항상 밖에서 놀곤 했다. 집에는 나를 지지해 주는 남편이 있다는 생각에 안도하면서 말이다. 첫째 아이가 태어날 때까지 우리는 따로따로이지만 완벽하게 행복한 삶을 살았다. 나는 엄마가 되었

다는 것이 무척 좋았지만 여전히 가능한 한 많이 외출을 하려고 했다. 바로 그때부터 존과 사이가 나빠지기 시작했다. 더 이상 서로를 위한 시간을 갖지 못했기 때문이었다. 한 번도 존을 사랑하지 않은 적은 없었지만 나는 점점 더 성급해지고 짜증을 내게 되었다. 그의 눈에 내가 점점 더 덜 사랑스러워 보인다는 것을 나는 전혀 몰랐다. 하지만 분노는 점점 더 쌓여갔고, 둘째 아이가 태어났을 즈음 그는 다른 여자를 만나고 있었다.[4)]

관계를 회복하는 데 실패한 샬롯트와 존은 갈라서게 되었다. 그들은 서로를 엮어 주는 뿌리를 키우지 못했던 것이다. 함께 시간을 보내지 않고, 깊은 대화를 나누지 않고, 사랑을 나누지 않고, 상처를 해결하지 않으면 우리 관계는 그 기초가 약해진다. 우리의 사랑이 단지 표면적인 것이라면 우리는 유혹에 더 약해지며, 상대를 더 많이 비난하며, 덜 이해하게 되며, 덜 용서하게 된다. 우리는 세월과 더불어 혹은 자녀의 탄생과 함께 찾아오는 변화를 수용하기 위해 노력해야 한다. 그렇지 않으면 다른 사람들과의 관계를 이상화하고 다른 남자 혹은 여자를 그리게 될지도 모른다. 아마 뿌리 없는 나무처럼 우리는 폭풍을 견뎌내지 못할 것이다.

그리고 우리는 또한 기회를 놓치게 된다. 기쁨은 새롭고 얄팍한 관계나, 가짜 이름을 대고 들어간 호텔 방이나, 죄책감을 느끼는 휴가 여행 속에 있지 않다. 진정한 기쁨은 '길거리의 발자국 소리를 알아듣는 혹은 근육이 1밀리미터만 움직여도 그 얼굴을 읽어낼 수 있는'[5)] 그 속에 있다.

경계선

간통은 생각에서 시작되고 또한 생각에서 멈추어질 수 있다. 이것은 다윗 왕에게 사실이었다. 또한 캐서린에게도 사실이었다. 이는 나이, 문화 혹은 성에 상관없이 여러 세대를 내려오는 사실이다. 누군가에게 끌리는 것은 어쩔 수 없는 일이다. 그러나 그러한 생각을 통제할 것인가, 내버려 둘 것인가는 결정할 수 있다. 우리의 결혼을 위해서 이러한 생각들은 습관이 되기 전에 우리의 생각에서 몰아내야 한다. 예수님의 가르침은 우리의 생각과 마음을 지킬 수 있는 경계선을 정해 준다.

> "또 간음치 말라 하였다는 것을 너희가 들었으나 나는 너희에게 이르노니 여자를 보고 음욕을 품는 자마다 마음에 이미 간음하였느니라" (마태복음 5:27-28).

예수님의 지적은 남자에 대해 음욕을 품는 여자에게도 마찬가지로 적용된다. 끌리는 마음이 점점 커진다는 것을 알게 되었을 때는 그 당사자와 단 둘이서 시간을 보내지 않기로, 혹은 아예 만나지 않기로 결심을 해야만 한다. 단 둘이서 점심을 먹자는 초대를 거절해야만 하는 것이다. 미리 "No"라고 말하면 나중에 생길 많은 문제들을 피할 수 있다.

많은 혼외 연애들은 즉각적인 성적 매력 때문에 시작하는 것이 아니라 친밀한 대화를 통해 시작된다. 이성이 자신만의 생각과 감정의 세계로 들어오도록 우리를 허락할 때 위험한(그리고 유혹적인) 친밀감이 만들어진다. 그 안으로 점점 더 끌려들어 가면 갈수록 그 사람이 남편이나 아내보다 나를 더 잘 이해하고 더 많이 필요로 한다고 느낄 수 있다.

이 경계선을 (조금이라도) 넘어갔다는 것을 인식했다면 가능한 한 빨리 남편이나 아내에게 그 대화의 내용을 이야기해야 한다.

누군가에게 감정을 이야기하기

강한 감정이 자라나게 되었을 때 혹은 자신도 모르는 사이 자신을 사로잡았을 때, 다른 누군가에게 이야기를 하면 그 감정이 가진 힘을 떨쳐내는 데 도움이 된다. 한 부부는 결혼 첫 해에 각각 다른 시기에 다른 사람에게 강하게 끌리고 있는 자신들을 발견했다. 그 생각을 비밀로 묻어둘수록 그 생각은 점점 더 강해졌다. 두 사람이 서로에게 자신의 감정을 고백했을 때에야 거품은 터져 버렸고 다른 사람에게 열중했던 마음은 재빨리 식어버렸다. 남편이나 아내에게 고백하는 것이 불가능해 보인다면 믿고 비밀을 털어놓을 수 있는 누군가를 찾아야만 한다.

부정(不貞)은 오래 지속될수록 돌아서는 것이 힘들어진다. 간통의 길에서 벗어난 경험이 있는 사람들은 그들이 느꼈던 것이 얼마나 강했는지를 이야기한다. 그들은 다른 사람에게 그토록 진한 감정을 느껴본 일이 결코 없었기에 그 감정이 순수하고 선한 것으로 느껴졌다고 말한다. 그들은 처음으로 살아 있는 것처럼 느끼며, 이것이 그런 '사랑'을 경험할 수 있는 생애의 유일한 기회일지도 모른다고 생각한다. 그들은 자유와 행복이 가득한 미래를 향해 자신도 어쩔 수 없이 휩쓸려가고 있다고 느낀다.

그러한 느낌은 도무지 믿을 수가 없는 것이다. 장기적인 안목이 필요하다. 언젠가 이러한 열중은 다른 모든 것들처럼 사라질 것이다. 그때가 되어서야 자신의 배우자가 불만족스러운 상대가 아니라는 것을 알게 되며, 자신이 망쳐놓은 결혼과 가족의 삶을 깊은 후회로 돌아보게 될 것이다. 연애를 끝내는 것은 가장 내리기 힘든 결정 같지만, 세월이 흘러 돌아보면 가장 잘 내린 결정이었다고 생각하게 될 것이다.

굳게 서 있기

배우자가 다른 사람과 사귀고 있다는 것을 알게 되었을 때 우리는 어떻게 해야 할까? 그의 혹은 그녀의 마음을 다시 얻을 수 있으리라 희망하면서 용서하고 계속해서 사랑해야 할까? 분명 용서와 사랑 모두 절대적으로 필요하다. 그러나 배우자의 행동이 결혼에 파괴적인 결과를 가져왔을 때도 용서하라는 뜻은 아니다. 사랑이 담긴 최고의 행동을 취하기 위해서는 모질고 확고한 입장을 취해야 할 때가 있다. 게리 채프먼은 다음과 같은 조언을 한다.

> "결혼에서 절대 허락할 수 없는 것이 있다. 육체적인 폭력, 성적인 불성실, 아이들을 향한 성적인 가해, 알코올 중독 혹은 마약 중독이 계속된다면 그때는 사랑이 담긴 행동을 취해야 할 때이다."[6]

이러한 태도와 행동을 저지하지 않고 내버려 둔다면 우리 자신과 결혼은 망가지고 만다. 사랑은 우리에게 용서할 것을 요구하지만 때로는 맞서서 대결하기를 요구한다.

리사는 남편 마틴의 제멋대로인 행동에 맞서본 일이 없었다. 그는 모든 것을 자기 마음대로 했고 그녀는 모든 자신감을 잃어버렸다. 결혼 8년 후, 그녀는 그가 이웃 여자와 바람을 피고 있다는 것을 알게 되었다. 그는 결혼과 세 아이를 지키기 위해 그 관계를 끊겠다고 약속했다. 세 번 더 일이 터지면서 그녀는 그 관계가 계속되고 있음을 알게 되었다. 그때마다 마틴은 이제 끝내겠다고 그녀에게 약속했다. 마침내 한 친구의 조언으로 그녀는 행동을 취했다.

그녀는 그가 두 사람 사이의 신뢰를 무시했으므로 집에서 나가 달라고 말했다. 그가 계속해서 불성실한 태도를 보이면 결혼은 끝이라고 했다. 그러나 그가 말뿐만 아니라 행동으로도 돌아오기를 바란다는 것을 보여 주면 결혼은 지켜질 수 있으리라는 여지를 남겼다. 결혼해서 처음으로 리사는 자기가 옳다고 생각하는 것을 위해 일어선 것이다.

우리가 그들을 만났을 때 그들은 7개월 동안 별거를 하고 있었는데 그즈음 마틴은 다시 가정으로 돌아오기를 원하고 있었다. 리사가 그의 행동에 선을 그은 이후로 그는 리사를 더욱 존중하게 되었다. 그는 모든 것을 자기 마음대로 할 수 없다는 것을 깨달았다. 그는 연애와 가정 중 하나를 선택해야 했다. 리사의 확고한 태도는 예전의 묵인보다 더 큰 사랑이었다. 왜냐하면 그로 인해 두 사람이 다시 합쳐지고 결혼이 회복될 수 있는 희망이 생겼기 때문이다.

너무 이른 포기는 금물

은행가인 샬롯트는 남편 존이 그녀에게 다시 돌아오리라는 희망을 포기하지 않았다. 결국 그는 그녀에게 관계를 끝냈다고 말하고 돌아올 것을 동의했다. 샬롯트는 이렇게 설명했다.

> 그는 머무르기로 결심했지만, 그가 집에서 행복하게 되기까지는 1년이 걸렸다. 그동안 그는 침대에서 내게 손도 대지 않으려고 했으며, 나에게 거의 말을 걸지 않았으며, 다시 돌아온 것이 화가 난 것처럼

보였으며, 계속해서 나에게 말하기를 자기는 아직도 그 여자를 사랑하고 있다고 했다.

그가 돌아온 후 여름, 나는 아들 아이 하나와 휴가 여행을 갔다. 다른 아이는 존과 남겨두고. 너무나 즐거운 휴가 여행이었기 때문에, 나는 존에게 한 번도 전화를 하지 않았다. 5일째 되는 날 그가 나에게 전화를 했다. 그리고 우리가 몹시 보고 싶다고 말했다. 그것이 전환점이었다. 집을 나간 지 정확히 2년 후, 그는 우리에게 돌아온 것이다.

천천히 우리는 우리의 결혼을 다시 만들어가기 시작했다.[7]

우리가 알기로 간통 관계 후 다시 합쳐진 부부들은 자신들의 결혼을 잘 키워가고 지키겠다고 굳게 다짐을 했다. 그러나 신뢰가 다시 쌓이기까지 시간이 걸린다는 것을 아는 것은 중요하다. 불성실한 남편 혹은 아내는 배우자가 마치 아무것도 일어나지 않은 듯 행동하기를 기대할 수 없다. 그들은 민감하고 인내심을 가져야 한다. 분노에서 공포까지 배우자가 거쳤을 그 감정의 폭을 이해해야 한다.

어떤 이들에게 용서는 매일매일의 결심이 될 것이다. 자신의 아내가 얼마 전 다른 사람과 관계를 가진 것을 안 한 남자는 우리에게 이야기했다. 그들이 언쟁을 할 때마다 그는 '자기가 그런 짓을 해 놓고도 무슨 권리로 내 말에 동의하지 않는 거야?' 라는 생각이 든다고 했다. 하지만 그는 용서란 지나간 일을 품어두지 않는 것임을 알고 있었다. 그는 그녀와 그들의 결혼이 새롭게 시작할 수 있도록 허락해야만 한다. 한편 그의 아내는 하나님과 남편이 그녀의 과거 행동을 용서했다는 것을 믿고 끊임없는 죄책감으로부터 벗어나는 것을 배워야 했다.

16
섹스의 기쁨을 유지하기

"성적인 연합은 '나는 당신을 사랑합니다'를 진실되게 말하는 것으로 그 메시지는 아무리 반복해도 살아 있다."

앨런 스토키[1]

이 책에서 다루고 있는 부분 중 어느 하나라도 솔직하게 이야기하는 것에 실패한다면 결혼은 혼외 정사의 위험에 처하게 된다. 결혼이 성적인 관계를 발전시키는 데 실패하면, 그것은 우리를 더욱 상처받기 쉽게 만든다. 우리의 성적인 욕구와 반응은 복잡하다. 가장 튼튼한 결혼 관계에서조차도 욕구가 줄어들고 문제가 발생하는 시기가 있기 마련이다. 이러한 것들은 솔직하게 이야기되어져야 하며 지체 없이 해결되어야 한다. 성적인 친밀함이 우리의 결혼에서 조용히 빠져나가게 되면, 우리의 관계는 그 특별한 특성을 잃게 될 것이다.

병을 앓고 있기 때문에 섹스를 하는 것이 힘든 부부들도 있다. 그러나 그들 관계에서 성적인 부분은 여전히 살아 있으며, 완전한 섹스 외의 성적인 방법으로도 파트너가 사랑을 받고 소중하게 여겨지고 있다는 만족감과 욕구를 채워 줄 수 있다.

이 과는 모든 성적인 문제에 대한 포괄적인 안내는 아니다. 우리는 성 폭력이나 폭행, 혹은 남편이나 아내가 동성애 성향을 가지고 있음을 발견하게 되는 등의 고통스러운 부분들은 다루지 않을 것이다. 불임이나 유산, 낙태의 결과들도 다루지 않을 것이다. 하지만 이것들은 감정적인 상처나 억눌린 슬픔, 찌르는 듯한 죄책감, 두려운 감정 혹은 섹스에 대한 절망을 남길 수 있다.

이러한 고통스러운 문제들은 이에 대해 조언을 해 줄 수 있는 자격을 갖춘 사람(혹은 부부)과 조용히 이야기를 나누어 보는 것이 좋다. 의사 혹은 교회 리더를 통해 전문 상담가를 만날 수도 있다. 위의 문제 중에 자신의 문제가 포함돼 있다면 포기해서는 안 된다. 우리는 하나님의 사랑과 능력을 새롭게 발견함으로써 과거를 치유받고 새로운 미래를 발견한 사람들을 많이 알고 있다.

대부분의 결혼은 때때로 문제에 부딪치게 된다. 어떤 부부들은 열정 없는 습관적인 관계에 고착된다. 그것은 문제를 해결하는 방법을 모르기 때문일 수도 있고, 그런 상태를 너무나 오랫동안 내버려 두어 더 이상은 그 문제에 함께 맞부딪쳐 볼 만큼 가까운 사이가 아니기 때문일 수도 있다. 우리는 단지 그들의 상황을 직시하여 함께 이야기하고 바꾸어 보겠다는 의지를 가지는 것만으로 그 깊은 습관적인 관계에서 빠져나온 부부들을 보았다.

다음은 결혼의 성 관계가 왜 어려움에 부딪치는지, 혹은 왜 맥없이 끝나버리는지, 왜 진전이 없는지에 대한 다섯 가지 일반적인 원인을 짚어 보았다. 이것들 모두는 이야기를 나눌 수 있고 개선할 수 있다.

낮은 자기 평가

자기 평가와 자신의 몸에 대한 태도는 성욕에 지대한 영향을 끼친다. 아가서는 자신을 매혹시키고 사로잡은 남자와 여자의 육체의 특질들을 노골적으로 말하고 있다(아가 1:15-16, 4:1-7). 성경적인 관점은 자신의 몸과 배우자의 몸을 그대로 수용하는 것이다. 하나님은 우리 모두를 슈퍼 모델이나 운동선수의 몸으로 창조하시지 않으셨다. 하나님이 우리 하나하나를 독특하게 만드셨으므로 무궁무진한 다양성이 존재한다. 그는 우리를 크게 혹은 작게, 뚱뚱하게 혹은 마르게, 검거나 갈색이거나 하얗게 그리고 그 사이에 있는 수많은 모양과 피부색으로 만드셨다.

오늘날은 언론이 우리에게 무엇이 아름다운 것인지를 강요한다. 어떤 모델이 인기를 끌고 있는가에 따라 구체적인 것들은 바뀌어지지만, 메시지는 언제나 분명하다. 즉, 아주 마른 여자 혹은 근육질의 남자가 되어야 한다는 것이다. 어떠어떠한 모습이 되어야만 한다는 압박감은 여성이 더욱 예민하게 느낄 것이다. 조사에 따르면 영국 여성의 80퍼센트 이상이 자신의 몸에 불만족스러워하고 있으며, 30퍼센트가 무리한 다이어트를 하고 있다. 점점 많은 수의 여성들이 자신의 자연스럽고 가장 건강한 몸무게를 알지 못하고 있으며, 굶는 것과 다름없는 식사를 하고 있다. 이런 식의 다이어트에서 벗어나게 되면 몸무게가 늘게 되고, 그러면 죄의식과 혐오감을 갖게 되는 것이다. 만약 자신에게 몸무게를 유지하기 위한 거식증, 혹은 폭식증 경향이 있거나 지나치게 운동에 집착하고 있다고 판단되면 도움을 구하는 것이 중요하다.

그러나 우리는 스스로를 그리고 서로를 도울 수 있다. 배우자의 몸 혹은 자신의 몸을 유행하는 패션과 비교해서는 안 된다. 특히 여성의 경우 성을 얼마만큼 즐길 수 있느냐는 자신에 대해 어떻게 느끼고 있는가 하는 것에 큰 영향을 받는다. 자기 몸에 대해 열등감을 느끼고 자의식에 빠져 있다면 흥분하고 오르가슴에 다다를 수 있는 그녀의 능력을 감소시켜 버린다.

우리 각각은 일반적인 기준에 의해 남편이나 아내가 얼마나 매력적이고 아름다운지를 말해 줌으로써 그들의 자부심을 높여 줄 수 있다(우리가 그렇게 하지 않으면 그들은 그렇게 해 줄 다른 누군가에게 귀 기울이게 될 것이고, 그러면 우리의 결혼은 위험해진다). 두 사람 사이에는 서로의 몸에 대해 비난하거나 불가능한 기대를 갖지 않기로 하는 무언의 규칙이 있어야 한다.

마찬가지로 결혼 안에서 서로를 위해 자신의 외모를 끊임없이 가꾸어야 할 필요가 있다는 것을 깨닫는 것은 중요한 일이다. 그렇지 않으면 악순환에 빠지기 쉽다. 우리는 이렇게 생각하곤 한다. "내 남편은 이제 내가 어떻게 생겼는지 관심도 없어" 혹은 "그이는 나를 얼마나 매력적이라고 생각하고 있는지 절대 이야기하지 않아" 혹은 "요즘 아내는 내가 자기를 흥분시킨다는 말을 하지 않아." 그러면서 자신감을 잃게 되고 더 이상 상대방에게 매력적으로 보이고자 노력해야 할 동기를 상실한다. 자신이 너무나 어색하고 불필요해 보이기 때문이다. 그러나 배우자는 처음 결혼했을 때는 너무도 분명히 나에게 육체적으로 끌렸을 것이다. 그것을 유지하기 위해 우리가 할 수 있는 일은 아주 많다.

말과 육체로 부드럽고 열정적으로 사랑을 나눌 때 서로 속에 내재되어 있는 아름다움을 끌어내야 한다. 자신이 사랑받고 있다는 것을 알 때 더욱 아름다워지는 사람들을 종종 보게 된다. 내부의 아름다움이 바깥으로 빛이 나게 되면, 그것은 아주 미묘하게 육체적인 모습을 바꾸어 놓는다. 아름다움은 사랑의 가꿈 속에서 자라나는 것이다.

해결되지 않은 감정

섹스가 문제나 갈등의 해결책으로 이용되어서는 안 된다. 불안, 불신이나 분노와 같은 표현되지 않은 감정들은 모두 성적인 친밀함에 영향을 끼친다. 대개의 경우 남자들은 고통이나 분노로부터 일시적으로 도피하기 위해 섹스를 하는 반면, 여자들에게 있어서는 부정적인 감정들이 그들을 위축되거나 마음을 닫게 만든다.

섹스에 대한 욕구 부족이나 자신을 100퍼센트 내주지 못하는 무능력은 결혼 안에서 해결되지 못한 상처나 이전의 성 관계, 혹은 성장 과정의 결과일 수 있다. 필요하다면 다시 한번 9과의 서로에게 상처를 주었던 것을 이야기하는 과정과 12과의 어린 시절의 고통을 이야기하는 방법을 참조해 보자. 많은 부부들이 우리에게 말하기를 문제를 함께 해결하고자 할 때 사랑을 나누는 일도 훨씬 좋아졌다고 말한다. 새로운 에너지가 솟아나고 한차원 높은 친밀함을 경험하게 되는 것이다.

육체적인 문제

많은 사람들에게 영향을 끼치는 육체적인 문제 세 가지가 있다. 첫째는 아내가 오르가슴에 도달하지 못하는 것이다. 둘째는 아내가 오르가슴에 도달할 때까지 필요한 시간만큼 남편이 사정하는 것을 조절하지 못하는 것이다. 셋째는 남편이 발기를 유지하지 못하는 것, 즉 임포텐츠인 경우이다. 이러한 문제들은 의사나 전문적인 카운셀러, 혹은 좋은 책으로부터 정보와 도움을 얻으면서 극복하는 것이 가능하다. 이들 중 극히 일부만이 육체적인 장애로 인한 것이다. 거의 모든 여성들은 오르가슴을 성취할 수 있는 육체적인 능력을 가지고 있으며, 마찬가지로 대부분의 남성들은 사정을 조절하는 방법을 배울 수 있다. 임포텐츠 역시 절망적인 상황이 아니며, 많은 경우 약이나 훌륭한 조언으로 치료될 수 있다.

이러한 육체적인 문제들을 극복하는 데 도움이 되는 책으로는 의학적인 동시에 기독교적인 관점에서 씌어진, 에드와 게이 휘트의 「기쁨을 위하여」(Intended for Pleasure)가 있다. 이 책은 성 관계를 개발시키는 방법에 대한 일반적인 조언 외에도 이 세 부분에 있어서 서로를 도울 수 있는 방법들을 자세하게 설명하고 있다.

피곤

피곤은 아마도 부부의 성생활을 방해하는 가장 흔한 요인일 것이다. 이것은 결혼의 어느 단계에나 있을 수 있다. 신혼이건, 아이들이 태어난 지 몇 년 되었건, 직장에서의 일이 점점 더 많아지는 시기이건…. 압박을 가하는 것이 무엇이든지 간에 육체적이고 정신적인 피로감은 대부분 성생활을 그 첫 번째 희생자로 만들기 쉽다. 처음에는 그 무기력함을 알아차리지 못하겠지만 그것이 습관이 되면 섹스는 너무나도 쉽게 사라져버리고 만다. 빌 하이벨스는 이렇게 썼다.

> 하나님은 우리에게 불완전한 세계 속에서 성적인 존재가 되라고 하신다. 처음의 호르몬과 로맨스가 결혼에서 차차 희미해져갈 때 매일매일의 현실이 끼어들어 우리의 시간과 에너지와 헌신을 요구한다. 더 이상 '나와 너'가 아닌 '나와 너 플러스 아이들과 직장, 개, 교회, 청구서, 고장난 세탁기'가 되는 것이다.[2)]

피곤하다는 것은 저녁 때 할 수 있는 가장 쉬운 일인 텔레비전 앞에 널부러져서 말로건 육체적으로건 대화 나누기를 그만두어 버린다는 것을 뜻한다.

쉬운 해결 방법은 없다. 성 관계에 위기가 닥쳤음을 인식하는 것은 거의 전투와 같다. 생활 방식을 조금 바꾸어보는 것도 도움이 된다. 이상하게 들리겠지만 운동을 좀 더 하면 덜 피로하게 된다. 많은 사람들은 운동을 부족하게 하거나 아예 하지 않는다. 우리는 하루 종일 차에, 책상에, 집에 앉아 있다. 운동은 모든 면에 있어서 건강에 좋다(집착하지만 않는다면). 특히 섹스를 즐기는 데는 더욱 좋다. 활력을 느끼게 되기 때문이다. 하루에 15분씩 빠르게 걷는다거나 직장까지 자전거를 타고 가는 등 자신에게 잘 맞는 운동을 찾는 것이 좋다.

또는 직장에서 보내는 시간과 집에서 보내는 시간에 대해 분명한 선을 그어 놓아야 한다. 함께 휴식과 로맨스를 즐길 시간을 만든다거나 매주 '결혼시간'을 계획하는 것은 피로를 예방할 수 있다.

장기적으로 볼 때, 피곤하지만 원하는 혹은 필요하다고 생각하는 만큼보다 잠을 적게 자더라도, 결혼의 이 필수적인 부분이 활기차게 살아 있다면 그만한 가치가 있는 희생이 될 것이다.

출산 이후의 변화와 적응

임신 기간과 출산을 전후하여 여자는 가장 상처받기 쉬운 상태가 된다. 당연히 부부의 사랑 행위에도 큰 변화가 생긴다. 남편은 아내에게 민감하게 반응하며, 보살펴 주고 보호해 주어야 한다. 출산 후에도 (성) 생활은 계속된다. 하지만 남편과 아내 모두 이타적인 사랑과 이해가 필요하다.

남편은 아내의 임신 전과 임신한 동안 그리고 출산 후 일어나는 육체적인 변화를 모두 완벽하게 수용해야 한다. 그런 다음에야 그가 보여 주어야 할 부드러움을 보여 줄 수 있으며, 언제 다시 사랑의 행위를 시작할 수 있는지 아내의 지시를 받을 수 있다. 질의 모양이 변하고, 잘 부드러워지지 않고, 파열로 인해 상처도 나기 쉽다는 등의 모든 것들을 염두에 두어야 한다.

아내를 아프게 할까 봐 두려워 아내를 안는 것을 지나치게 두려워하는 것과 아내가 완전히 육체적으로 회복도 되기 전에 성 관계를 다시 시작하고자 지나치게 열성적인 것 사이, 즉 두 극단의 중간을 남편은 조심해서 걸어야 한다.

각 부부는 자기들에게 맞는 것을 알아내야 한다. 그러기 위해선 열린 마음과 정직함이 필요하다. 특히 아내의 경우 자신이 육체적으로 감정적으로 어떻게 느끼고 있는지를 설명해야 한다. 수유와 그에 따른 피로도 여성의 성욕에 영향을 끼친다. 절망하지 말자! 골반마루운동처럼 시간이 치료해 준다. 이 운동은 출산 전의 모습을 회복하기 위한 것이기도 하지만 여성이 만족스러운 오르가슴을 계속해서 즐길 수 있음을 확실히 하기 위해서이기도 하다.

짧은 기간 동안 어머니는 새로 태어난 아기와 유대 관계가 형성되고 아기를 돌보면서 종종 섹스를 하지 않기도 한다. 이것은 자연스러운 것이다. 부자연스러운 것은 이것이 여러 달, 심지어는 1년 동안 계속해서 섹스를 하지 않는 핑계가 될 때이다. 아내는 그녀가 아내와 연인에서 아내와 어머니로 역할이 바뀌는 것을 지켜보는 남편의 어려움을 이해해야 한다. 그녀의 가슴이 이전에는 오직 그만을 위한 즐거움의 원천이었지만 이제는 다른 누군가에게 독점당하고 있다. 아내는 남편이 새로운 상황에 적응하고 성적인 존재로서 그녀에 대해 가지고 있는 이미지를 다시 만들 수 있도록 도와야 한다.

아내와 남편이 그들이 창조한 아기에게 함께 사랑과 관심을 쏟고, 공동의 책임을 지면서 함께 배워간다면, 두 사람은 서로에게 더욱 친밀함을 느끼며 끌리게 된다. 만약 남편이 마치 아무 일도 일어나지 않은 듯 이전처럼 행동한다면 쉽게 소외감과 분리된 느낌을 가지게 된다. 아내에게 있어서 가장 이상적인 남편은 그 모든 경험 속에서 그녀와 함께 있어 주는 사람이다. 이때 아내는 남편을 새롭게 보게 되며 그로 인해 친밀함과 성적인 이끌림이 생기게 된다. 다른 어떤 때보다도 부부는 사랑과 애정이 담긴 방법으로 서로에게 자신을 내어 주는 것이 무엇인가를 깨달아야 한다. 여자가 다시 섹스에 대해서 정상적으로 느끼기까지 1년 정도 걸리는 것은 이상한 일이 아니다.

마지막으로 아기를 부부의 침대에 재우는 것은 조심할 필요가 있다. 분명 아기는 매우 작고, 밤에 젖을 먹이기 위해서는 이것이 자연스러운 일일 것이다. 비록 많은 엄마들이 일단 아기가 깬 다음에는 일어나 의자에 앉아서 젖먹이기를 선호하지만 말이다. 그러나 신생아 기간이 지나면 부부의 침대에 아기를 재우는 것은 바람직하지 않은 일이 된다. 어린아이의 습관을 바꾸기란 어려운 일이며 18개월 된 아이에게 그렇게 하기란 모든 사람에게 힘든 상처가 될 수 있다. 부부의 침대에 (혹은 부부의 침실에) 있는 아기는 부부의 성생활을 심각하게 손상시킬 수 있다. 처음부터 습관을 만들지 않도록 하는 것이 좋다.

아기의 탄생이 성생활의 즐거움을 감소시켜서는 안 된다. 사실, 그 반대이다. 부부는 사랑을 통해 새로운 생명을 창조하는 기적을 경험하기 때문이다.

만약 당신이 '할 수 있는 모든 것을 다하여' 또 다른 기적이 일어나는 것을 멈추려 하고 있다 해도 그 느낌은 남아 있다. 즉, 생명의 기적은 스스로 일어나기 위해 노력하고 있다는 것이다. 놀라운 사실은 아이를 낳게 되면 섹스가 실제로 훨씬 더 좋아진다고, 다 다를지는 몰라도 그렇다고 한다. 이것을 이해하는 남자와 여자는 끝까지 함께한다. 그러나 그렇지 못한 사람들은 대부분 완전히 차갑게 식어버리거나 은혜라도 베풀듯 마지못해 허락하는 여자, 변화를 보지 못하고 어머니가 된 여자의 원숙함과 피곤함을 불평하는 남자는 바람을 피고, 서로 소외되는 혼란을 겪게 되기 쉽다. 결심을 하라. 봄이 오고, 여름이 되고, 또 가을이 되듯 변화를 받아들일 준비를 하라. 가족생활의 많은 부분에서 그러하듯 모든 것을 가질 수는 없다. 그러나 인내와 웃음으로 많은 것을 얻을 수 있다.[3)]

6장 - 즐거운 성
결론

우리의 문화는 섹스에 관한 잘못된 정보들을 우리에게 쏟아 붓는다. "수많은 다른 파트너와 하라. 그러면 훨씬 더 성숙한 사람이 되고 더 훌륭한 연인이 될 것이다."

"섹스는 스스로를 즐길 수 있는 한 가지 방법일 뿐이다. 만약 기분이 좋다면, 하라!"

"서로를 사랑한다면, 섹스를 하라. 결혼할 때까지 기다릴 필요는 없다."

또한 결혼 안에서의 섹스에 대해서도 수많은 거짓말들을 한다.

"육체적으로 끌리는 사람과 결혼하라. 그러면 섹스는 즉각적으로 근사할 것이다."

"평생 동안 한 남자 혹은 한 여자에게 성적으로 만족을 느끼리라는 기대는 버려라. 실험하라! 상상하라! 다른 사람과 희롱하라! 현실적이 되라! 섹스는 점차 소멸하기 마련이다."

우리는 기만당하고 혼란에 빠지기 쉽다. 그러나 진실은 하나님께서 우리에게 사랑의 선물로 섹스를 주셨다는 것이다. 수천 수만의 부부들이 가장 좋은 섹스는 사랑이라는 결혼 안에서 경험할 수 있다는 것을 발견했다. 그러한 섹스는 육체적 만족 이상의 것을 준다. 그것은 언어를 초월하여 사랑을 전달하는 힘을 가진 감정적이고 심리적이며 영적이기까지 한 유대감을 만들어낸다. 우리의 성 관계는 서로에 대한 사랑을 부드럽게, 규칙적으로 그리고 열정적으로 결혼생활 수년에 걸쳐 표현할 수 있다.

잘못 사용되었을 때 섹스는 깊은 고통과 소외 속으로 우리를 던져 넣는 힘을 가진다. 그러나 바로 사용되었을 때 섹스는 함께함과 황홀한 기쁨의 높이까지 우리를 들어올릴 힘을 가진다.

결혼의 여섯 번째 황금률

성적인 친밀함을 가볍게 여기지 말자.

제7장 행동하는 사랑

우리는 결혼생활이 그저 그렇게
흘러가도록 내버려 둘 수도 있다.
혹은 최고의 결혼생활을 할 수 있는
기회를 잡을 수도 있다.
진정한 친밀함과 서로 함께하는
진실한 즐거움을 누리려면
우리는 사랑의 눈으로 서로를 연구하고,
효과적으로 사랑을 소통하기 위해
우리의 삶과 우리의 말, 행동, 시간
그리고 돈을 바르게 써야 한다.

17
다섯 가지 사랑의 표현

사랑을 하지 않고도 주는 것은 가능하지만, 주지 않고 사랑하는 것은 불가능하다.

아논

어린이들에게 사람들은 왜 사랑에 빠질까 하고 물었다. 아홉 살짜리 꼬마가 대답했다. "왜 그렇게 되는지는 아무도 몰라요. 하지만 냄새랑 상관이 있다는 말은 들은 적 있어요. 그래서 향수랑 데오도란트가 그렇게 인기가 있는 거예요." 여덟 살짜리 소년은 다른 이론을 가지고 있었다. "화살이나 뭐 그런 거에 맞는 거라고 생각해요. 하지만 그런 다음에는 그렇게 아프지 않대요." 일곱 살짜리 게리는 외모보다 더 중요한 것이 있다고 확신하고 있었다. "어떻게 생겼느냐가 전부는 아니에요. 절 보세요. 전 이렇게 잘생겼는데 아직 결혼할 사람이 없잖아요."

어떤 사람들은 사랑의 진정한 성격을 전혀 모른다. 그들은 사랑은 근본적으로 통제할 수 없는 감정이라고 믿으며 자라났다. 그것은 많은 대중가요의 가사를 통해 강조되고 있다. 우리 아이들이 얼마 전 60년대 우리가 수집했던 레코드를 발견했는데(무척 즐거워했다) 거기에는 다음과 같은 가사가 있었다.

> 춤이 끝나기 전에
> 나는 당신과 사랑에 빠졌다는 것을 알았죠.
> 그리고 어떻게 해야 할지 알 수가 없어서
> 난 속삭였죠.
> "당신을 사랑해요."

상대방에 대한 진정한 앎만큼이나 쉽게 외모를 보고 불이 붙으며, 그만큼 재빨리 그리고 신비스럽게 사라질 수 있는 열중이 때로 사랑의 총체적인 모습으로 그려진다. 대다수 사람들의 사랑에 대한 이해는 감정에 대한 것으로 축소되어 왔다.

그러나 의지적이며, 시간이 흐르며 자라가는 다른 종류의 사랑이 있다. 루이 드 베르니에르의 소설 「코렐리 대위의 만돌린」에서, 이아니스 박사는 자신의 딸에게 오래도록 지속되는 사랑의 유형을 설명한다.

> "사랑은 숨을 쉴 수 없는 상태도 아니고, 흥분도 아니며, 영원한 열정에 대한 약속의 공표도 아니고, 매일 매순간 뒤엉키고 싶은 욕망도 아니며, 너의 몸 구석구석에 입 맞추는 그 사람을 상상하며 밤중에 깨어 있는

> 것도 아니란다. 아니, 얼굴 붉히지 마라. 나는 지금 사실을 말하고 있는 거란다. 그건 그저 '사랑에 빠진' 것뿐이고, 어떤 바보라도 할 수 있는 일이란다. 사랑은 사랑에 빠진 것이 다 타버린 후에 남아 있는 바로 그 것이란다. 너의 엄마와 나는 그것을 가졌지. 우리는 땅 밑에서 서로를 향해 자라나는 뿌리를 가지고 있었고, 우리의 가지에서 예쁜 꽃들이 모두 지고 난 후에 우리가 두 개가 아닌 하나의 나무라는 것을 발견했단다."[1)]

어떤 사람들은 열정에 의지하여 결혼을 한다. 그들은 서로에게 끌리는 강한 감정만으로도 결혼을 성공스럽게 할 수 있다고 생각한다. 그러나 결국 필연적으로 열정은 사라진다. 그 후 시간과 더불어 성숙해 가는 사랑을 창조하는 방법을 알지 못한다면, 그들의 뿌리는 한데 엉키지 못할 것이며, 결혼은 시들어 버릴 것이다.

신약성경에서 설명하듯 기독교적인 사랑은 추상적인 명사가 아닌 능동적인 동사이다. 사랑에는 행동이 있다. 즉 자주 자기를 포기하고 상대방의 필요를 채워 주기 위해 손을 내민다는 뜻이다. 결혼에서는 텔레비전을 보고 싶더라도 배우자에 대한 사랑으로 설거지를 할 수 있는 것이다. 다른 일을 하고 싶더라도 남편이나 아내와 같이 앉아서 이야기를 나누는 것을 뜻할 것이다. 배우자가 힘든 하루를 보냈다는 것을 알았을 때 안아 주는 것을 뜻할 것이다. 오직 이러한 종류의 사랑만이 수년에 걸쳐 결혼 관계를 유지시킬 수 있으며, 더욱 성숙하고 깊어지게 할 수 있다.

구체적으로 남편과 아내에 대한 사랑을 적극적으로 보여 줄 수 있는 다섯 가지 방법이 있다.

"커피병 뚜껑을 당신이
제일 먼저 열게 해 주고 싶었어요."

1. 사랑이 담긴 말
2. 도움을 주는 행동
3. 질적인 시간
4. 사려 깊은 선물
5. 육체적인 애정 표현

사랑을 행동으로 옮기는 이 방법들은 게리 채프먼의 책에서 '다섯 가지 사랑의 언어'로 불리고 있으며, 이 뛰어난 책 속에서 그는 사랑을 전하고 이해하는 다른 방법들을 검토해 보기 위해 언어의 비유를 사용한다.[2] 그는 결혼 카운셀러로서 일했던 오랜 경험으로, 말하고 이해하기에 모국어가 가장 쉬운 것처럼 우리 각자는 최초의 사랑의 언어를 가지고 있으며 그것을 통해 사랑을 가장 쉽게 이해한다고 했다.

다섯 가지 모두가 사랑을 보여 주는 중요한 방법들이겠지만 그중에서 어느 것이 최우선일까? 어떤 남편은 아내에게 선물 공세를 퍼붓지만, 그녀는 사랑받고 있다고 느끼기 위해서 우선 무엇보다도 그에게서 따뜻한 말을 들어야 할지도 모른다. 어떤 아내는 가정에서 남편을 위해 열심히 일하지만, 그가 그녀의 사랑을 느끼기 위해서는 정기적인 육체적 애정 표현을 필요로 할지 모른다.

우리 모두 공통으로 가져야 할 가장 큰 필요는 내가 사랑받고 있으며, 내가 상대방에게 중요하며, 내가 특별한 사람이라는 것을 아는 것이다. 따라서 우리는 스스로에게 물어야 한다. 내 남편 혹은 아내가 사랑을 받고 있다고 가장 크게 느끼게 하는 방법은 무엇일까? 우리는 이것을 대화를 통하여 그리고 의도적이고 세심한 관찰을 통하여 발견할 수 있다. 결혼한 지 오래된 우리 친구 하나는 행복한 결혼생활을 하기 위해서는 남편과 아내가 '서로를 연구해야' 한다고 주장한다. 그렇게 하는 가운데 우리는 중요한 그리고 때로는 예상치 못했던 정보를 얻게 된다.

신혼여행에서는 최소한의 말만으로도 사랑을 보여 줄 수 있는 낭만적인 방법들이 수없이 많겠지만, 일상의 생활에서는 똑같은 언어를 말할 수 없다면 거의 불가능할 것이다. 남편이나 아내의 최초의 사랑의 언어(그리고 가능하다면 두 번째, 세 번째 언어도)를 찾아내고 배우지 않는다면, 매일의 사랑은 불가능하다.

니키 이야기

나에게는 말과 행동이 가장 중요한 반면 실라에게는 시간과 어루만지는 손길이 가장 강력하게 사랑을 전달한다는 것을 알게 되었다. 따라서 만약 내가 시간과 어루만지는 손길을 내 컴퓨터에게만 주고 실라에게는 주지 않는다면, 혹은 실라가 아이들에게만 말과 행동으로 사랑을 보여 주고 나에게는 보여 주지 않는다면 우리의 관계는 곤란해질 것이다.

배우자에게 사랑을 느끼게 해 주는 것이 무엇인지 발견한 후에는, 발견한 것에 따라 행동할 것을 결심해야 한다. 처음에는 부자연스러워 보이고, 외국어를 배우는 것처럼 시간과 결심과 많은 연습이 필요할 것이다. 어떤 사람들은 육체적인 애정 표현이 거의 혹은 전혀 없는 가정에서 자라나 배우자에게 자연스럽고 자발적으로 표현하지 못할 것이다. 그러나 이러한 사랑의 표현은 학습될 수 있다. 또한 이것이 남편 혹은 아내에게 사랑을 느끼게 한다면 반드시 그렇게 해야만 한다. 또 어떤 사람들은 성장 과정에서 사랑이 담긴 확신을 주는 말을 듣지 못했을 것이다. 그런 경우, 이것이 배우자에게 특별히 중요하다면, 이런 방법으로 사랑을 보여 주는 것을 연습해야 한다. 그렇게 하다 보면 점차적으로 유창해질 것이다.

"밀드레드, 당신이 이걸 좋아한다는 걸 진작에 알았더라면."

우리가 이 다섯 가지 사랑의 표현에 대해 자세히 쓰는 까닭은 우리의 경험으로 볼 때 이것은 단순하지만 심오하고 효과적인 원칙이며, 어떤 부부라도 그들의 관계를 튼튼하고 건강하게 만드는 데 사용할 수 있기 때문이다. 우리가 알고 있는 수많은 부부들이 처음의 열정이 사라진 수년 후에도 여전히 몹시 사랑에 빠져 있다. 이는 매년 수천 번씩 배우자가 가장 잘 이해하는 방식으로 사랑을 보여 주기 때문이다.

어떤 부부들은 서로에게 사랑을 느끼게 하는 것이 무엇인지 끝까지 발견하지 못한다. 그들은 서로를 연구하지만 잘못된 의도를 가지고 연구한다. 서로의 필요를 찾기 위해서가 아니라 비난하고자 하는 것이다. 「사랑의 눈」(The Eyes of Love)이라는 단편소설에서 케네스와 섀넌이라는 미국인 부부가 가족 파티 후에 차를 몰고 집으로 돌아가고 있었다.

> 그가 채 누를 수 있기도 전에, 분노는 거의 얼굴 뼈 속으로 일종의 열처럼 올라왔다.
>
> "좋아, 뭐야?" 그가 말한다. 그녀는 곧장 대답하지 못한다. "난 피곤해." 그녀는 남편 쪽으로 고개를 돌리지도 않고 말한다.
>
> 그가 말한다. "듣고 싶어. 어서, 말해 봐." 그제야 그녀는 돌아본다. "오늘 아침에 당신에게 말했어. 만날 같은 이야기를 듣는 게 싫을 뿐이야."
>
> "만날 같은 이야기가 아니야." 그가 말한다. 이해할 수 없을 만큼 화가 난다.
>
> "어, 물론 똑같은 얘기지. 당신 어머니는 메달 감이야."
>
> "난 좋아. 엄마도 좋아하셔. 모든 사람들이 다 좋아해. 당신 아버지도 언니들도 다 좋아한다구."
>
> "만날 똑같아. 만날." 다시 먼 곳을 바라보면서 그녀는 중얼거린다.

"난 그냥 자고 싶을 뿐이야."

"당신 문제가 뭔지 알아?" 그가 말한다. "당신은 비평가야. 그게 바로 당신 문제라구. 당신은 모든 걸 가치를 매기고 결정을 내려야 되지. 나까지도. 특히 나 말야."

"당신?" 그녀가 말한다.

"그래, 나. 왜냐하면 이건 우리 아버지 때문이 아니니까. 우리 때문이라구."

케네스에 의하면 그녀는 그날 저녁 자기 아버지 이야기하기를 그녀가 자신을 보듯이, 비평가로서 보았다는 것이다. 대화는 이어진다.

그는 잠시 조용해졌지만 분노는 아직도 그 안에서 들끓고 있었다. "당신의 심각한 문제가 뭔지 알아?" 그가 말한다. "당신은 어떤 것도 사랑을 가지고 보지 않아. 당신은 머리를 가지고 볼 뿐이야."

"마음대로 말해." 그녀가 말한다.

"모든 게 당신 머릿속에 저장돼 있지"라고 말하며 그는 담배를 길게 빨고는 재떨이에 꺼버린다.

그는 차에 시동을 건다. "우리 뒷집에 사는 사람들 알아?" 그가 말한다. 그 순간은 그에게 거의 철학적인 순간이 된다.

그녀는 젖은 눈으로 그를 노려본다. 이제 그는 힘과 행복을 느낀다.

"아냐구?" 그가 묻는다.

"당연히 알아."

"며칠 전에 그 사람들을 보고 있었어. 그 남자가 항상 정원에서 하는 일 있잖아. 알지? 여름 내내 그 사람을 가지고 농담을 했잖아. 그 사람이 잡초, 가지치기, 잔디에 집착하는 걸 보면서 우리가 얼마나 똑똑한 척했어."

"그 사람들 이야기를 지금 하는 게 정말 중요하지." 그녀가 말한다.

"당신이 들어야 할 이야기를 하고 있는 거야." 케네스가 말한다.

"지금은 듣고 싶지 않아." 그녀가 말한다. "하루 종일 이야기를 들었어, 이야기는 지겨워."

그러자 케네스는 그녀에게 소리를 지른다. "이것만 말하고 일 년 내내 입 다물고 있을게. 당신이 원한다면!"

그녀는 아무 말도 하지 않는다.

"이 사람들 얘기 좀 들어 봐. 그 남자는 한 손에 비닐봉지를 들고 걸어 다니면서 개똥을 줍고 있었어. 알았어? 그리고 여자는 관목을 가지치기 하고 있었어. 가지치기하는 그 여자를 보면서, 나는 그 여자가 무슨 생각을 하고 있을지 알 것 같았어. 그 여자 얼굴에는 아무 표정도 없었지만, 나는 굉장히 똑똑하니까, 우린 똑똑하잖아. 안 그래, 섀넌? 나는 아주 똑똑해서 그 여자가 무슨 생각을 하는지 알았단 말이야. 우리가 알지도 못하는 이 사람들에 대해서 나는 아주 잘 이해할 수 있었어. 거만한 우리들이 말을 걸어보지도 않은 이 사람들을 말이야."

"그 사람들을 가지고 농담한 것은 당신이야." 섀넌이 말한다.

"내 말 끝까지 들어." 그가 말한다. "이 남자 아내가 정원 맞은편 끝에서 이 남자를 쳐다봤지. 그 여자가 마음속으로 하고 있는 말이 귀에 들리는 것 같았어. '또 개똥을 줍고 있군. 정말이지 못 참겠어.' 알아? 그런데 그 여자는 그런 생각을 하고 있던 게 아니었어. 왜냐하면 그 여자는 조금 있다가 그에게 다가가더니 도와주는 거야. 그 남자가 놓친 몇 군데를 손으로 가리키는 거야. 그리고 나서 두 사람은 팔짱을 끼고 개똥을 들고 집안으로 들어갔어. 내가 무슨 말을 하는지 알아, 섀넌? 그 여자는 사랑으로 그 남자를 보고 있었던 거야. 그 여자는 내가 보는 걸 보고 있지 않았어. 거기에는 어떤 비난도 없었어."

마침내 케네스와 섀넌은 말다툼을 멈춘다.

싸움은 끝났다. 그들은 화해했다. 그녀는 팔을 뻗어 그의 팔을 장난스럽게 살짝 꼬집는다. 그도 그녀의 손을 잡는다. 그런 다음 그는 양손을 다시 핸들에 놓았다. 이제 그들의 아파트가 길 아래 왼쪽에 보인다. 그는 고개를 돌려 그녀, 그의 아내를 본다. 그녀는 그늘이 드리워진 물기를 머금은 빛을 받고 있다. 그는 다시 재빨리 고개를 돌려 도로를 바라본다. 잠시 무심히 바라보는 사이에, 마치 그녀가 낯선 사람인 듯, 그가 누구이든 다른 남자라면, 다른 사람이라면, 자기와 같은 어떤 사람이라도 그녀 안에서 발견할 수 있는 사랑스러움을 상상할 수 있는 능력이 없다는 듯, 그녀의 입에 새겨진 불쾌하게 아래로 내려간 곡선, 너무나 날카로운 턱 선이 완전히 흐트러지고, 희미하게 지친 그녀의 모습을 그의 일부가 보고 말았다는 것이 일종의 공포가 되어 그에게 다가왔다.[3]

이 단편 소설의 결말 부분에서 우리는 케네스와 섀넌이 그들의 뒷집에 살고 있는 남편과 아내와는 달리 서로의 비평가가 되었다는 것을 알 수 있다. 뿌린 대로 거둔다. 케네스는 "당신은 어떤 것도 사랑을 가지고 보지 않아"라고 말했다. 그렇다면 그 역시 그녀를 사랑을 가지고 보지 않는다는 것이다. 비평가들로 가득 찬 세상에서 우리는 비평가의 눈이 아닌 사랑의 눈으로 서로를 연구하고, 짝이 사랑을 받고 있고, 자신이 특별한 존재임을 느끼게 하는 것이 무엇인지를 알아내기 위해 남편과 아내로 부르심받은 것이다.

다음의 18, 19과에서 우리는 사랑의 표현 다섯 가지를 하나씩 살펴

보겠다. 그 과정에서 스스로에게 다음의 세 가지 질문을 던져보자.

1. 나는 규칙적으로 이런 방식으로 사랑을 표현하는가?
2. 나의 남편이나 아내가 사랑을 받는다고 느끼기 위해서는 이러한 사랑의 표현이 어느 정도 중요한가?
3. 이러한 사랑의 표현이 나에게는 얼마나 중요한가?

"내가 마요네즈랑 땅콩버터랑 안초비를 원한다는 걸 눈치챘어야지."

남편이나 아내가 나의 필요를 본능적으로 알아 주기를 기대하다가 그들이 나의 필요를 채워 주지 않으면 상처를 받기 쉽다. 우리 모두는 자신이 사랑을 받고 싶어 하는 방식으로 사랑을 표현하는 경향이 있다. 우리의 좋은 의도에도 불구하고, 만약 나의 남편이나 아내가 나와는 다른 필요를 가지고 있다면 이것은 성공하지 못한다.

우리는 결혼생활이 그저 그렇게 흘러가도록 내버려 둘 수도 있다. 혹은 최고의 결혼생활을 할 수 있는 기회를 잡을 수도 있다. 진정한 친밀함과 서로 함께하는 진실한 즐거움을 누리려면, 우리는 사랑의 눈으로 서로를 연구하고, 효과적으로 사랑을 소통하기 위해 우리의 삶과 우리의 말, 행동, 시간 그리고 돈을 바르게 써야 한다.

18
말과 행동

"선한 말은 꿀송이 같아서 마음에 달고 뼈에 양약이 되느니라"(잠언 16:24).

"사랑이 부족한 곳에 사랑을 심으면 곧 사랑을 거두게 될 것이다."

십자가의 성 요한

사랑이 담긴 말

놀이 동요인 "막대기와 돌은 내 뼈를 부러뜨리겠지만, 말은 절대 나를 아프게 하지 않아요"는 오직 육체적인 의미에서만 진실이다. 성경은 자주 우리에게 말이 가진 힘을 상기시켜 준다. "죽고 사는 것이

혀의 권세에 달렸나니"(잠언 18:21).

연구 결과에 따르면 말은 행동과 재능에 큰 영향을 줄 수 있다고 한다. 어린아이가 수학을 못한다는 말을 들으면 그들은 십중팔구 그 과목에서 형편없는 점수를 받는다고 한다. 반대로 창조적으로 글을 잘 쓴다는 말을 들으면, 그 아이는 하루아침에 영감에 가득 찬 소설가가 된다고 한다. 사람들은 그들이 받는 기대에 걸맞게 살기 마련이다.

이것은 결혼생활에서 서로에게 말하는 방법에도 시사하는 바가 크다. 서로의 기분을 상하게 하는 것이 습관이 되지 않기 위해서는 목소리에 언제나 사랑과 부드러움과 존경이 담기도록 해야 한다. 우리는 집과 바깥 양쪽에서 남편과 아내를 세워 주어야 한다. 우스갯소리의 대상이 되게 하는 것은 그들을 파괴하는 행동이다.

상대방이 나의 말을 통해 사랑을 느끼게 하기 위해서는 상대방을 긍정해 주어야 한다. 여기에는 어떻게 칭찬을 하느냐, 어떻게 고맙다는 말을 하느냐, 어떤 방법으로 격려를 하느냐, 어떻게 친절함을 보여 주고, 어떤 방법으로 부탁을 하는가가 포함될 것이다. 이러한 일들을 솜씨 있게 그리고 기분 좋게 하지 못하면 배우자를 외부로부터의 유혹에 방치하게 된다. 다음은 엘라 휠러 윌콕스라는 시인이 약 100년 전에 쓴 시의 일부로, 바람을 피운 것에 대한 아내의 설명(변명이 아닌)이다.

> 매일,
> 처음에는 하나의 삶이었던 우리의 삶들은
> 멀리 더 멀리 갈라져서 흘러가는 것 같았어요.
> 남자와 여자의 오래된 로맨스는 죽어버렸죠.
> 당신의 대화는 모두 정치와 무역에 관한 것이었어요.
> 당신의 사업, 당신의 클럽, 미친 듯한 황금에의 추구가

당신의 생각을 온통 차지해 버렸죠.
당신의 의무적인 키스는 내 입술 위에 차갑게 다가왔어요.
삶은 그 열정과 스릴을 잃었죠.
그러던 어느 날
어느 운명적인 날 지루해 보이던 세상이
갑자기 밝고 아름다워졌어요.
나는 조금 말했을 뿐이지만, 그는 많이 들었죠.
그의 눈은 나를 향해 집중되어 있었고,
그의 낮은 목소리에는 동료애가 담겨 있었죠.
나는 더 이상 외롭지 않았어요.
그의 태도에는 친절한 관심이 어려 있었죠.
그는 내가 머리를 꾸민 방법에 대해 말하고
내가 입은 드레스를 칭찬했죠.
그렇게 누가 나를 알아 준 것이
천 년, 또 천 년, 그보다 더 전의 일인 것 같았어요.
내 귀가 한 해 한 해 지나면서 칭찬에 익숙해졌었더라면,
이 남자가 말하는 것처럼 당신이 말했었더라면,
난 그토록 약해지진 않았을 거예요.[1]

서로에게 사랑을 전달할 수 있는 말을 쓰는 데에는 다양한 방법이 있다.

칭찬해 주기

성장 과정에서 칭찬을 듣는 데 익숙하지 않았던 사람들은 칭찬을 하는 것은 물론이고, 칭찬을 듣는 것도 쉽게 받아들이지 못한다. 칭찬은

우리가 남편과 아내에게서 존경하고 감사하는 점을 강조한다. 우리 중 많은 사람들이 그러한 생각들을 마음속에만 담아둔다. 입 밖으로 말하기에 너무나 사소한 일이라고 혹은 배우자가 이미 내가 그를 사랑하고 있는 것을 알고 있기 때문에 그럴 필요가 없다고 생각한다. 그러나 결혼 예배에는 서로를 소중히 하라는 말이 나온다. 칭찬해 주는 것은 서로를 소중하게 여기는 훌륭한 방법이며, 우리 모두는 칭찬을 배울 수 있다. 다음과 같은 칭찬을 시도해 보자.

"그 옷을 입으니까 정말 멋져."

"그 모임을 정말 훌륭하게 진행했어."

"항상 꼭 맞는 말을 생각해 내는 당신이 사랑스러워."

감사하기

감사란 누군가에게 가치와 소중함을 부여하는 일이다. 매일매일 함께 살면서 우리 모두는 너무나도 쉽게 배우자가 우리를 위해 하는 많은 일들을 간과해버린다. 어떤 것은 사소하고 규칙적이고, 또 어떤 것은 커다란 애정을 보여 주며 많은 노력이 필요한 것들이다.

"쓰레기를 내다 줘서 고마워" 혹은 "바지를 세탁소에 맡겨 줘서 고마워" 등등의 말은 밋밋해 보이겠지만, 작은 사랑의 행동이라도 알아준다는 것이 중요하다. "엄마, 생일을 기억해 줘서 너무너무 고마워요"라는 인사는 당연히 여겨질 수 있는 것에 대한 감사를 표현해 준다. "탐의 생일 파티를 멋지게 해 줘서 고마워. 당신 없이 나 혼자는 못했을 거야"라는 말은 상대방의 참여에 대한 감사를 보여 준다.

격려하기

말을 긍정적으로 사용할 수 있는 또 하나의 방법은 격려하는 것, 즉 서로에게 용기를 북돋워 주는 것이다. 우리 모두는 자신의 인생에서 불안하게 느끼는 어느 한 부분이 있다. 용기가 부족한 것이다. 남편과 아내가 잠재력을 발휘할 수 있도록 격려의 말을 해 주는 것은 우리의 능력 안에 있다. 반대로 우리가 비평을 한다면, 우리의 말은 배우자의 자신감과 자기 가치를 서서히 도적질할 수 있다. 격려할 때 우리는 이렇게 말하는 것이다. "나는 당신을 믿어요."

실라 이야기

결혼한 이후로 나는 삶의 많은 부분에서 니키의 격려가 없었다면 해 보지도 않았을 일들을 감히 용기를 내어 해냈다. "풀타임 엄마로서…"라는 그의 말은 종종 모든 것을 변화시켰다. 특히 전반적으로 어머니의 역할이 평가절하되고 있는 오늘날, 그의 말은 나에게 자신감과 자부심을 주었다.

친절하기

사도 바울은 친절을 사랑의 두 번째 특징이라고 설명했다. 친절한 말은 사람을 세워 주는 반면, 섣부르고 생각 없는 말들은 관계에 많은 상처를 준다.

실라 이야기

우리의 결혼생활에서 나는 말을 조심하는 것을 배워야 했다. 나는 무슨 일이 있으면 그 즉시 이야기하는 것을 좋아한다. 우리가 결혼한 지 얼마 안 되었을 때 내 의견을 니키에게 말하기 위해 적절한 시간을 선택해야 한다는 것을, 특히 니키가 다소 약해져 있을 때는 더욱 그래야 한다는 것을 전혀 생각하지 못했다.

그의 설교나 그가 방금 인도했던 예배를 분석하는 시간으로 일요일 점심 식사 시간은 적절한 순간이 아니라는 것을 알기까지는 꽤 시간이 흘러야 했다. 나는 적어도 그 다음 날, 그가 좀 더 객관적일 수 있을 때까지 기다려야 한다는 것을 알게 되었다.

그때라도 나는 말을 선택하는 데 조심해야 한다. 거짓말로 아부를 한다는 것이 아니라, 우리의 말이 용기를 주고, 친절하고 긍정적이며, 내 배우자를 세워 줄 만한 말이어야 한다는 것이다. 세월이 흐르면서 나는 이러한 말들이 니키에게 얼마나 중요한지를 깨닫게 되었다. 그에게는 확신을 주는 말들이 그가 나의 사랑을 느낄 수 있는 열쇠이며, 그것이 그의 다른 모든 삶에도 영향을 미치는 자신감의 근거가 된다는 것을 말이다.

부탁하기

결혼생활에서 요구하는 것과 부탁하는 것은 하늘과 땅 차이이다. 남편이나 아내에게 부탁을 하는 것은 그들의 능력과 가치를 인정하는 것이다. 요구를 한다면 깨닫지도 못하는 사이 우리는 집에서 참을 수 없는 독재자가 되기 쉽다. 그런 종류의 사람과 살기란 쉽지도 유쾌하지도 않다. 배우자를(그들의 재능과 능력을) 당연시 여기기 시작할 때 우리는 요구하게 된다.

실라 이야기

니키는 생활력이 있고, 집에서 손봐야 할 것이 있으면 뭐든 고칠 수가 있다. 그러나 종종 나는 그 일에 대해 마음을 놓아버릴 때가 있다. "자전거 펑크 난 거 아직 안 고쳤죠, 그죠? 나 내일 자전거가 필요해요"라고 말하는 나를 본 적이 있다. 이렇게 말하면 더 좋을 것이다. "니키, 내일까지 자전거 펑크 난 것 좀 고쳐 주겠어요?" 이런 부탁은 그 부탁을 들어줌으로써 그가 나에 대한 사랑을 표현할 기회를 준다. 그러나 요구는 그러한 기회를 빼앗아 버린다.

만약 말로 확신을 주는 것이 당신의 남편이나 아내에게 몹시 중요한데도 얼마 동안 전혀 그런 말을 듣지 못했다면, 그들은 분명 우울해하고 있을 것이다. 배우자에게서 긍정적인 말을 다시 듣는 것은 사막에서 오아시스를 만난 것과 같을 것이다. 말로 배우자를 세워 주는 법을 배워가다 보면, 우리는 결혼생활 속에서 사랑과 친밀함의 새로운 수준에 도달하게 될 것이다. 우리가 쓰는 말은 매일 사랑을 새롭게 하는 힘이 있다. 비판과 자기 연민은 강력한 힘을 가지고 우리를 갈라놓는다. 반대로 긍정적인 말은 강력한 힘으로 우리를 하나로 묶어 준다.

도움을 주는 행동

사랑은 실제적인 방법으로 서로를 섬기는 것을 통해 표현될 수 있다. 결혼생활 안에서 이것은 여러 가지 다른 모습으로 나타난다. 커피 타 주기, 쓰레기 내다 주기, 차 앞 유리 닦아 주기, 제일 좋아하는 케이크 만들어 주기, 셔츠 다려 주기 등. 물론 매일 반복되는 일들은 당연시하기 쉽지만, 기꺼이 그 일을 할 때는 끊임없는 사랑의 표현이 된다. 일상에서 벗어난 실제적인 섬김의 행동을 통해 사랑을 느끼는 사람들에게는 이것이 사랑을 가장 강력하게 전달하는 방법이 될 수도 있다.

니키 이야기

내가 기대하고 있지 않던 일들을 실라가 나를 위해 해 준 적이 많이 있다. 내가 하루 동안 출장을 가야 하고 그 일로 마음이 무거웠을 때, 실라는 나를 위해 짐을 싸 주었다. 내가 강연을 준비하느라 씨름을 하고 있을 때, 실라는 서재로 차와 토스트를 가져다주었다. 대부분은 너무 많은 일을 한꺼번에 맡아서 일어난, 스스로 자초한 위기였기에 실라의 배려에 나는 무척 사랑받고 있다고 느낄 수 있었다.

결혼을 한 지 수년이 지났지만, 나는 아직도 실라가 나를 위해 하는 일상적이고 비일상적인 모든 일들에 놀라고 기뻐하고 있다. 나는 때로 왜 그녀가 이런 일들을 하는지 궁금해하곤 한다. 그때마다 내가 찾게 되는 유일한 대답은 그녀가 나를 사랑하기 때문이라는 걸 발견한다.

「코렐리 대위의 만돌린」에서 이아니스 박사는 스타마티스라는 귀머

거리 노인을 치료해 준다. 어렸을 때부터 그의 귓속에 있었던 바싹 마른 완두콩을 꺼내 준 것이다. 그 후 스타마티스는 박사를 찾아와 아내의 끊임없는 잔소리를 견딜 수가 없으니 완두콩을 다시 넣어 달라고 부탁한다. 이아니스 박사는 거절하면서 다른 방법을 제안하며 아내의 잔소리를 고칠 수 있는 방법을 알려 준다.

> "내 조언은 아내에게 잘해 주라는 겁니다."
> 스타마티스는 충격을 받았다. 그것은 그가 생각하려고 생각해 본 적조차 없을 만큼 생각할 수 없는 행동이었다. 그는 반대를 제기하려 했지만 달리 할 말이 없었다.
> "아내가 부탁하기 전에 장작을 가져다주고, 들에서 돌아올 때마다 아내에게 꽃을 꺾어다 주세요. 추우면 아내의 어깨에 숄을 걸쳐 주고, 더우면 물 한잔을 갖다 주세요. 간단하죠?"
> "그러면 선생님은 그… 그, 아… 악명 높고 호전적이며 특수함의 상징(그 마른 완두콩을 지칭하는 것이다)인 그것을 다시 집어넣어 주지 않겠다는 말씀입니까?"
> "물론 안 돼죠. 그건 히포크라테스 선서에도 어긋납니다. 하지만 그는 이렇게 말했죠. '극심한 병에는 극심한 처방이 가장 적합하다.'"
> 스타마티스는 어깨를 내려뜨렸다. "히포크라테스가 그렇게 말했습니까? 그렇다면 제가 아내한테 잘해 줘야 한다는 거죠?"
> 의사는 자상하게 고개를 끄덕였고, 스타마티스는 다시 모자를 썼다. 그는 창문에서 노인을 지켜보았다. 스타마티스는 밖으로 나가 길을 걷기 시작했다. 그는 멈추어 서서 둑에 피어 있는 작은 보라색 꽃을 내려다보았다. 그는 꽃을 꺾으려고 허리를 굽히다가 곧 몸을 세웠다. 그는 주변을 둘러보아 아무도 그를 보고 있지 않은 것을 확인했다. 그는 허리

를 졸라매려는 듯 허리띠를 끌어당기며 꽃을 쳐다보다가 발길을 돌렸다. 그는 걸어가기 시작하다가 멈추어 섰다. 서툰 도둑질을 하려는 꼬마 소년처럼 그는 다시 뛰어와서는 꽃의 줄기를 휙 잡아채서, 꽃을 코트 속에 감추고, 아무 일 없다는 듯 과장되게 유쾌한 걸음으로 멀어져 갔다. 박사는 창 밖으로 몸을 내밀어 그의 당황하고 부끄러워하는 모습을 보았다. 그리고 단순하지만 짓궂은 즐거움을 맛보기 위해서 큰 소리로 그를 불렀다. "브라보! 스타마티스!"[2)]

건강한 결혼에는 서로를 섬기고 상대가 하는 일에 고마움을 표현할 기회를 찾는 남편과 아내가 있다. 배우자가 "내가 도와줄 일 있어?"라고 묻거나 우리가 제일 싫어하는 일을 기꺼이 해 줄 때, 이것은 분명 '행동하는 사랑' 이다.

한 친구가 그러한 희생적인 사랑의 행동이 자신에게 어떤 영향을 주었는지를 설명했다.

나의 남편은 자주 아이들과 내가 잠이 깨기도 전에 아침 일찍 출근을 한다. 아주 자주, 아래층으로 내려와 보면 식기 세척기가 비워져 있고, 아침 식탁이 차려져 있고, 아이들을 위해서 대단한 것은 아니지만 작은 깜짝 선물, 달걀 컵 속에 젤리나 커스터드 크림 같은 것이 담겨져 있다. 이런 일이 있으면 부엌에 들어설 때 나는 정말로 가슴이 따뜻해지는 것을 느낀다. 그리고 우리 셋은 모두 발에 날개가 달린 기분으로 하루를 시작하게 된다(종종 그런 기분은 아침 식사 내내 계속된다). 내가 그 다음에 직면하게 되는 과제는 이런 일이 없더라도 명랑한 기분을 느끼는 것이다. 우리는 얼마나 빨리 서로를 당연하게 여기게 되는지!

19 시간, 선물과 터치

> 사랑은 그 무엇보다 자기 자신을 선물로 주는 거라는 것을 당신은 잘 알고 있어요.
>
> 장 아누이[1]

질적인 시간

최근 결혼코스에 참가했던 한 부부가 오스트레일리아에서 런던으로 돌아오고 있었다. 비행기가 연착되는 바람에 두 사람은 홍콩 공항에서 신문과 잡지를 읽으며 함께 몇 시간을 보내야 했다. 그런 다음 그들은 또다시 12시간을 비행기 안에서 나란히 앉아 있었다.

공항에서 집에 오는 길에 남편이 아내에게 말했다. "요즘에 '결혼시간'을 많이 못 가진 것 같아. 미리 약속을 해야겠어." 아내는 놀랐다. "무슨 소리예요?" 그녀가 말했다. "우리는 방금 16시간 동안 같이 있었잖아요!" 그러나 남편은 그 이상이 필요했다. 그는 자신과 아내가 비행기가 언제 출발할지, 언제 집에 도착하게 될지에 대한 걱정 없이 서로에게 완전히 집중할 수 있는 시간과 장소를 필요로 했다.

2과에서 이야기했듯이, 모든 부부는 규칙적으로 함께 시간을 보내야 한다. 어떤 이들에게는 이 질적인 시간이 자신의 최초의 사랑의 언어이다. 그렇다면 함께 있기를 바라는 것은 육체적으로 가까이 있는 것 이상의 것이다. 완전한 초점이 맞추어진 집중에 대한 필요, 사실은 허기짐이 있는 것이다.

니키 이야기

실라에게 있어 주변 환경과 활동은 내가 그녀와 함께 시간을 보내고, 이야기하고, 듣고, 생각을 토의하고, 우리의 희망과 두려움을 나누는 것보다 중요하지 않다. 이렇게 규칙적으로 함께 보내는 시간이 그녀에게 삶의 압박감들에 맞설 수 있는 힘을 준다. 왜냐하면 우리의 결혼생활 속에 사랑이 있음을 확신할 수 있기 때문이다. 아는 사람과 부딪칠 일이 없는 장소로 갈 수 있도록 내가 미리 준비를 하게 되면, 우리가 매주 함께 보내는 시간의 가치가 두 배로 커진다는 것을 나는 알게 되었다.

앞에서 우리는 매년 이틀이나 사흘 정도 여행을 떠나도록 계획을 세운다고 밝혔다. 지난 2년 동안 우리는 파리로 갔다. 우리는 도시를 탐험하고, 미술관을 방문하고, 작은 카페에서 음식을 먹으면서 시간을 보냈다. 이 2~3일은 무척 로맨틱하고 재미있었다. 그러나 실라에게 이 시간은 그 어떤 것보다도 크게, 그녀 자신이 사랑받고 있음을 느끼게 해 주었다. 돌아온 후 며칠 동안, 그 어떤 것도 그녀의 기쁨과 행복을 줄어들게 하지 못했다. 나는 이 휴식이야말로 내가 우리 결혼을 위해 할 수 있는 최고의 투자라는 것을 점점 더 깨닫게 되었다.

성경은 우리에게 '우리를 위하여 자신을 버리신' 예수님의 본을 받아 '사랑 가운데서 행하라' 고 말한다(에베소서 5:2). 서로를 위하여 자신의 삶을 포기하라는 부르심을 받을 사람은 없을 것이다. 그러나 우리는 규칙적으로 그들을 위해 나의 시간을 포기함으로써 남편과 아내에게 나의 사랑을 보여 줄 수 있다.

이것은 하루를 어떻게 보냈는지 듣기 위해 퇴근 후 30분 동안 같이 앉아 있는 것일 수도 있다. 혹은 아침에 함께 시간을 보내기 위해 조금 일찍 일어나는 것일 수도 있다. 혹은 자신의 규칙적인 일과에서 벗어나 함께 점심을 먹는 것일 수도 있다. 혹은 아이들을 맡아 줄 사람을 미리 구해서 단 둘이서만 '결혼시간' 을 보내는 것일 수도 있다. 행동하는 사랑은 노력과 희생이 필요하지만 그 보상은 대가보다 훨씬 크다.

사려 깊은 선물

선물을 주는 것은 모든 문화적 장벽을 초월하는 기초적인 사랑의 표현이다. 선물은 눈에 보이는 상징이며, 강력한 정서적인 가치를 갖는다. 어떤 이들에게는 이 상징이 너무나 중요해서, 선물을 받지 못하면 자신이 사랑을 받고 있는지 의심하게 된다. 선물을 잘 주는 사람은 아마도 선물 받는 것도 좋아할 것이다. 우리 남편이나 아내가 그렇다면,

우리는 이 기술을 연습해야 한다.

이것은 사랑의 다섯 가지 표현 중 배우기가 가장 쉽다. 그러나 돈에 대한 자신의 태도를 바꾸어야 할지도 모르겠다. 만약 우리가 원래 돈을 잘 쓰는 편이라면, 어려운 일이 아닐 것이다. 그러나 우리가 원래 절약하는 스타일이라면, 사랑의 표현으로 돈을 쓴다는 생각과 부딪치게 될 것이다. 우리는 지금 후한 사람과 구두쇠의 차이를 이야기하고 있는 것이 아니다.

실라 이야기

니키는 내가 아는 사람 중 가장 후한 사람이지만, 사실 그이는 타고난 절약가이다. 자신을 위해서는 꼭 필요한 것이 아니면 돈을 쓰지 않기 때문에, 그이가 나를 위해 선물을 사는 것이 쉽지 않다는 것을 나는 알고 있다. 그러나 그는 선물이 또 다른 모습의 투자라는 것을 알고 있다. 나에게 선물은 가장 중요한 사랑의 표현은 아니지만, 니키가 자발적으로(내 생일이나 결혼 기념일이 아니더라도) 꽃이나 초콜릿을 들고 집으로 돌아올 때면, 나는 다시 한번 그가 나를 사랑하고 있고 내 생각을 하고 있다는 것을 알게 된다.

선물을 사는 데 몇 가지 가이드라인이 참고가 될 것이다.

선물은 비싸지 않을 수도 있다. 그러나 커다란 값어치가 있다. 예를 들어, 정원에서 꺾은 한 송이 꽃에 짧은 편지를 곁들인다면, 가게에서 산 한 다발만큼이나 힘 있게 사랑을 표현할 수 있을 것이다.

특별한 날까지 기다리지 말자. 자발적이고 기대하지 못했던 선물은 받는 사람에게 엄청나게 큰 기쁨과 자신이 사랑받고 있는 특별한 사람이라는 느낌을 가져다준다. 선물은 우리 중 한 사람이 아프거나 직장에서의 힘든 일로 인해 스트레스를 받는 등, 어려운 시기를 겪고 있는 사람에게 기운을 북돋워 줄 수도 있다. 반대로, 남편이나 아내가 우리에게 특히 도움이 되는 어떤 일을 해 주었다면, 선물은 우리가 이 일을 당연하게 여기지 않았다는 것을 보여 줄 수 있다.

배우자가 특히 받기 좋아하는 것이 무엇인지 알아내자. 수년 동안 서로에게 혹은 다른 사람에게 어떤 선물을 받는 것을 남편이나 아내가 특히 좋아했는지 주의 깊게 살피는 것은 큰 도움이 된다. 함께 외출을 했다면, 남편이나 아내가 진열장에서 가리켰던 것을 기억해 둘 수도 있다.

실라 이야기

오랫동안 우리는 각기 다른 종류와 무늬의 도자기를 수집했다. 니키는 언젠가 나에게 커다란 도자기 컵 한 쌍을 선물했는데, 그것은 매우 특별한 것이 되었다. 나는 그 컵들을 여유 있게 오랫동안 식사할 수 있는 토요일 아침에 사용한다. 그 컵들을 사용할 때마다, 나는 나를 위해 그것들을 고른 니키의 사랑과 사려 깊음을 기억하게 된다.

가능성은 무궁무진하다. 선물을 잘 주는 사람이 되는 열쇠는 이것이다. 즉, 선물은 반드시 내가 갖고 싶은 것이 아닌, 받는 사람이 좋아할 것이어야 한다!

이 사랑의 표현 방법이 물질적이고 얄팍하다고 무시하기 쉽다. 그러나 우리는 모두 다르다. 만약 남편이나 아내가 매주 다이아몬드 반지나 스포츠카를 달라고 한다면, 그들의 동기를 의심해 보는 것이 옳을 것이다. 또한 함께 시간을 보내고 어려운 문제를 토론하는 대신으로 선물 공세를 퍼부어서도 안 될 것이다. 선물을 고르는 데 들어간 시간과 생각이 그것을 진정한 선물이 되게 하는 것이다. 제대로 선물을 준다면, 선물은 그 가격보다 훨씬 큰 값어치를 갖는다.

육체적인 애정 표현

오랜 포옹이나 침대에서 요란하게 구르기를 열렬히 바라는 많은 부부들은 새로 부엌을 꾸미거나 한 번 더 바하마로 휴가를 가야 한다.[2]

접촉을 통해 사랑을 표현받기 원하는 것은 모든 사람들의 기본적인 욕구이다. 아기들은 육체적인 애정을 받아야 건강하게 발육한다. 루마니아와 중국의 고아들 사진은 이것이 사실이라는 수많은 비극적인 증거들을 보여 준다. 마더 테레사는 접촉의 중요성을 분명히 이해하고 있었다. 그녀는 사람들과 있을 때마다 그가 아기이건, 어린이이건, 불치의 병으로 죽어가고 있는 노인이건, 그들을 끌어안고, 어루만지고, 쓰다듬어 주었다. 그녀는 때로 접촉이 말보다 더욱 효과적으로 사랑을 전해 준다는 것을 알고 있었다.

육체적인 애정 표현은 결혼에 있어서 강력한 사랑의 전달자이다. 단지 사랑을 나누는 전주곡인 것만이 아니다. 한 작가는 이렇게 말한다. "내 몸을 만지는 것은 나를 만지는 것이다. 내 몸을 피하는 것은 감정적으로 당신과 나 사이에 거리를 두는 것이다."[3] 사랑을 확인받고자 하는 사람들에게 포옹은 그 한 주의 모든 문제들을 사라지게 하는 반면, 포옹이 부족할 때 그들은 소외감과 허무함과 거부당했다는 깊은 상처를 느끼게 된다. 육체적인 애정 표현이 부족한 가정에서 자랐다면, 이러한 방법으로 사랑을 보여 주는 연습을 하며 배워야 할 것이다. 한 사람은 육체적인 애정 표현을 거부당해왔고, 한 사람은 그렇지 않다면, 처음에는 무척 어색할 것이라는 점을 충분히 이해해야만 한다. 그렇지만 꾸준히 노력하자!

결혼생활에서 사랑의 손길은 여러 가지 모습으로 나타난다. 사랑을 나누기 전 서로를 흥분시키기 위한 다양하고 풍요한 방법들 외에도, 손을 잡는 것, 허리나 어깨에 팔을 두르는 것, 키스, 포옹, 지나가면서 몸을 쓰다듬어 주는 것, 마사지 등이 있을 것이다.

실라 이야기

나는 길을 걸을 때 니키의 손을 잡는 것을 좋아한다. 나도 그가 자연스럽게 내 손을 잡을 수 없는 상황들이 있다는 것을 알지만, 그는 자신이 조금 어색하더라도 아내에게 사랑을 느끼게 해 주려면 그만한 가치가 있다는 것을 배우게 되었다.

그는 또한 수년간의 경험으로 만약 내가 불안을 느끼거나 걱정을 하고 있다면, 그가 할 수 있는 가장 좋은 일은 나를 그의 품속에 끌어안고 부드럽게 키스해 주는 것임을 알게 되었다. 그때쯤이면 나의 걱정들은 눈 녹듯 사라져버린다!

성적인 애무나 그렇지 않은 애무 모두 각각의 역할이 있지만, 우리는 남자와 여자가 이 부분에 있어서 일반적으로 전혀 다른 반응을 보인다는 것을 알아야만 한다. 대부분의 여자들은 섹스보다는 애정에 대한 욕구 때문에 육체적인 접촉을 바란다. 반대로 남자들은 자주 육체적인 접촉을 성적인 전희의 일부로 보며, 재빨리 흥분하곤 한다.

이렇게 다른 반응 양식은 악순환이 될 수도 있다. 충분한 애정을 받지 못하면, 아내는 남편을 성적으로 단절시켜 버린다. 그러나 반대로 남편은 충분한 섹스를 하지 못하면, 애정을 느끼기 힘들다. 너무나도 자주 그 결과는 앞으로도 뒤로도 갈 수 없는 상태가 되어버린다. 이것은 종종 성 관계가 시들해지는 시작이 되기도 한다. 우리는 상황을 깨닫고 서로 이야기를 나누고 이 위험한 패턴을 멈출 수 있도록 서로를 도울 수 있는 방법을 함께 찾아야만 한다.

결혼코스에 참가했던 부부인 매트와 페니는 둘째 아이의 출산 이후 큰 갈등을 겪고 있었다. 페니는 섹스에 그다지 관심이 없는데도 매트는 안절부절하며 그녀를 설득하려고 애썼다. 그가 섹스를 원할수록 페니는 덜 원하게 되었고, 페니가 섹스를 덜 원할수록 매트는 더 원하게 되었다. 그렇게 두 사람은 불행의 나선 계단을 끊임없이 내려갔다. 매트는 혼란스러웠다. 왜 아내가 자신을 원하지 않는지 이해할 수가 없었다. 그는 자신이 사랑받지 못하고 있으며 가치가 없다고 느꼈다. 반면 페니는 상처받고 화가 나 있었으며, 그가 자신의 감정적인 혼란을 무시하고 있다고 생각하며 그의 고집스러움을 무감각함으로 해석했다. 그 결과 두 사람은 서로 상처 주고 헐뜯는 반복 속에 갇히게 되었고, 육체적인 접촉도 전혀 없게 되었다.

결국, 친구들의 조언으로 매트는 그녀의 필요보다 자신의 필요를 앞세운 것에 대해 페니에게 사과했고 그녀는 용서해 주었다. 그 후 그는 약 두 달 동안 섹스에 대해서 한 걸음 물러서 있었다. 이것은 페니에게 그가 진심으로 사과한다는 중요한 표시였고, 상처가 치유될 수 있는 시간이 되었다. 그 결과로 그녀는 다시 그에게 마음을 열기 시작했다. 분명히 자신의 뜻을 전달한 후 그들은 가까워질 수 있었고, 오해의 두려움 없이 다시 서로를 만지기 시작했다. 곧 페니는 매트가 앞서 가더라도 받아들일 수 있게 되었고, 때로는 자신이 먼저 시작하기도 했다.

육체적인 애정 표현이 남편이나 아내에게 가장 중요한 사랑의 표현이라면, 그를 만지고 안는 것이 우리가 얼마나 사랑하는지를 전해 줄 것이다. 이러한 부드럽고 애정 어린 손길은 힘든 시간이 지나간 한참 후에도 기억될 것이다.

7장 - 행동하는 사랑
결론

우리 남편과 아내에게 사랑을 느끼게 하는 것이 무엇인지를 발견하고, 그들의 필요가 시간의 흐름에 따라 그리고 각기 다른 상황에 따라 바뀔 수도 있다는 것을 기억하면서 그러한 방법으로 사랑하도록 노력하는 것보다 결혼에서 더 중요한 것은 없다. 배우자를 바꾸려고 노력하기보다는 그들의 욕구를 수용하고 그에 맞추어 사랑을 전달하는 방법을 배워야 한다.

복음서에서 예수님은 다섯 가지 방법(말, 행동, 시간, 선물 그리고 어루만짐) 모두를 사용하여 사랑을 보여 주셨다는 것을 기억하자. 그는 제자들에게 확신의 말을 해 주셨다. "나는 너희를 친구라고 불렀다. 너희가 나를 선택한 것이 아니라, 내가 너희를 선택했다." 그는 제자들을 실제적인 행동으로 섬기셨다. 아무도 그 천하고 불쾌한 일을 하려 하지 않을 때 그는 제자들의 발을 씻기셨다. 예수님은 군중으로부터 멀리 떨어진 조용한 곳으로 제자들을 데리고 가 그들과 같이 시간을 보내셨다. 그는 제자들에게 선물들을 주셨으며, 그중에서도 가장 중요한 성령의 선물을 주셨다. 또한 그는 많은 사람들을 어루만짐으로써 사랑을 보여 주셨다. 어린아이들을 품에 안으셨고, 나병 환자들에게 손을 얹으셨으며, 창녀가 당신의 발을 머리카락으로 닦도록 허락하셨다. 마지막 만찬에서, 예수님은 제자들에게 말씀하셨다. "내가 너희를 사랑한 것 같이 너희도 서로 사랑하라"(요한복음 15:12). 우리는 아내와 남편에게 가장 먼저 우선적으로 이 계명을 실천해야 한다. 그들이 우리에게 중요하며 특별한 사람이라는 확신을 줄 수 있는 방법으로 사랑을 보여 주어야 한다.

당신은 배우자의 최초의 사랑의 언어가 무엇인지 알고 있는가? 당신 자신의 것은 알고 있는가? 출발점은 우리 각자가 상대방에게 가장 사랑을 느끼게 하는 혹은 가장 소외를 느끼게 하는 것이 무엇인지 함께 이야기를 하는 것이다.

미루지 말자! 당신의 남편이나 아내에 대해 놀라운 발견을 하게 될 수도 있다.

결혼의 일곱 번째 황금률

배우자가 사랑을 느끼는 방법을 연구하자.

에필로그

20
일생의 기회

"삼겹 줄은 쉽게 끊어지지 아니하느니라"(전도서 4:12).

한 노부부가 금혼식을 기념하고 있었다. 한 라디오 리포터가 두 사람의 이야기를 취재하기 위해 보내져서, 나이 든 남자(심하게 귀가 먹은)에게 자신의 질문을 이해시키기 위해 최선을 다하고 있었다. "70년은 긴 세월입니다." 그는 노인의 귀에 대고 소리쳤다. "이혼을 생각해 본 적이 있으십니까?" 노인은 질문에 장난스럽게 대답했다. "이혼? 아니, 그렇다고는 할 수 없지. 하지만 말이야, 살인은 생각해 본 적 있지. 아주 여러 번!"[1)]

길고 행복한 결혼의 비결은 시편 기자의 말 속에서 찾을 수 있다.

"사랑과 신실함이 함께 만나고, 긍휼과 진리가 같이 만나고"(시편 85:10, 한글판개역 관주성경전서).

여러분은 (희망하건대) 25년 혹은 그 이상을 함께 살면서 두 사람의 삶이 서로 엉키고, 한데 어우러져 뗄 수 없게 되어버린 부부를 알고 있을 것이다. 그들은 수년에 걸쳐 서로의 필요와 욕구에 대해 깊은 이해를 키워왔다. 그들의 사랑은 시간의 흐름과 더불어 성숙해졌으며 꾸준히 성장해 왔다. 그들은 인생의 시련과 비극이라는 폭풍우를 함께 견디어 왔다. 그들은 상대방의 장점에 감사하고 서로의 약점을 감싸 안았다. 그들은 자신의 이기적인 행동을 사과하는 법을 배웠으며 상대방의 것은 용서하는 것을 배웠다. 그들은 어린 자녀들의 양육으로 인한 육체의 소진과 십대를 지도하는 감정적인 소모 속에서 서로를 도와왔다. 그들은 이제 '빈 둥지'로 인해 얻게 된 새로운 둘만의 시간을 즐기고 있다.

이러한 결혼에서 사랑과 신실함이 함께 만나며, 바로 이것을 위해 하나님께서는 인류에게 큰 축복이 되도록 결혼을 주셨다. 사실 이것은 당신의 그리고 우리의 결혼이 가진 잠재력이다. 우리는 사랑이신 하나님에 의해 사랑을 위하여 창조되었기 때문이다. 우리는 우정과 동지애, 로맨틱한 사랑, 성적인 사랑을 할 능력을 가지고 있다. 그것 외에도 우리는 자신이 한 약속은 반드시 지키시는 하나님에 의해 신실함을 위하여 창조되었다. 우리는 헌신을 할 능력이 있으며, 정직과 충실함을 선택할 수 있다.

신실함을 동반한 사랑은 영원히 세상에서 가장 강한 힘이며, 하나님은 그것이 결혼 관계의 중심이 되도록 계획하셨다. 마틴 루터 킹 목사의 말을 빌자면 이러한 사랑은 세상에서 가장 지속력 있는 힘이며, 그것은 궁극적인 현실의 문을 열 수 있는 열쇠이다.

많은 사람들이 오늘날 결혼이 왜 그토록 많은 문제를 겪고 있는지를 묻는다. 가장 큰 이유는 사랑과 신실함이 갈라져 버렸기 때문이다. 헌신은 유행이 지난 말이 되어버렸다. 신실함이 없는 사랑은 변덕스럽고 위험하며 고통스럽다. 기껏해야 그것이 생겨날 때 우연이었듯, 그렇게 우연히 이슬이 사라지듯 떠나버리는 육체적인 열중일 뿐이다.

'네 번의 결혼식과 한 번의 장례식' 이라는 영화의 절정은 그 모든 웃음 뒤에(그리고 그 다양한 결혼들 뒤에) 서구 사회의 헌신에 대한 두려움을 정확하게 반영하고 있다는 점이다. 영화 초반부에서 주인공 찰스는 가장 친한 친구의 결혼식에서 다음과 같은 말로 그의 축사를 시작한다. "저는 물론 이렇게 헌신할 수 있는 사람을 정신을 차릴 수 없을 만큼 경외합니다." 영화는 그가 여주인공 캐리에게 다소 어눌한 청혼을 하는 것으로 끝난다. 마지막에 나오는 사진들은 그들이 오래오래 행복하게 살았다는 인상을 준다.

문제는 실제 삶 속에서 친밀한 관계란 헌신을 기초로 세워진다는 것이다. 톰 마샬은 자신의 책 「바른 관계」(Right Relationships)에서 말한다. "친밀함은 상처받기 쉬운 상태를 낳기 때문에 안전을 위해서는 헌신이 필요하다. 오늘날의 비극은 사람들이 친밀함에는 목말라하면서도 헌신을 너무나 두려워하기 때문에 헌신이 없는 관계 속에서 친밀함을 구하고 결국은 반복해서 엄청난 상처를 얻게 된다는 것이다."[2]

결혼은 성경적인 의미에서 남자와 여자가 맺는 서로에 대한 구속력 있는 언약이다. 동거를 하고 있는 어떤 커플들은 주장하기를(어쩌면 그들의 말이 맞을지도 모른다) 그들이 알고 있는 다른 어떤 결혼한 부부보다 자신들이 서로에게 더욱 헌신적이라고 한다. 분명 80퍼센트 헌신하는 것은 60퍼센트 헌신하는 것보다 낫다. 그러나 중요한 것은 그것이 아니다. 결혼은 서로에게 100퍼센트 헌신하는 것이며, 나의 남편 혹은 아내와 불화가 너무 심하거나 섹스가 충분히 만족스럽지 않더라도 그냥 떠나 버리지 않으리라는 것을 아는 것이다. 그것이 진정한 신뢰가 쌓이기 위한 유일한 방법이다.

그러한 언약 속에 건강하고 친밀한 결혼을 세울 수 있는 안전한 기반이 있다. 그러한 헌신이 없다면 각 파트너는 결국 실망하게 될 것이 두려워 뒤로 물러서게 된다. 헌신은 안전과 신뢰를 제공한다. 맞부딪쳐 해결하지 못할 문제란 없다.

신실한 사랑을 위해서는 요즘의 문화를 거스를 필요가 있다. 오랜 시간 쌓여진 관계는 짧은 시간 욕구를 만족시키는 것보다 가치가 있다. 어떤 부부들에게는 첫 해가, 심지어는 신혼여행이 고민이다. 매일 서로에게 적응해야 하는 고통은 그들로 하여금 자신의 결정을 의심하게 한다. 마이크 메이슨은 이에 대해 사실적인 그림을 그리고 있다.

> 결혼은 자신의 거실 한가운데 우뚝 솟아 자라나고 있는 커다란 나무에 비유할 수 있다. 그것은 그저 그곳에 있을 뿐이며 엄청나게 크기 때문에 모든 것이 그것을 피해 세워져야 한다. 그리고 어딜 가든지(냉장고로 가든, 침대로 가든, 화장실을 가든, 아니면 현관 바깥으로 나가든) 그 나무를 염두에 두어야 한다. 그것을 통과해 갈 수도 없다. 반드시 그 나무를 존중하여 돌아가야 한다. 그 나무는 어쩌면 자신보다 더 크고 강할지도 모른다. 사실, 나무를 도끼로 베어 버릴 수도 있지만 집을 완전히 무너뜨리지 않는 한 불가능하다. 그리고 분명 그 나무는 아름답고, 독특하며, 이국적이다. 그러나 또한 (사실을 인정하자) 때로는 크나큰 불편이기도 하다.[3]

신실한 사랑은 상대방에게 맞추어 자신을 변화시킬 준비가 되어 있어야 한다는 의미이다. 바이올린을 연주하는 딸을 가진 한 아버지가 중고가게에서 비싼 악기가 매우 싼 가격에 나와 있는 것을 발견했다. 그는 기뻤다. 그러나 그것은 음을 조율하는 나사가 움직이지 않는다는 것을 발견하기 전까지 뿐이었다. 누군가 나사를 접착제로 고정시켜 버린 것이었다. 물론 바이올린은 음이 맞지 않는 상태였다. 모든 음악가들에게 조율은 필수적인 일이다. 결혼에서도 마찬가지이다. 자주 조정이 필요하다.

많은 사람들에게 인생에 있어서 가장 의미 있는 성취는 사랑이 있는 결혼을 세우는 것이 될 것이다. 사랑이 있는 안정적인 가정의 든든함은 자녀들에게 은혜가 된다. 그들의 친구들은 그들의 사랑의 따스함과 그 흘러넘침을 기뻐할 것이다. 사회는 그들의 기여로 인해 더욱 건강하고 강해질 것이다. 미국의 퍼스트 레이디였던 바바라 부시는 웰즐리 대학의 졸업생들에게 전하는 축사에서 이렇게 말했다.

> "의사로서, 변호사로서, 혹은 사업가로서 여러분의 책임이 중요하지만 무엇보다 우선하여 여러분은 사람이기 때문에 인간관계, 남편 혹은 아내와 자녀와 친구들과의 관계가 여러분이 해야 할 가장 중요한 투자입니다. 생을 마감하게 될 때 여러분이 후회하게 될 것은 시험을 하나 더 통과하지 못한 것, 재판에서 한 번 더 이기지 못한 것, 계약을 한 번 더 성사시키지 못한 것이 아닐 것입니다. 여러분은 남편이나 아내, 자녀, 친구, 혹은 부모와 함께 보내지 않은 시간을 후회하게 될 것입니다. 사회의 성공은 백악관에서 무슨 일이 일어나고 있는가에 달려 있는 것이 아니라 여러분 가정 안에서 일어나고 있는 일에 달려 있습니다."[4]

건강한 결혼을 만드는 것은 가장 숭고한 보상을 가져다줄 뿐만 아니라 하나님의 목적 속에 있는 고귀하고 신성한 자리를 채운다. 제2차 세계대전 중 제3제국에 반대했다는 이유로 순교한 독일의 목사 디트리히 본회퍼는 감옥에서 조카의 결혼식 전날 쓴 조카에게 보내는 편지에서 이렇게 말했다.

"결혼은 상대방에 대한 사랑 이상의 것이다. 세상이 끝날 때까지 인류를 영속시키고자 하시는 하나님의 의지가 담긴 그분의 신성한 법이기 때문에 결혼은 더욱 숭고한 위엄과 능력을 가진다. 너는 사랑 속에서 이 세상에 너희들 단 두 사람만 보겠지만, 결혼 속에서 너희는 하나님께서 자신의 영광을 위해 오고 가게 하시고 당신의 왕국으로 불러들이시는 세대와 세대라는 사슬 속에 있는 하나의 고리란다. 너는 사랑 속에서 두 사람의 행복이라는 천국만을 보겠지만, 결혼 속에서 너는 세상과 인류를 향해 책임을 져야 하는 자리에 서게 된단다. 너의 사랑은 너만의 개인적인 소유이지만, 결혼은 개인적인 어떤 것 이상의 것이다. 그것은 하나의 신분이며, 직분이란다."[5]

성경은 결혼을 다른 사람에 대한 사랑으로 인해 자신의 삶을 내어주는 헌신으로 본다. "그리스도께서 교회를 사랑하시고 위하여 자신을 주심 같이 하라"(에베소서 5:25). 그분이 우리를 사랑하시는 것은 우리가 남편과 아내를 어떻게 사랑해야 하는가의 본보기이다.

결혼을 하면 우리는 상대방에게 나 자신을 완전히 하나도 남김없이 주게 된다. 결혼에서 가장 중요한 활동인 사랑의 행위는 단지 나 자신을 주는 또 하나의 방법일 뿐이다. 그리스도께서는 우리를 그렇게 사랑하셨다. 그는 우리에게 자신을 아낌없이 쏟아 부으셨고, 우리에게 완전히

자기 자신을 내어 주셨다. 뒤로 뺀다는 것은 있을 수 없었다.[6)]

결혼식 날, 별개인 두 개의 인생의 끈이 한데 엮어지며, 결혼생활을 통해 그 끈들은 서로를 감싸고 꼬아져 하나가 된다. 그런데 어떻게 하면 그 두 개의 끈이 풀어지거나 해지거나, 심지어는 끊어지지 않고 조화롭게 한데 엮어져 있을 수 있을까? 매일매일의 힘겨운 현실 속에서 사랑이 소멸해 버리거나 메말라 버린 듯 보일 때 우리는 어떻게 해야 할까? 남편이나 아내를 계속해서 사랑할 수 있는 힘도, 의지도 찾을 수 없을 때 어떻게 해야 할까? 해답은 있는 걸까?

그 유일한 해답은 우리 자신 바깥에 있다고 우리는 믿는다. "삼겹 줄은 쉽게 끊어지지 아니하느니라"(전도서 4:12)고 구약의 전도서 기자는 말한다. 관계에는 세 번째 줄, 세 번째 사람이 있다. 이가 바로 예수 그리스도이다. 그는 그 중심에서부터 결혼에 양분을 주시기 때문에, 우리는 인간의 의지에만 기대지 않아도 되는 것이다. 그는 인간관계의 두 겹 줄을 하나님의 손으로 한데 엮어진 세 겹 줄로 바꾸는 보이지 않는 줄이다.

부록

결혼할 준비가 되었는가?

약혼, 섹스 그리고 신혼여행

예산 세우기

함께 기도하기

부록 1
결혼할 준비가 되었는가?

우리는 이런 질문들을 스스로에게 하는 경우가 있다. 우리가 서로에게 맞는 상대인지 어떻게 알 수 있을까? 내가 끔찍한 실수를 저지르고 있는 건 아닐까? 만약 우리가 서로에게 어울리지 않는다면 어떻게 될까? 이런 의심을 하고 있다면 그와 혹은 그녀와 결혼하는 것은 잘못이 아닐까 하는 심사숙고를 하는 것이다. 이러한 질문들은 정직하게 생각을 해 보아야 한다.

부록1에서는 두 사람이 건강한 결혼을 만들어갈 수 있는 기초를 가지고 있는가를 보여 주는 사랑의 일곱 가지 테스트를 실었다.[1] 이 테스트들은 우리가 상대방에게 적합한가를 보여 줄 뿐 아니라 우리 자신이 결혼을 할 준비가 되어 있는지를 보여 준다. 서로에게 열중하고 있는 것만으로는 결혼이 이루어지지 않는다. '사랑에 빠졌다'는 느낌이 평생 동안의 결혼을 유지시켜 주는 것은 아니다. 열중은 차차 사라지지만 다음 사랑의 일곱 가지 모습은 세월과 함께 더욱 강해질 수 있다.

테스트 1
나는 이 사람과 나의 나머지 인생을 함께 나누기를 원하는가?

결혼은 두 개인의 일이다. 각자의 삶을 살아왔던 두 개인이 함께 살면서 모든 것을 나누는 것이다. 이렇게 할 것을 생각할 때 나는 흥분되는가, 아니면 불안해지는가?

결혼은 같은 집에 살고, 같은 침대를 쓰고, 훨씬 더 많은 시간을 함께 보내면서도 우리가 독립적인 두 사람으로 남아 있게 허락하지 않는다. 결혼이란 다른 사람과 나의 나머지 삶 모두를 나눌 준비가 되었다는 의미이다.

나는 나의 시간을 나눌 준비가 되었는가? 나는 내 방식대로 나만의 계획을 세우는 것에 익숙해져 있었다. 지금 우리는 우리의 계획을 함께 세운다. 결혼을 한다고 해서 모든 시간을 함께 보내는 것은 아니지만 결혼이란 계획을 세울 때면 분명 언제나 상대방을 고려해야 한다는 것을 뜻한다.

나는 나의 돈을 나눌 준비가 되었는가? 진심으로 "내 것은 무엇이든 우리의 것이 될 것입니다"라고 말할 수 있는가? 결혼을 하면 내 것으로만 남아 있는 것은 아무것도 없다. 왜냐하면 우리는 "나의 모든 세상적인 재산들을 당신과 함께 나누겠습니다"라고 약속하기 때문이다. 내가 가진 모든 소유는 작건 크건, 가치 있는 것이든 감상적인 것이든 다른 사람과 나누어야 하는 것이다. 나는 그럴 준비가 되었는가?

테스트 2
우리의 사랑은 나에게 힘과 에너지를 주는가, 아니면 나를 지치게 하는가?

건강한 관계라면 함께 있을 때 더욱 활기를 느끼고 내가 가진 잠재력을 최대한 발휘하며 살겠다는 동기가 유발될 것이다. 상대방의 사랑이 나를 자유롭게 하여, 나는 본래 창조된 나의 모습을 찾게 될 것이다. 결혼은(많은 사람들의 생각과는 반대로) 자유를 준다. 건강한 결혼생활의 경험이란 다른 사람의 사랑으로 인해 새로워진 삶을 사는 것이다.

가장 친한 친구나 가족은 부부 관계가 우리에게 미치는 영향을 가장 정확하게 파악할 수 있는 사람들이다. 우리가 서로에게서 가장 좋은 것을 끌어내고 있다면, 다른 사람들도 우리 주위로 몰려들 것이다. 두 사람이 함께 있는 것이 우리 각자에게 사람을 잃게 하는 것이 아니라 얻게 하고 있는 것인가?

이 두 번째 테스트는 우리의 사랑이 우리에게 동기를 유발하고 격려하고 있는지를 보여 준다. 어떤 커플들은 관계를 유지하고자 하는 노력만으로 지쳐가며, 덫에 갇힌 듯한 느낌을 가지게 된다. 이것은 결혼을 위한 건강한 기초가 아니다.

테스트 3
나는 이 사람을 존경하는가?

우리를 서로에게 끌리게 한 많은 면들이 있을 것이다. 그러나 존경은 단순한 끌림 이상의 것이다.

나는 이 사람의 성격을 존경하는가? 사람의 성격은 그가 다른 사람들과 맺고 있는 관계를 보면 알 수 있다. 즉, 그가 연장자를, 어린 사람들을, 가족을, 동료를, 다른 배경과 문화 혹은 다른 인종 출신의 사람들을 어떻게 대하는가를 보는 것이다. 그가 친절함, 긍휼, 용기, 인내, 참을성, 일관성 또한 우리가 높게 사는 다른 자질들을 보여 주는가? 나는 그의 판단을 존경하는가? 그가 직업, 돈 혹은 가족에 대해 내리는 크고 작은 결정들은 어떠한가?

"애스컷 경마장에서 2.45에
돈을 걸었으면 신혼여행 경비를
두 배로 불릴 수 있었을텐데."

내가 가장 소중하게 여기는 것들에 대해 완전히 다른 관점을 가진 사람과 결혼하는 것은 현명하지 못한 일이다. 예를 들어, 우리는 신앙, 윤리적인 문제, 교육, 자녀 문제에 동의하는가? 상대방이 자녀를 원하지 않는다는 것을 알게 된다면 우리는 평생 동안 고통스러워하게 될 수도 있다.

만약 당신이 그리스도인이라면 "너희는 믿지 않는 자와 멍에를 같이 하지 말라"(고린도후서 6:14)고 한 성경의 권고는 결혼을 생각하고 있는 사람들에게 중요한 조언이다. 이 사람은 삶의 모든 면에서 하나님을 온 마음으로 따르고 섬기기를 원하는가? 이 사람은 하나님을 자신의 인생에 대해(그리고 두 사람이 함께하는 인생에 대해) 계획과 목적을 가지고 계신 분으로 보고 있는가?

나는 스스로에게 "나는 이 사람과 함께 있는 것이 자랑스럽다"고 말할 수 있는가? 또한 중요한 질문은 "나는 이 사람이 내 자식의 아버지 혹은 어머니가 되기를 바라는가?"이다.

테스트 4
나는 이 사람을 있는 모습 그대로 받아들이고 있는가?

우리 중 누구도 완벽하지 않다. 우리는 모두 약점과 나쁜 습관을 가지고 있다. 이것들이 하나도 바뀌지 않는다고 해도 함께 살 수 있고 서로를 사랑할 수 있다고 확신할 수 있어야 한다. 분할 납부 계획을 가지고 일단 결혼하고 나서 파트너의 이러저러한 면들을 고치기를 바라면서 결혼해서는 안 된다. 그러면 대부분 실망하게 될 것이다.

테스트 5
우리는 실수를 인정하고 사과하고 서로를 용서할 수 있는가?

의견 충돌과 부정적인 감정들은 어떤 가까운 관계에서도 피할 수 없는 부분이다. 존 그레이는 「화성에서 온 남자, 금성에서 온 여자」에서 이렇게 말한다. "어떤 사람들은 밤낮으로 싸운다. 그리고 서서히 그들의 사랑은 죽어간다. 다른 사람들은 갈등과 논쟁을 피하기 위해 솔직한 감정을 눌러둔다. 진실한 감정을 억압한 결과로 그들 역시 사랑의 감정을 놓치고 만다. 한 부부는 전쟁을 하고 있고, 다른 부부는 냉전을 하고 있는 것이다."[2]

이런 접근 방법은 둘 다 성공하지 못한다. 서로에게 상처를 주었을 때 우리는 그것을 밖으로 꺼내 놓을 수 있어야 하며, 자존심을 버리고 미안하다고 말하고, 용서해야 한다. 이렇게 하기 위해서는 의사소통이 잘 되어야 한다. 한 커플로 두 사람 사이의 의견 충돌을 건설적인 방법으로 해결해 본 일이 있는가? 이 테스트의 요점은 갈등이 있느냐, 없느냐가 아니라 그것을 해결할 수 있는 능력이다.

테스트 6
우리는 우정의 기초인 공통의 관심사를 가지고 있는가?

우정은 무언가를 함께하는 사람 사이에 생겨난다. 함께한 시간, 함께한 활동, 함께한 관심사와 함께한 경험은 감정을 공유하게 하고 서로 신뢰를 가지게 한다.[3] 두 사람이 함께 즐길 수 있는 관심사를 찾았는가? 함께하는 일에서 기쁨을 얻는가? 우정을 계속 키워가기 위해서는 이 일들과 이에 연관된 활동들을 결혼생활 안에서 계속 유지하는 것이 중요하다.

테스트 7
우리는 기쁨과 슬픔 등 여러 다양한 일들을 함께 겪어 보았는가?

우리는 여름과 겨울을 함께 보내 보았는가? 다시 말해 오버코트를 입은 모습까지 보았는가? 아니면 막 머리를 감고 외출 준비를 마친 모습만을 보았는가? 상대방의 전부를 알고 있는가? 일이 잘 되어갈 때뿐만 아니라 힘들 때에도 상대방을 잘 알고 있는가? 우리는 스트레스를 받았을 때 혹은 위기를 맞이했을 때 어떻게 행동하는가?

어떤 사람들은 과거의 관계, 혹은 그들 삶에 있었던 어떤 슬픈 일로 상처를 받았기 때문에 성급히 결혼을 한다. 고통으로부터 도망가기 위해 결혼을 하는 것은 어떤 관계에 있어서도 불안한 기초이다. 함께 충분히 시간을 보낸 후에야 상대방의 진정한 모습을 보게 된다. 누군가 말했듯이 말이다. "사랑은 누군가와 함께 겪은 무엇이다."

우리 친구 중에는 행복한 결혼생활을 하고 있는 부부가 있다. 그들은 일곱 개의 테스트 전부에 "예"라고 대답할 수 있었지만 결혼식 날까지도 여전히 주저함과 의심으로 씨름을 하고 있었다. 매듭을 묶고 우리의 나머지 삶 전체에 영향을 끼칠 말을 하는 데에는 용기가 필요하다.

또 다른 친구들은 결혼식을 몇 주 혹은 며칠을 남겨두고 용감하게 파혼을 하기도 했다. 어떤 친구는 나중에 다른 사람과 결혼을 했지만 어떤 친구는 여전히 싱글로 남아 있다. 그들은 자신의 선택을 후회하지 않고 있다. 잘못 선택한 남편이나 아내로 인한 고통스런 결과를 감내하는 것보다 하나님을 섬기고 그분 안에서 자신의 잠재력을 최대한 발휘하고 그 속에서 많은 우정을 키워나가는 데 자신의 자유를 사용하며 독립적인 싱글로 사는 것이 훨씬 낫다고 여기기 때문이다.

부록 2
약혼, 섹스 그리고 신혼여행

약혼

약혼은 단지 결혼식을 위한 준비 기간이 아니라 결혼을 위한 준비 기간이다. 이 기간 동안 우정을 키워나가고, 서로에 대해 더욱 많은 것을 알게 되고, 무엇보다 서로가 결혼에 대해 무엇을 기대하고 있는지를 발견하게 된다. 이 책의 내용을 가지고 토론을 하는 것이 도움이 되기를 바란다. 때로 긴장과 오해가 있는 것은 당연한 것으로 결혼 준비는 때로 촉매제 역할을 하기도 한다. 의견 충돌을 해결하는 방법을 배우는 것은 그 준비의 중요한 부분이다.

약혼 기간 동안의 성 관계

약혼은 또한 육체적인 욕구를 조절하는 법을 배우는 시간이기도 하다. 하나님의 계획은 먼저 결혼 서약을 통해 서로에게 헌신을 약속한 후 자신의 몸을 서로에게 주는 순간이 따라오는 것이다. 마이크 메이슨은 섹스 행위에 대해 이렇게 썼다.

> "완벽한 신뢰와 복종의 상징적인 행동으로서, (섹스는) 그것이 이루어질 수 있는 완벽한 복종의 배경 혹은 구조를 필요로 한다. 그것은 두 사람이 함께 시작할 수 있는 가장 완벽한 확신과 헌신의 안전성을 요구하며, 그것은 다름아닌 결혼이라는 사랑의 서약이다."[1)]

어떤 이들은 결혼 전에 두 사람이 성적으로 조화를 이루는가를 반드시 알아보아야 한다고 한다. 그러나 시험 삼아 같이 살아보는 것은 정당한 테스트가 아니다.

1998년 7월, 가정과 어린이 보호 단체(The Family and Child Protection Group)는 하원의원에게 '가정은 중요하다' 라는 제목의 보고서를 보냈다. 그 단체는 "동거는 대다수 동거인들의 경험으로 볼 때 안전한 관계를 만들지 못한다"는 것을 알게 되었다. 동거를 했던 부부의 이혼율이 동거를 하지 않았던 부부들에 비해 거의 두 배가 높았기 때문이다.

그 이유는 성 관계가 우리를 상처받기 쉽게 만들기 때문이다. 이러한 상처받기 쉬움 때문에 신뢰가 필요한 것이며, 이 신뢰는 결혼 서약이라는 틀 안에서만 존재할 수 있다. 완벽하게 헌신하는 관계 안에서 우리는 자신을 아낌없이 상대방에게 줄 수 있는 진정한 자유를 누리는 것이다. 중요한 것은 성 경험이나 육체적인 능력, 혹은 화학반응이 아니다. 오히려 최고의 섹스를 만드는 것은 헌신적이고 자기 희생적인 사랑인 것이다.

세 번 반복되는 아가서의 후렴구는 상대방에게 자신을 줄 수 있는 적절한 순간이 올 때까지 육체적인 욕구를 절제해야 할 필요성을 말하고 있다. “예루살렘 여자들아 내가 너희에게 부탁한다 나의 사랑하는 자가 원하기 전에는 흔들지 말며 깨우지 말찌니라”(아가 8:4). 성적인 욕망은 강한 힘을 가지기 때문에 우리는 서로의 자제력을 넘어설 정도로 서로를 ‘흔들거나’ ‘깨우지’ 말아야 할 책임을 서로에 대해 가지는 것이다. 우리는 결혼하기 전 함께 보낸 4년 동안 성 관계의 한계선이 얼마나 중요한가를 깨닫게 되었다.

니키 이야기

서로를 알게 된 지 16개월이 지났다. 우리는 서로를 깊이 사랑하게 되었고 서로에게 깊이 헌신하게 되었으며, 같이 자기 시작하는 것은 자연스러운 일로 여겨졌다.

실라 이야기

나는 열여덟 살이었고, 나는 부모님으로부터 독립하고 있었으며, 내가 생각할 수 있는 한 가장 깊이 니키를 사랑하고 있었다. 뒤돌아보면 우리가 같이 자기 시작했을 때 우리 사이의 분위기는 더욱 무르익었지만, 아주 깊은 곳에 죄책감이 묻혀져 있었다는 것을 알 수 있다. 나는 부모님이 결혼 전의 섹스에 대해 어떻게 생각하시는지 알고 있었지만, 언제나 나와는 아무 관계가 없는 전통주의적인 기독교 원칙이라고 무시해 버렸다.

니키에 대한 나의 사랑은 달랐다. 나는 우리의 관계에 깊이 헌신하고 있었다. 나는 다른 남자들과 함부로 침대에 뛰어들지 않았으며, 그것을 그에 대한 나의 주체할 수 없는 사랑을 표현할 수 있는 가장 자연스러운 방법으로 보았다. 나는 내 생각이 옳다고 스스로를 설득했다. 왜냐하면 내가 옳기를 바랐기 때문이었다.

1974년, 처음으로 니키와 내가 기독교에 대해 이야기를 나누기 시작했을 때, 나는 그것이 우리의 관계에 어떤 영향을 미칠지 전혀 알지 못했다.

니키 이야기

서서히 기독교 신앙에 대해 깊이 생각하고 탐구하게 되면서, 나는 내 삶을 예수 그리스도에게 완전히 드리고자 한다면 결혼 전에 다시는 같이 자지 말아야 한다는 양심의 소리를 듣게 되었다. 그러나 그렇게 하면 우리가 멀어지게 될까 봐 두려웠다. 따라서 나는 이 문제에 대한 나의 생각을 될 수 있는 한 오랫동안 실라에게 숨겼다.

이것인지 아니면 저것인지 결심을 해야만 한다는 것을 깨달았을 때 나는 하나님께 짧은 기도를 썼다. "하나님, 저는 당신이 존재한다고 생각합니다. 예수 그리스도가 하나님의 아들임을 믿으며 그분께서 죽은 자 가운데서 살아나신 것을 제가 믿는다고 생각합니다. 그렇기에 저는 당신에게 제 자신을 헌신해야만 합니다. 그러나 하나님께서 실라 역시 설득해 주지 않는다면 제 힘으로는 그렇게 할 수가 없습니다."

실라 이야기

데이빗 매킨스가 예수 그리스도에 대해 이야기하는 것을 들었을 때, 그는 마치 자기가 예수님을 개인적으로 알고 있는 듯이 이야기를 했다. 내가 니키를 알듯이 말이다. 이것은 나에게 새로운 발견이었다. 내가 서서히 깨닫게 된 것은, 기독교 신앙을 끌어안는다는 것은 내 삶의 여러 부분들이 바뀐다는 것을 의미하며, 거기에는 우리의 성 관계도 포함된다는 것이었다. 이것은 누군가가 우리에게 이야기해 주어서가 아니었다. 우리는 서서히 깨달아가며 우리 두 사람 모두를 위한 가장 좋은 길이 무엇인지 분명한 확신을 가지게 되었다. 하나님의 길을 가겠다고 우리의 삶을 헌신한 그날 저녁, 우리는 다시 사랑을 나누려면 결혼할 때까지 기다려야 한다는 것을 알았다.

니키 이야기

그 다음 몇 주 동안 사랑을 나누지 않고 같은 침대에서 자는 것은 우리에게 너무나 힘든 일이라는 것을 알게 되었다. 그래서 나는 바닥에서 잠을 잤다. 몇 달 후, 우리는 같은 방에서 자지 않으면 훨씬 더 쉬워지리라는 것을 알았다. 같은 방에서 잠을 자는 정도의 친밀함은 결혼을 위해 아껴두는 것이 가장 좋다는 것을 알게 되었다.

변화는 우리에게 단계적으로 이루어졌고, 우리는 하나님께서 한 단계에서 그 다음 단계로 친절하게 우리를 인도하신 방식에 대해 감사했다. 우리를 멀어지게 하는 것과는 정반대로 하나님은 우리 관계에 새로운 자유와 이전에는 몰랐던 친밀함과 서로에 대한 더욱 큰 신뢰를 가져다주셨다.

함께 자는 것을 그만두고 결혼하기까지 2년 반 동안 우리는 많은 것을 배웠다. 우리 관계에서 육체적인 부분을 금하는 것이 쉬웠던 것은 아니었지만, 우리는 왜 하나님께서 섹스를 평생에 걸친 헌신된 결혼 관계를 위해 창조하셨는지를 이해하게 되었다. 우리는 욕정과 보살핌과 적절한 육체적인 애정을 통해 사랑을 표현하는 방법을 찾는 것 사이의 차이점을 배웠다.

이제 우리는 이것을 배우는 것이 얼마나 중요한 것인지를 알게 되었다. 왜냐하면 결혼 안에서도 성 관계가 얼마든지 서로에게 상처를 줄 수 있기 때문이다. 결혼에서도 사랑을 하고 나 자신을 상대방에게 주기보다 자신의 욕구만을 채우려고 하는 일이 가능하기 때문이다.

우리는 또한 서로를 도울 필요가 있다는 것을 배웠다. 우리 중 하나가 나를 흥분시킬 수 있는 무언가를 상대가 나에게 해 주게 하기 위해 그를 흥분시키는 것이다. 또 그것으로 인해 내가 또 상대방에게 무언가를 하고. 그것은 쉽다. 그리고 우리가 의도한 것 이상 가게 되었을 때, "네가 날 이끌었잖아. 내 잘못이 아니야"라고 하며 우리는 우리 두 사람 다 서로를 도와야 하는 책임이 있다는 것을 깨닫게 되었다.

다음은 섹스를 결혼을 위해 남겨두고자 했던 우리와 같은 커플들에게 도움이 되었던 몇 가지 유용한 조언들이다.

보이는 것, 말 혹은 손길 등 특히 어떤 것이 자신을 흥분시키는지를 깨달아야 한다. 일반적으로 남자는 보이는 것을 통해 재빨리 흥분되는

데 반해, 여자는 감정적인 친밀함을 통해 자극을 받는다(이 차이는 일부러 서로를 흥분시키고자 하는 결혼 안에서도 중요한 깨달음이다).

방해받거나 들킬 염려 없이 함께 침대로 갈 수 있는 상황 속에 스스로를 몰아넣어서는 안 된다. 예를 들어, 집에서 둘이서만 밤을 보낸다든가, 단 둘이 휴가 여행을 떠나는 것은 많은 커플들에게 저항할 수 없는 큰 유혹이 될 것이다. 다른 친구들과 함께 가자. 보호자는 다소 구식처럼 보이겠지만 아주 효과가 있다.

같은 침대에서는 자지 않을 것을 강력하게 권하고 싶다. 사랑을 나누지 않겠다고 결심을 했다 하더라도 말이다. 그러한 정도의 친밀함은 자연스럽게 섹스로 이어지기 때문이다. 극도의 자기 절제가 필요한 상황에 스스로 처하게 하면, 결혼한 후에도 섹스에 대해 죄책감을 가지게 될 가능성이 많다. 한 부부는 결혼 전에 정기적으로 같은 침대에 자면서 스스로를 절제하느라 너무 애를 쓰는 바람에 결혼을 하고 나서는 긴장을 푸는 것이 몹시 힘들었다고 한다.

결혼 전에 육체적으로 얼마만큼 갈 수 있는가에 대해서는, 각 커플마다 자기 나름의 경계선을 정할 필요가 있다. 우리의 경우에는 함께 눕지 않기, 함께 있을 때 벌거벗거나 부분적으로 벌거벗지 않는 것이 포함되어 있었다. 이러한 노출은 결혼 첫날밤을 위해 남겨놓는 것이 좋다.

이러한 절제를 연습하는 것은 어려운 일이지만 가장 완벽한 순간에 자신을 상대방에게 줄 수 있는 아름다운 기대감을 유지시키게 될 것이다. 한 친구는 이렇게 썼다.

> "그리스도인이 되기 전 나는 수많은 결혼식에 갔었다. '네 번의 결혼식과 한 번의 장례식'의 찰스처럼, 결혼식이 없는 토요일은 거의 없었다. 결혼식은 대개 아름다운 옷과 친절한 말들과 좋은 와인이 있는, 마음이 따스해지는 행사였다. 그러나 내가 결혼식 날이 그 부부의 성 관계의 첫 시작임을 분명히 알고 갔던 첫 번째 결혼식을 결코 잊지 못할 것이다. 무언가 다른 어떤 것이 공기 중에 있었다. 감지할 수 있는 부드러움, 경의로운 느낌, 부서질 듯함, 소중함과 순결함. 맹세를 하던 두 사람의 눈길은 내가 나의 아이들에게 자세히 전해 주고 싶은 그런 눈길이었다."

과거의 성 관계들

하나님의 의도는 남편과 아내 모두가 결혼을 할 때 순결한 상태인 것이다. 금욕을 해야 하는 이유는 이미 말해 두었다. 과거의 성적인 경험 때문에 고통이나 죄책감, 질투나 용서하지 못하는 마음이 있다면 이러한 감정들은 결혼을 하기 전에 해결되어야만 한다.

이전의 성 관계가 비밀이든 그렇지 않든 우리의 결혼을 손상시킬 수 있다. 도움이 되는 경험을 제공하기는커녕 불신과 질투, 파괴적인 기억들을 만들어낼 수 있다. 기독교적인 대답은 우리의 과거의 성 관계를 하나님께로 가지고 나와 그분의 용서를 구하고 우리가 저질렀던 실수를 깨끗하게 씻는 것이다.

약혼자에게 지나간 성 관계들을 밝히고 용서를 구하기를 권한다. 오히려 상처를 주고 더 많은 해를 끼칠 수 있기 때문에, 상세한 것까지 모두 말할 필요는 없다. 그렇게 하면 하나님은 치유와 자유 그리고 새로운 시작의 기쁨을 주실 것이다.

약혼자에게 상처를 줄까 봐 두려울 수도 있겠지만, 비밀은 결혼생활에서 위험하다. 나중에 갑자기 밝혀지면 큰 상처와 아픔을 야기시킨다. 어떻게 말을 해야 할지 자신이 없다면 훌륭한 교회 지도자나 상담가가 도움을 줄 수 있을 것이다. 물론 용기가 필요하겠지만 이러한 고백은 두 사람이 앞으로 함께하는 미래가 신뢰와 솔직함, 용서에 든든한 바탕을 두고 있음을 확실하게 해 줄 것이다.

낙태나 중독, 포르노, 매춘, 동성애 경험 같은 이야기를 하기 전에는 조언을 구하는 것이 현명하다. 이러한 문제를 잘 아는 사람을 찾아보자. 이것은 수개월 혹은 수년이 걸리는 과거를 정리하는 과정의 시작이 될 수도 있다. 이 경우 서로서로 격려하고 돕는 것이 절대적으로 필요하다.

어떤 부부들은 결혼 전에 그들이 정했던 육체적인 경계선 이상을 넘어간 것에 대해 죄책감을 갖는다. 그들의 성적인 욕구가 통제를 벗어났으며, 두 사람 중 하나가 자신의 진정한 바람과는 다르게 상대방을 리드하여 흥분시킨 것이다. 이러한 후회는 하나님과 서로의 앞으로 가지고 나와 용서를 받고 회복될 수 있다. 하나님께 마음을 열고 솔직하게 나아갈 때 그분은 우리에게 이렇게 약속하신다. "누구든지 그리스도 안에 있으면 새로운 피조물이라 이전 것은 지나갔으니 보라 새것이 되었도다"(고린도후서 5:17). 과거로부터 자유롭다는 것을 알고 결혼생활을 시작할 수 있다는 것은 멋진 일이다.

신혼여행

준비하자

결혼식 한 달 전쯤에 두 사람 모두 기독교적인 관점에서 쓴 섹스에 대한 좋은 책을 읽고 지식을 잘 갖추기를 권한다. 일단 결혼하면 함께 그러한 책을 살펴보도록 한다. 이렇게 하면 훨씬 더 쉽게 섹스에 대해 솔직하게 이야기를 시작할 수 있다(함께 말이다!). 또한 나중에 문제가 생겼을 때도 이것은 큰 도움이 될 것이다. 평생 지속되는 관계에는 일이 잘 풀리지 않는 시기가 있기 마련이다. 많은 남자들이 어느 단계에서는 임포텐츠를 어느 정도 경험하게 되며(대부분은 스트레스로 인해), 많은 여자들은 출산과 더불어 성욕이 감소된다.

불안한 점이나 해답을 알 수 없는 질문이 있다면 의사가 도움을 줄 수 있을 것이다. 아니면 잘 알고 믿을 수 있는 결혼한 친구와 이야기를 해 본다.

현실적이 될 것

결혼식이라는 막중한 부담감으로부터 회복될 필요가 있다는 것을 깨달아야 한다. 생각할 수 있는 가장 편안한 신혼여행이 되도록 계획을 세워야 한다. 대륙을 횡단하여 남극에 간다거나 카누를 타고 아마존에 간다거나 히말라야 산을 오르기에는 적당한 때가 아니다. 신혼여행의 목적은 긴장을 풀고 서로에게 적응하고 서로를 즐기며 시간을 보내는 것이다. 지나치게 힘든 여행이나 관광은 목적에 방해가 된다. 일생일대의 휴가 여행을 계획하는 순간이 아닌 것이다. 그것은 결혼 뒤 1년 후쯤을 위해 아껴두자. 그때가 되면 훨씬 더 재미있을 수 있을 것이다.

너무 빨리, 너무 많은 것을 기대하지 말 것

신혼여행은 평생에 걸친 발견의 시작일 뿐이다. 길게 보자. 섹스에 대해서라면, 모든 크리스마스가 한꺼번에 오기를 기대해서는 안 된다. 신혼여행은 친절함과 부드러움, 인내를 위한 시간이다. 유머감각을 유지하는 것은 긴장을 푸는 데 도움이 될 것이다. 영화에서처럼 되지 않는다 해도 초조해하지 말자. 예를 들면, 즉각적이고, 자동적인 오르가슴에 여러 번 도달하는 섹스 말이다. 서로가 함께 혹은 동시에 오르가슴을 경험하는 데에는 시간이 걸린다.

사랑을 나누는 중에나 나누고 난 후 언제든지 어떻게 하면 기분이 좋고, 어떻게 하면 그렇지 않은지를 말하는 것을 두려워하지 말자. 이것은 어떻게 하면 서로를 흥분시킬 수 있는지 더욱 깊이 이해하게 해줄 것이다. 처음에는 어색하고 부자연스럽게 느껴지겠지만, 육체적인 관계가 성숙해지기 위해서 대화는 필수적이다. 당황스러운 기분은 곧 사라지게 된다.

기대하는 것이 무엇인지 이야기하기

서로에 대해 비현실적이고 말로는 할 수 없는 기대를 갖기란 쉽다. 침실 문턱을 넘는 순간 사랑을 해야 한다는 부담감을 느껴서는 안 된다. 그럴 수 있다는 자유로움을 느껴야 한다. 반드시 이 순간에 대해 미리 이야기를 나누어서 불안함이나 오해로 결혼의 첫 출발을 시작하지 않도록 하자. '안 된다' 에서 '된다' 로 갑자기 그 경계선을 넘어서면 이상한 기분이 들고 전과는 다른 행동이 나올 수 있다.

한 남편이 우리에게 들려준 이야기이다. 그의 아홉 시간 된 아내는 결혼식으로 너무나 지쳐서 그가 샤워를 하고 있는 동안 침대에 눕자마자 잠이 들어버렸다. 그는 너무나 실망하여 밤새도록 깨어 있으면서 결혼한 것은 엄청난 실수였다고 생각했다. 다음 날 두 사람은 각자의 서로 다른 기대에 대해 이야기를 나누었고 일은 잘 풀려나갔다. 두 사람은 멋진 신혼여행을 보낼 수 있었다.

유머감각을 가질 것

신혼여행에서는 예측불허의 상황이 일어날 수 있다. 한 부부는 신혼여행 첫째 날 너무 심하게 햇볕에 타는 바람에 일주일 내내 서로를 만질 수도 없었다는 이야기를 해 주었다. 다행히도 그들은 그 일에서 웃음을 발견했다. 또 다른 새 신랑은 첫날밤 일들이 도무지 계획대로 되어 주지 않은 얘기를 들려주었다.

우리가 호텔에 도착했을 때는 밤 11시가 다 되어 있었다. 호텔은 안내 책자에서 보았던 것보다 작아 보였고 나는 마음이 무너지는 것 같았다. 결혼식 준비에 있어서 내가 한 유일한 기여는 호텔을 고른 것뿐이었기 때문이었다. 그날은 무사히 지나가고 있었고 다행히도 아내는 얼굴에서 환한 빛이 나는 듯했다. 나는 그날 밤이 추억에 오래도록 남을 만한 시간이 되기를 간절히 바라고 있었다.

우리는 방으로 갔고 방은 아름다웠다. 제인은 차가운 와인 한 병과 장미꽃이 침대 위에 놓여져 있는 것을 보고 환하게 미소를 지었다. 모든 것이 잘될 것 같았다. 그리고 정말 그럴 수도 있었다. 그러나 더블 침대가 아니라 싱글 침대가 두 개 있는 것을 보고는 나는 심장이 멈추는 줄 알았다. 나는 빨리 매니저를 불렀다.

"오늘은 우리 신혼여행이란 말입니다. 그러면 허니문 스위트룸을 주셨어야죠."

매니저는 대단히 미안해 하면서 실수로 다른 부부가 허니문 룸에서 이미 짐을 풀고 쉬고 있다고 설명했다.

"하지만 이 방에는 싱글 침대만 있잖아요." 나는 애원했다. 그쯤에서 나는 목소리를 높이고 내 권리를 주장했어야 했다. 그러나 매니저는 해결책을 하나 제시했고 전에도 성공했었다는 그의 말에 나는 동의했다.

"밧줄을 올려 보내 드리겠습니다." 그는 말했다. "그걸 가지고 침대를 하나로 묶으십시오."

"빨리 올려 보내 주세요!" 나는 소리를 질렀다.

그날 밤, 28년을 기다려 온, 내가 그토록 꿈꾸어 온 그날 밤 내가 최선을 다하고 있을 때 침대가 둘로 갈라졌다. 제인과 나는 바닥에 쿵 하고 떨어졌다. 나는 천장을 쳐다보며 죽고만 싶었다. 그러나 바로 그때 제인이 몸을 구부려 내 귀에 속삭였다.

"자기… 나 지구가 흔들리는 걸 느낀 것 같아."[2)]

부록 3
예산 세우기

결혼생활 보호 봉사단체인 릴레이트(Relate)의 조사에 의하면, 돈 문제로 다투게 되는 이유는 소비의 우선순위가 정해져 있지 않기 때문이었다. 돈이 결혼생활에서 문제를 일으킨다면 부부 혹은 가족으로서 어떻게 돈을 쓸 것인가를 함께 계획하는 것이 좋다. 예산이 그 자체로 마법의 주문이 될 수는 없지만, 함께 예산을 세우는 과정 자체가 가져다주는 이익이 많다. 첫 번째는 두 사람의 진정한 경제적인 수준이 두 사람 모두에게 분명해진다. 두 번째는 우리의 돈을 어떻게 쓸 것인가를 토의해야만 한다. 세 번째는 각자가 따로 소비할 수 있는 돈의 양을 정해 놓으면 두 사람 모두 정해진 한계선 안에서 사고 싶은 것을 자유롭게 고를 수 있게 된다.

다른 갈등의 요소들처럼 돈은 두 사람 사이를 비집고 들어와 우리의 관계 전체에 영향을 끼치는 싸움거리가 될 수도 있지만, 우리가 함께 고민하면서 그 과정에서 서로에게 더욱 가까워질 수 있는 문젯거리가 될 수도 있다.

예산을 세우면 자제력이 없다는 두려움이나 무절제한 소비에 따르는 죄책감, 적자가 난 곳에 대해 서로를 비난하게 되는 데서 오는 갈등을 없앨 수 있다. 돈 문제에 대한 토론과 결정을 통해 깨질 듯한 부조화에서 조화로 변화된 부부의 이야기를 우리는 알고 있다.

돈이 긴장의 원인이라면 다음의 세 단계를 실천해 볼 것을 권한다(너무나 분명하고 단순해 보이지만, 함께 앉아서 이러한 일들을 해결해 본 적이 거의 없다는 것은 놀라운 일이다).

당신의 진정한 경제 수준을 알아야 한다

얼마나 가지고 있는지 혹은 빚이 있는지를 계산해 본다.

피곤하거나 주위가 산만하지 않고 기분이 언짢아지지 않을 것 같은 시간을 찾는다. 그런 다음 은행 명세서, 지불하지 않은 청구서, 통장, 신용카드 명세서 등등을 모두 모은다. 과다 지출을 했거나 빚이 있다면 서로에게 정직하게 털어놓는 것이 힘들겠지만, 충분히 그럴 만한 가치가 있을 것이다. 돈에 대한 불안한 마음은 어두운 비밀이 되기 쉽다. 두려움은 일단 밖으로 꺼내 놓으면 그것이 우리를 사로잡고 있던 힘의 많은 부분이 사라지게 된다.

서로에게 부드럽게 대하자. 우리 중 누구도 완벽하게 훌륭하지는 않다. 우리가 빚을 지고 있다는 것을 알게 되었다면, 어떻게 그것에서 벗어날 것인가를 토의해야 할 것이다. 경험이 있는 사람들에게 도움 구하기를 두려워하거나 부끄러워해서는 안 된다. 문제는 빨리 직면할수록, 더욱 쉽게 해결된다.

수입을 계산한다.

소비를 계획하기 위해서는 얼마만큼의 돈이 들어오고 그 돈들이 어디로 나가는지를 알아야 한다. 더욱 단순하게는 우리 공동의 수입이 얼마인지를 계산해 보는 것이다. 수입에 대한 세금과 국가 보험을 뺀 후 수입의 출처와 양을 모두 적어 보아야 한다. 이것이 매달 평균 수입이 될 것이다. 이 숫자를 이 부록 끝에 있는 것과 같은 '월간 예산 계획' 에 적어 넣는다.

소비를 계획한다.

많은 부부들이 경제적으로 압박감을 느끼고 있으면서도 자기들의 돈이 어디로 가는지를 모르고 있다. 그 결과로 자신들을 빚으로 몰아넣은 잘못된 소비 항목들을 비난한다. 정확한 지출의 그림을 가지려면, 지난 한두 달 동안 우리가 돈을 쓴 모든 것들을 적어 볼 필요가 있다. 이 정보는 은행 명세서, 신용카드 명세서와 더불어 월 평균 지출을 가늠하게 해 준다(자동차 관리 비용, 가정 보험이나 휴가와 같이 매월 지출되는 항목이 아닌 경우는 연간 지출로 기록하거나 열둘로 나눈다).

이 정보를 예산 계획에 기록하고, 필요한 만큼의 카테고리를 만들어 낸다. 월세, 가스와 전기세, 보험과 교통비 등과 같은 고정된 지출 항목 부분부터 시작한다. 그런 다음 식비와 가사비용, 옷, 선물, 접대비와 운동과 같이 더 많은 유연성이 있는 부분들을 적어 본다.

다음은 번 돈에서 쓴 돈을 빼 본다(만약 결과가 은행 기록과 일치하지 않는다면 은행에서 실수를 했거나 우리가 무언가를 빼먹은 것이다). 물론 마이너스 숫자가 나올 수도 있다. 이는 수입보다 더 많은 돈을 쓰고 있다는 것으로 당장 조치를 취해야만 한다.

미래를 의논한다.

두 번째 단계는 각각의 부분에 특정 양을 할당하며, 돈의 사용을 계획하는 것이다. 목적은 우리의 수입 범위 안에서 예상치 못한 일들을 위해 충분한 돈을 남겨놓으면서 우리가 동의한 우선순위들이 반영된 예산을 정하는 것이다.

아내와 남편 모두가 희생을 해야 할 것이다. 하지만 대부분의 부부들은 과거를 변명하는 것보다 미래를 의논하는 것이 더 쉬운 일이라는 것을 알게 된다. 만약 합의점을 찾을 수 없다면, 의논하던 것을 멈추고 서로가 상대방의 입장에 대해 (기도하고) 생각할 수 있는 시간을 가지도록 한다. 가장 이성적일 수 있는 때에 다시 이야기를 나눌 기회를 갖도록 한다.

합의에 도달하는 가장 큰 이점은 죄책감 없이, 서로에게 숨길 필요도 없이 합의된 정도까지 돈을 쓸 수 있다는 것이다.

어떻게 자제할 것인가를 결정한다.

재정 책임자를 임명한다.

예산을 세우는 것과 그것을 지키는 것은 완전히 다른 일이다. 우리 중 누가 가계부를 쓰고 청구서를 지불하고 정기적인 재검토를 주도할 것인지를 정하는 것이 도움이 된다.

신용카드를 조심하자.

많은 사람들에게 있어서 지출을 통제하는 데 가장 큰 어려움은 신용카드이다. 두 가지 위험이 있다. 하나는 진짜 돈을 쓰고 있다는 느낌이 들지 않는 것이다. 다른 하나는 예산 중 얼마가 남았는지를 알고 있을 수 있는 자동적인 방법이 없다는 것이다. 그렇기 때문에 어떤 부부들은 카드를 잘라버리고 현금으로 다시 바꾸었다. 다소 불편하기는 해도, 지출을 통제할 수 있게 되었고 결혼생활에 있어서 많은 갈등을 예방할 수 있게 되었다.

죄책감 없이 돈 쓰기를 위한 열 가지 제안

여기 하나의 쉬운 시스템이 있다. 우리는 이것을 정리하는 데 거의 10년이 걸렸다.

1. 깨끗한 종이를 편다. 이번 달 필수 항목(음식, 약 등)에 할당해 놓은 돈의 총액을 기록한다.
2. 필수 항목에 돈을 지출할 때마다 그것을 기록하고 총액에서 뺀다. 두 사람 모두 고백을 해야만 한다.
3. 현금 자동 지급기에서 돈을 뺐다면 대부분 필수 항목에 돈을 쓰게 될 것이다. 그것도 뺀다. 현금 자동 지급기 출금은 잊어버리기 쉽다. 잊어버리기를 원할 때라면 특히나 더하다.
4. 매 주말에는 어떻게 하고 있는지를 점검한다. 다음 주 예산을 줄여야 할 것인가, 아니면 마음을 좀 놓아도 될 것 같은가? 스스로에게 정직해지자. 필요하다면 스테이크는 도로 내려놓자.
5. 매주 새로운 페이지에 새로운 총액으로 시작한다. 필수 항목에 쓴 돈은 무엇이든지 빼기를 계속한다.
6. 그 달의 마지막 주에 거짓말을 하거나 포기하거나 콩 통조림만 잔뜩 먹게 되는 일이 허다할 것이다. 분명 이것은 당신에게 아주 좋은 현상이다.
7. 새 옷이나 외출 등과 같은 지출은 (슬프게도) 비필수 항목으로 분류한다.
8. 주의 : 비필수 항목은 살 필요가 없다. (고통스럽겠지만) 테이크 아웃

커리나 축구 경기, 새 부츠가 없어도 살 수 있다. 때로 "안 돼"라고 말할 필요가 있다. 상대방에게보다는 나 자신에게 더욱 그러하다.

9. '비필수 항목'도 '필수 항목'과 같은 시스템으로 지킨다. 거짓말하고 싶고, 잊어버리거나 빼먹고 싶은 마음이 더욱 간절해질 수도 있다.
10. 마음껏 쓸 수 있는 현금이 있다면 쇼핑, 촛불과 함께하는 저녁 식사, 농장에서의 주말 혹은 원정 경기 등을 마음껏 즐기자.

이 시스템은 그것을 실천하는 사람들만큼만 훌륭하다는 것을 인정해야만 하겠다. 우리의 결혼생활에도 돈이 빠듯하여 엄격하게 돈 관리를 해야 했던 시기들이 있었다. 또 돈이 여유가 있어서 지출 기록을 느슨하게 했던 때도 있었다. 그러나 조만간 우리는 우리의 재정상태를 점검해야만 했고 다시 궤도로 돌아가기 위해 우리의 시스템으로 되돌아가곤 했다.

때때로 부부가 수입과 지출의 균형을 맞출 수 없을 때, 스스로를 부양할 만큼 충분한 수입을 가지지 못하는 것이 문제일 경우가 있다. 그러나 대부분의 경우 문제는 지출에 있다. 롭 파슨은 자신의 성장 과정에 대해 이렇게 쓰고 있다.

> 나의 아버지는 우체부이셨고 어머니는 청소부이셨다. 우리는 전셋집에서 살았고 생활은 말할 것 없이 매우 간소했다. 침실에 난방을 한다든가, 카펫을 맞춘다든가, 화장실에 휴지를 두는(묻지 마시라!) 등의 비필수 항목들은 다른 세계에 속해 있는 것들이었다. 나는 열여섯 살이 될 때까지 식당에서 먹어본 적이 없다. 그러나 나는 그 집에서 아

버지가 주시는 지혜로운 조언을 포함한 내가 필요로 하는 모든 것을 가질 수 있었다. 아버지는 정기적으로 나를 옆에 앉히시고 디킨스의 '데이빗 코퍼필드'에 나오는 미스터 미카우버의 대사를 읊조려 주시곤 했다. "1년 수입 : 20실링, 지출 : 19실링과 6펜스, 결과 : 행복. 1년 수입 : 20실링, 지출 : 20실링과 6펜스, 결과 : 비참함." 나의 아버지에게 있어서 이 원칙을 믿는다는 것은 결코 빚을 지는 법이 없다는 의미였다. 당신은 그분이 이 원칙을 위하여 받아들이기 힘들 정도의 대가를 치렀다고 생각할지도 모르겠다. 그렇다. 아버지는 집을 떠나서 휴가를 보내보신 일도 없고, 자기 은행 계좌를 가져 본 일도 없고, 파스타 맛을 보시지도 못했지만, 그러나 나는 그토록 만족하며 사는 사람을 본 일이 없었다.[1)]

월간 예산 계획

평균 월 수입(연간 수입을 계산해본다)

공동 수입 __________

다른 수입원 __________

총계(1) __________ ÷ 12 = __________
(월별)

고정된 규칙적인 지출

	실제 지출	예산
전세 / 월세	__________	__________
세금	__________	__________
공공요금(가스, 전기, 수도)	__________	__________
보험	__________	__________
대출 상환	__________	__________
교통	__________	__________
자동차 – 세금, 보험	__________	__________
구제금	__________	__________
기타	__________	__________
총계(2) __________ ÷ 12 =	__________ (월별)	__________ (월별)

유동적인 필수 지출(연간 총액을 계산한다)

가사(음식, 약 등)	__________	__________
의복 / 신발	__________	__________
자동차 관리 비용	__________	__________
전화	__________	__________
기타	__________	__________

총계(3) ____________ ÷ 12 = ____________ ____________

(월별) (월별)

유동적인 비필수 지출(연간 총액을 계산한다)

오락 / 접대 ____________ ____________

선물 ____________ ____________

운동 / 레저 ____________ ____________

휴가 ____________ ____________

외출 ____________ ____________

기타 ____________ ____________

총계(4) ____________ ÷ 12 = ____________ ____________

(월별) (월별)

저축 / 위기 상황을 위한 매월 총액

총계(5) ____________ ____________

월 지출 총액을 모두 더한다(2, 3, 4, 5) ____________ ____________

월 수입 총액(1)**과 비교한다.** ____________ ____________

부록 4
함께 기도하기

이 책을 읽는 사람 중에는 기도라는 것이 세상에서 가장 기괴하고 낯선 개념일 수도 있다. 어떤 사람들은 기도는 연약하다는 증거이거나 지적인 미성숙함을 보여 주는 것이라고 생각한다. 그들은 성숙이란 스스로 모든 것을 감당하는 법을 배우는 것이라고 가르침을 받았다. 그 결과로 사람들은 자신의 배우자는 물론이고 스스로에게조차도 자신의 삶의 어떤 부분에서도 힘들어하고 있다는 사실을 인정하려 들지 않는다.

또 어떤 사람들은 소리 내어 기도하는 것을 대단히 당황스럽게 느낀다. 결혼코스에 참가한 한 여인은 남편과 기도하느니 차라리 발가벗고 길거리를 뛰어다니겠다고 말했다. 기도는 개인적이고 때로는 지극히 친밀하기까지 한 일이기 때문에 우리 자신을 드러내고 약하게 만든다고 느낄 수 있다. 그러나 그렇게 어려운 일일 것까지는 없다.

함께 기도한다는 것은 우리 바깥에 있는 지혜와 사랑, 힘의 원천을 끌어온다는 것을 뜻한다. 그것은 절망보다는 희망을 가져다준다. 다음은 우리가 알고 있는 부부들이 함께 기도함으로 그들의 결혼생활에 가져다준 효과들이다.

- "기도는 우리의 삶에서 걱정거리들을 거두어 갑니다. 걱정거리는 하나님께 맡기고, 우리 두 사람은 잠시 쉬는 거죠."
- "우리는 밤에 잠자기 전에 기도하려고 노력합니다. 그것은 우리 두 사람에게 마치 접착제와 같습니다."
- "우리는 일요일 저녁에 기도하려고 노력합니다. 그것은 우리가 기도하지 않았다면 염려했을 문제들이 하나님의 '미결 서류함'에 들어가 있으므로 우리는 훨씬 덜 염려하게 된다는 뜻입니다."
- "함께 기도하지 않으면 삶은 훨씬 더 울퉁불퉁해 보입니다. 왜냐하면 하나님 앞에 함께 나아오면 우리는 하나가 되기 때문입니다."

어떻게 시작할까?

우리의 경우, 함께 기도하는 것은 우리의 결혼생활에 중요한 부분을 차지해왔다. 특히 일단 몇 가지 우선적인 비현실적 기대들을 극복한 후에는 더욱 그러했다.

니키 이야기

우리가 처음 결혼했을 때 실라는 적어도 여섯 사람이 먹을 만큼 충분한 양의 맛있는 저녁을 자주 요리하곤 했다. 일주일에 여러 번 새로운 요리를 하곤 했지만 석 달 동안의 빵빵한 배와 녹초가 된 자신의 몸을 본 이후, 그녀는 더 이상 그렇게 하지 않았다. 하룻밤 새 우리는 토스트와 치즈 혹은 포장된 중국음식으로 식단을 바꾸었다.

함께 기도하는 것도 아주 비슷한 방법으로 시작되었다. 항상 기도할 것이 너무나 많아 보여서 하루를 마치고 기도를 하면 우리가 감당할 수 있는 한계를 넘어설 것만 같았다. 대개 늦은 시간이었고 우리는 너무 지쳐 있을 때가 많았다. 얼마 후 두 사람 중 누구도 기도하자는 말을 하지 않았다. 또 한 번의 긴 기도 시간을 견딜 수가 없을 것 같았기 때문이었다.

그러다가 누군가가 하루를 시작할 때 5분에서 10분 정도 함께 기도하기를 권했고, 그것은 우리의 생활을 완전히 바꾸어 놓았다. 우리 중 한 사람이 출근을 하기 전 10분 정도만 기도할 수 있도록 시간을 맞추었다. 이렇게 하니 너무 오랫동안 기도를 할 위험이 없어졌다.

지난 24년 동안 우리의 목표는 짧게 함께 기도하는 것으로 하루를 시작하는 것이었고, 아이들의 나이와 스케줄과 직장의 필요에 따라 시간을 조절해 왔다. 결코 매일 그렇게 할 수는 없었지만 그것을 가능한 한 자주 성취하고자 하는 목표로 가지고 있었고, 그것이 가져다주는 이익은 우리로 하여금 다시 함께 기도하기를 원하게 만들었다.

어떻게 함께 그리고 서로를 위하여 기도할까?

규칙적으로 정해놓고 함께 기도하는 것은 이상한 일이 아니다. 우리가 할 수 있는 만큼 기도하는 것으로 시작해야 한다(할 수 없는 만큼이 아니라). 어떤 사람들은 소리 내어 기도할 수 있도록 기도가 씌어져 있는 책을 사용할 수도 있을 것이다. 또 어떤 사람들에게는 성경의 몇 구절을 읽고 조용히 서로를 위해 기도하는 것이 좋은 시작이 될 것이다. 「성경

읽기 30일」[1]이나, 1년 동안 매일 성경[2]의 몇 구절씩 읽을 수 있도록 되어 있는 책은 많은 사람들에게 도움을 주었다.

소리 내어 자신만의 기도를 하는 것이 친숙하고 편안한 사람들도 있을 것이다. 자신이 편안하게 느낄 수 있는 곳에서 단순함과 정직함을 목표로 가지고 시작하면 좋을 것이다.

몇 달 전, 우리는 결혼 40주년 기념을 앞두고 있는 한 부부를 만났다. 우리는 그들에게 건강한 결혼을 세우는 데 가장 중요한 것이 뭐라고 생각하는지를 물었다. 두 사람은 서로를 한참 동안 칭찬하고는 두 사람이 어떻게 함께 성숙해 왔는지 이야기를 들려주었다.

그러나 가장 놀라웠던 것은 그들이 그 다음에 한 말이었다. 두 사람 모두 그들의 결혼을 건강하고 조화롭게 만드는 데 가장 큰 역할을 한 것은 매일 아침 함께 기도한 것이었다고 입을 모아 말했다.

지난 40년 동안 매일 그렇게 했으리라고 생각한 우리는 그들에게 언제 시작했는지를 물었다. 두 사람은 대답했다. 한 18개월 전쯤이라고. 그리고 덧붙이기를 누군가가 몇 년 전에 이 일이 두 사람에게 중요하니 시작하자고 제안했더라면 이상하게 생각했을 것이 틀림없다고 했다.

시작하기에 너무 늦은 것은 결코 없다. 마찬가지로 너무 이른 것도 없다. 함께 기도하는 것이 가능하게끔 우리에게 엄청난 도움이 되었던 몇 가지 제안들을 아래에 적어 보았다.

하나님께 감사하는 것으로 시작하자.

감사함은 우리 생각의 방향을 바꾼다. 스트레스를 받거나 지쳐 있을 때 감사하기로 선택하는 것은 우리의 생각을 극적으로 바꾸어 놓는다. 사도 바울은 옥살이라는 제약 아래서 여러 편의 편지들을 썼지만, 그 편지들은 하나님에 대한 감사함으로 넘쳐나고 있다. "항상 기뻐하라 쉬지 말고 기도하라 범사에 감사하라 이는 그리스도 예수 안에서 너희를 향하신 하나님의 뜻이니라"(데살로니가전서 5:16-18). 이러한 태도는 불만족하여 더 많고, 더 크고, 더 나은 것을 위해 애쓰는 요즘의 풍조와는 반대된 것이다. 하나님께 감사하고, 서로에 대해 감사하는 것은 우리의 생각을 바꿀 것이다.

서로를 위해 기도하자.

이 시간의 가장 큰 목적은 이제 시작할 하루에 대해 서로가 가지고 있는 필요나 불안을 발견하고 그것들을 하나님 앞에 가지고 나오는 것이다. 때로는 아이들 중 하나가 문제일 수도 있다. 때로는 돈이 없기 때문일 수도 있다. 때로는 매일의 도전에 부딪치면서 자신이 부적절하게 느껴지기 때문일 수도 있다. 만약 우리 중 하나가 어떤 사람과의 관계에서 힘들어하고 있으면, 하나님께서 우리의 마음을 바꾸어 주시고 그들에 대한 하나님의 사랑으로 우리를 채워 주시기를 기도해 달라고 나머지 하나에게 부탁해 보자.

우리의 자존심과 고집이 우리가 하나님에게 나아가고 그분의 도움을 구하는 데 방해가 될 수 있다. 그러나 하나님은 우리가 모든 것에 대해 기도하기를 원하신다. 특히 인간적인 해답이 없는 문제들에 대해서는 더욱 그러하다.

매일 같은 기도가 필요하다고 걱정하지 말자.

예수님은 우리에게 말씀하신다. "구하라 그러면 너희에게 주실 것이요 찾으라 그러면 찾을 것이요 문을 두드리라 그러면 너희에게 열릴 것이니"(누가복음 11:9). 원래 이 말씀에서는 우리가 계속해서 구하고 찾고 두드려야 한다는, 한 번 해 보고 포기해서는 안 된다는 의미가 포함되어 있다.

실라 이야기

아이들이 어렸을 때 나는 매일매일 나를 위해 똑같은 기도를 해 달라고 니키에게 부탁하고 있는 내 자신을 발견했다. 나는 끊임없이 더 많은 인내와 더 많은 육체적 에너지가 필요했고, 니키의 기도는 나와 아이들의 관계에 놀라운 변화를 만들어 주었다. 같은 것을 끊임없이 구해야 한다는 사실은 하나님께서 우리의 기도에 응답하시지 않고 있다는 뜻이 아니다. 오히려 그것은 우리가 그분께 의지하고 있다는 것을 깨닫게 해 준다.

기도는 수직적인 것이지 수평적인 것이거나 조작의 수단이 아님을 확실히 하자. 기도는 서로를 공략하는 방법이 아니다. 내 경우 이렇게 기도해서는 안 되었다. "제발, 주님. 니키가 지나치게 일하는 것을 그만두고 아이들과 더 많은 시간을 보내게 해 주십시오." 물론 그가 특별히 그것을 위해 기도해 달라고 나에게 부탁했다면 모르겠지만 말이다.

또는 남편이나 아내가 방해하지 않는 틈을 타서 그들에게 자신의 의견을 전달하는 기회로 기도를 이용해서도 안 된다.

포기하지 말자.

이것은 특히 어린 자녀들을 가진 사람들에게 해당될 것이다. 이 단계의 부모 역할은 끝이 없는 듯 보일 수 있다. 우리는 다시는 단 5분이라도 함께 기도할 수 없으리라고 생각했었다. 우리는 아이에게 장난감이나 테이프를 주며 "엄마, 아빠는 기도하는 중이야. 아직 일어날 시간이 아니야"라고 말하며 아이들을 방으로 다시 데리고 가는 데 많은 육체적이고 감정적인 에너지를 소모하는 듯했다. 그런 다음 우리는 문이 열리고 똑같은 전 과정을 반복하기 전에 몇 분이라도 기도할 시간을 가지려고 다시 우리 방으로 뛰어가곤 했다.

그럴 만한 가치가 있는 일이었을까? 뒤돌아보건대, 일주일에 두세 번 서로를 위해 한 번 정도밖에 기도할 수 없었지만, 그 몇 분은 우리에게 절대적인 도움이 되었고, 아이들에게 우리가 그 시간을 얼마나 중요하게 여기는지를 보여 줄 수 있었다. 아이들은 자라기 마련이며 함께 기도하는 것은 다시 쉬워진다.

하나님의 약속을 의지하자.

성경에 있는 하나님의 약속들과 친숙해지는 것은 우리에게 큰 힘이 된다. 혼자서 그리고 함께 성경을 읽으면 우리의 지혜가 자라난다. 성경의 조언들을 매일의 삶 속에 적용하는 법을 배워갈 때, 우리의 태도와 행동이 변화되고 모양이 잡혀간다.

기도가 능력이 있는 것처럼 성경을 함께 읽는 것은 능력이 있다. 기도를 시작하기 전 시편이나 복음서에서 읽은 몇 구절이 바로 그날 우리에게 매우 개인적으로 적용이 되었던 날들이 많았다.

결론

많은 사람들이 하나님은 사람들에게 덫을 놓고 비난하고 그들의 인생을 제약하려 한다고 생각한다. 그것처럼 예수 그리스도가 밝히 보여 준 하나님의 성격과 동떨어진 것도 없다. 하나님은 우리에게 주기를 원하시며, 과거로부터 자유롭게 해 주시기를 원하시며, 사랑 안에서 서로를 바라볼 수 있도록 돕기를 원하신다. 그분은 우리에게 자신을 강요하지 않으시며 우리가 그분의 사랑의 전주곡에 반응을 보이기를 기다리신다.

"그리스도를 경외함으로 피차 복종하라"(에베소서 5:21)는 성경의 가르침에는 우리 삶에 대해 하나님이 가지고 계신 뜻이 무엇인지 잘 나타나 있다. 이 말씀은 "주께 기쁘시게 할 것이 무엇인가 시험하여 보라"(에베소서 5:10), "어리석은 자가 되지 말고 오직 주의 뜻이 무엇인가 이해하라"(에베소서 5:17)는 말씀과 상통한다. 남편과 아내가 모두 자신들의 삶에 있어서 중요한 결정을 할 때 하나님의 뜻을 구한다면 근심으로부터 자유로워질 것이며 그것은 그들의 결혼생활에 큰 영향을 미치게 될 것이다.

사도 바울은 자신의 경험으로부터 이렇게 썼다. "아무 것도 염려하지 말고 오직 모든 일에 기도와 간구로, 너희 구할 것을 감사함으로 하나님께 아뢰라 그리하면 모든 지각에 뛰어난 하나님의 평강이 그리스도 예수 안에서 너희 마음과 생각을 지키시리라"(빌립보서 4:6-7).

기도는 우리가 함께하는 가장 중요한 일이 될 수 있다.

각주

프롤로그

1. "예수님은 왜 돌아가셨는가?"와 관련된 답변으로 니키 검블의 「인생의 의문점들」 2주 부분을 추천한다.
2. From the Anglican Marriage Service, The Alternative Service Book, 1980.

1과

1. Mike Mason, The Mystery of Marriage (Triangle 1997) p. 160.
2. John Bayley, Iris, A Memoir of Iris Murdoch (Duckworth 1998) p. 57.
3. Extract from Sonnet No. 116 from Stanley Wells (Ed.) Shakespeare' s Sonnets and a Lover' s Complaint (Oxford University Press 1987) p. 130.
4. Frank Muir, A Kentish Lad (Corgi 1997) pp. 404-405.
5. The Guardian, 24 October 1998 p. 3.
6. Quoted on audio tape by Sam Thompson 'Communion in Marriage' Part 2, tape 2 Anaheim: VMI 1984.
7. Quoted in Selwyn Hughes, Marriage as God Intended (Kingsway Publications 1983) p. 13.
8. The Daily Mail Weekend, 9 January 1999 [Interview with Lynda Lee-Potter].
9. The Times, 15 February 2000 [Interview with Celia Brayfield].

2과

1. Virgil: 29BC Georgics Book III.
2. John Fitzgerald Kennedy, The Observer, 10 December 1961.
3. Rob Parsons, Loving against the Odds (Hodder & Stoughton 1994) p. 39.
4. Raymond Snoddy & Carol Midgley, The Times, 22 April 1998 p. 5.
5. Ibid.
6. Vanity Fair, October 1999 p. 135.
7. The Daily Mail, 20 April 1998.
8. Gary Chapman, The Five Love Languages (Northfield Publishing 1995) pp. 29, 36.

9. Alan Storkey, Marriage and its Modern Crisis (Hodder & Stoughton 1996) p. 25.

10. Dr. Henry Cloud and Dr. John Townsend, Boundaries (Zondervan Publishing House 1992) p. 160.

11. Rob Parsons, Loving Against the Odds (Hodder & Stoughton 1994) p. 39.

3과

1. Libby Purves, Nature's Masterpiece, A Family Survival Book (Hodder & Stoughton 2000) pp. 221-222.

2. Speaking for Themselves, The personal letters of Winston and Clementine Churchhill, Edited by Mary Soames (Black Swan 1999).

3. The Mail on Sunday.

4. Cherry Norton, The Independent on Sunday, 3 October 1999 pp. 6-7.

5. Libby Purves, Nature's Masterpiece, A Family Survival Book (Hodder & Stoughton 2000) p. 221.

6. Sonia Leach, Good Housekeeping, August 1994 - 'Do Men Understand Intimacy?'

7. Frank Muir, A Kentish Lad (Corgi 1997) pp. 404-405.

4과

1. Mary Catterwood, 1847-1901, U.S. writer, Mackinac and Late Stories (Marianson).

2. Gerard Hughes.

3. 잘 듣지 못하는 사람에 대한 다섯 가지 구분은 Acorn Christian Healing Trust에 의해 개발되었다.

4. Gary Chapman, The Five Love Language (Northfield Publishing 1995) pp. 61-63.

5. Stephen Covey, The Seven Habits of Highly Effective People (Simon & Schuster) p. 239.

6. Bilquis Sheikh, I Dared to Call Him Father (Kingsway Publications 1978) pp. 40-41.

7. Stephen R. Covey, The Seven Habits of Highly Effective People (Simon and Schuster 1999) p. 237.

8. Dale Carnegie, How to Win Friends and Influence People (Simon & Schuster

1964).

9. Diane Vaughan, Uncoupling : Turning Points in Intimate Relationships (Oxford University Press 1984).

5과

1. Frank Muir: A Kentish Lad, (Corgi, Books 1997).
2. Richard Hooker (1554-1660), English theologian.
3. Paul Tournier, Marriage Difficulties (SCM Press 1971) p. 26.
4. Susan Quillam and Relate, Stop Arguing Start Talking by Relate (Vermilion 1998).
5. Bill and Lynne Hybels, Love that Lasts (Marshall Pickering 1995) p. 4.
6. Ibid pp. 12-14.
7. Ibid pp. 15-16.
8. Red magazine, March 2000.

6과

1. Quoted in Philip Yancey, What's so Amazing about Grace? (Zondervan Publishing House 1997) pp. 97-98.
2. Philip Delves Broughton, The Times, 12 February 1998 p. 9.
3. Paul Simmonds & Mark Silversides (eds), Marriage in Mind (Church Pastoral Aid Society 1993) p. 34.
4. Libby Purves, Nature's Masterpiece, A Family Survival Book (Hodder & Stoughton 2000) p. 227.
5. Colossians 4:6; Philippians 4:5 from The Message, a translation of the New Testament in contemporary idiom by Eugene H. Peterson (Navpress 1993).
6. Rob Parsons, Loving Against the Odds (Hodder & Stoughton 1994) pp. 65-66.

7과

1. Gabriel García Márquez, Love in the Time of Cholera (Penguin Books 1989) p. 209.
2. Children's Letters to God, compiled by Stuart Hemple and Eric Marshall

(Collins 1966).

3. 알파코스는 기독교적인 메시지의 타당성과 진리에 관해 듣고 토론할 수 있는 기회를 제공한다. 현재 영국의 7천 개 이상의 교회와 세계 많은 나라의 교회에서 진행되고 있다. 결혼한 많은 커플들이 이 코스를 함으로 변화되고 있다.

4. 기도에 대해 더 알고자 하는 사람들은 니키 검블의 「인생의 의문점들」 5주에서 가장 기초적인 부분을 참고할 수 있다.

8과

1. John Taylor, Falling (Victor Gollancz 1999) pp. 3-4.
2. C. S. Lewis, The Four Loves (Fount, Harper Collins Religious 1998) p. 116.
3. Valerie Windsor, 'Telling Stories', Fresh Talent (W. H. Smith) pp. 39-40.

9과

1. Readings for Meditation and Reflection ed. by Walter Hooper (New York: Harper Collins 1996) p. 63.
2. Philip Yancey, What's so Amazing about Grace? (Zondervan Publishing House 1997) p. 97.
3. Corrie ten Boom, He Sets the Captive Free (Kingsway Publications 1977) p. 38.

10과

1. Amanda Vail, Love Me Little.
2. Mary Pytches, Yesterday's Child(Hodder & Stoughton 1990) pp.147-148.
3. Ann McFerran, Motherland - Interviews with Mothers and Daughters (Virago Press 1998) p. 22.
4. Victoria Glendinning, Sons and Mothers (Virago Press 1997) p. 248.
5. Libby Purves, Nature's Masterpiece (Hodder & Stoughton 2000) p. 260.
6. Ibid. pp. 337-338.
7. Ann McFerran, Motherland - Interviews with Mothers and Daughters (Virago Press 1998) pp. 119-120.
8. Ibid. pp. 15-17.

11과

1. Robin Skinner and John Cleese, Families and how to survive them (Mandarin 1990) p. 298.
2. Victoria Glendinning, Sons and Mothers (Virago Press 1997) p. 256.
3. Ann McFerran, Motherland - Interviews with Mothers and Daughters (Virago Press 1998) pp. 168.
4. Dr. David Mace, Getting Ready for Marriage.
5. Libby Purves, Nature's Masterpiece (Hodder & Stoughton 2000) p. 262.
6. Ann McFerran, Motherland - Interviews with Mothers and Daughters (Virago Press 1998) pp. 28-29.

12과

1. Alan Storkey, The Meanings of Love (IVP 1994).
2. Victor Frankel, Man's Search for Meaning (Hodder & Stoughton 1992).
3. Victoria Glendinning, Sons and Mothers (Virago Press 1997) p. 255.

13과

1. John White, Eros Defiled (IVP 1977) p. 20.
2. Mike Mason, The Mystery of Marriage (Triangle 1997) p. 100.
3. Libby Purves, Holy Smoke (Hodder and Stoughton 1998) p. 85.
4. Michael and Myrtle Baughen, Your Marriage (Hodder & Stoughton 1994) p. 62.
5. John White, Eros Defiled (IVP 1977) p. 86.
6. The Sunday Times, 2 November 1997, News p. 14.
7. The Guardian, 17 October 1998, p. 3.
8. John White, Eros Defiled (IVP 1977) p. 15.

14과

1. Alan Storkey, The Meanings of Love (IVP 1994) p. 98.
2. Michael Castleman, Sexual Solutions (Simon & Schuster 1983) p. 162.

15과

1. John White, Eros Defiled (IVP 1977) pp. 75-76.
2. Kathryn Knight, The Times, 17 March 1996.
3. John White, Eros Defiled (IVP 1977) pp. 81.
4. Good Housekeeping, March 2000 p.64.
5. Alan Storkey, The Meanings of Love (IVP 1994) p. 83.
6. Gary Chapman, Hope for the Separated (Moody Press 1982) p. 78.
7. Good Housekeeping, March 2000 p.64.

16과

1. Alan Storkey, The Meanings of Love (IVP 1994) p. 164.
2. Bill Hybels. Tender Love (Moody Press 1993) p. 106.
3. Libby Purves, Nature' s Masterpiece (Hodder & Stoughton 2000) p. 225.

17과

1. Louis de Berniére, Captain Correlli' s Mandolin (Secker & Warburg 1994) p. 281.
2. Gary Chapman, The Five Love Languages (Northfield Publishing 1995).
3. Richard Bausch, The Eyes of Love (Ma센티미터illan 1995), pp. 258-259, 261-262, 264.

18과

1. Ella Wheeler Wilcox, 'An Unfaithful Wife to Her Husband', in Charles Mylander, Running the Red Lights (Ventura, CA: Regal Books 1986) pp. 30-32.
2. Louis de Berniére, Captain Correlli' s Mandolin (Secker & Warburg 1994) pp. 43-44.

19과

1. Jean Anouilh (1910-1987) from Adele (1949).
2. Alan Storkey, The Meanings of Love (IVP 1994) p. 117.
3. Gary Chapman, The Five Love Languages (Northfield Publishing 1995) p. 107.

20과

1. Ian and Ruth Coffey, Friends, Helpers, Lovers (IVP 1996) p. 177.
2. Tom Marshall, Right Relationships (Sovereign World 1992) p.24.
3. Mike Mason, The Mystery of Marbiage (Triangle 1997) p.20.
4. Commencement address by Barbara Bush to the 1990 graduating class at Wellesley College (Wellesley College Library, Wellesley, Mass.) pp. 4-5.
5. Dietrich Bonhoeffer, Letters and Papers from Prison (S.C.M. Press 1971) p. 42f.
6. Clio Turner, Closer to God April-May-June 1999 (Scripture Union 1999) p. 127.

부록 1

1. These tests have been adapted from I Married You by Walter Trobisch (IVP 1971) pp. 89-92.
2. John Gray, Men are from Mars, Women are from Venus (Thorsons, an Imprint of Harper Collins Publishers 1993) p. 151.
3. Ed Wheat, Love Life for Every Married Couple (Marshall Pickering 1980) p. 109.

부록 2

1. Mike Mason, The Mystery of Marriage (Triangle 1997) p.100.
2. Paul Francis, Teenagers: The Parents' One Hour Survival Guide (Marshall Pickering 1998) pp. 88-89.

부록 3

1. Rob Parsons, Loving against the Odds (Hodder & Stoughton 1994) p. 190.

부록 4

1. Nicky Gumbel, 30 Days - A thirty day practical introduction to reading the Bible (HTB Publications 1999).
2. Daily Light - the Classic Scripture Selection (Hodder & Stoughton 1982).

www.ingramcontent.com/pod-product-compliance
Lightning Source LLC
LaVergne TN
LVHW010745270826
846327LV00013B/68
* 9 7 8 8 9 8 4 7 1 0 6 4 1 *